グローバル・ヒストリーに向けて

川勝平太 編

藤原書店

グローバル・ヒストリーに向けて——目次

第Ⅰ部　グローバル・ヒストリーへの視座　フランク『リオリエント』をめぐって

〈コメント〉

〈諸論〉

第Ⅱ部　海洋アジア・太平洋世界からの考察　人・モノ・情報・ネットワーク

グローバル・ヒストリーに向けて

序　グローバル・ヒストリーに向けて

川勝平太

「世界史（ワールド・ヒストリー）」の生みの親ランケは自伝にあるようにギリシャ・ローマへの色濃い関心を持ちつづけた。それに規定されて「世界史」はおのずと西洋中心になった。当時のヨーロッパは世界最大の工業地域であり、マルクスが『経済学批判』で歴史構成法を解説したように「資本主義を最高の発展段階」とみなし、他地域はそこに至るものとして再構成された。そのような西洋起源の西洋中心史観にたつ「世界史」を非西洋圏でもっとも主体的に受容したのは日本である。明治初期にランケの弟子リースが東京帝国大学でお雇い外国人として講義したのに始まり、近代日本人は西洋起源の西洋中心史観の歴史観を身につけた。日本の「世界史」はいちじるしく西洋に偏向するものとなったのである。

とはいえ、二十世紀初めに「資本主義を超える」社会主義がロシアに誕生したことにより、西洋資本主義をもって最高の発展段階とは単純にみなせなくなった。「社会主義（共産主義）」の存在が陰に陽に念頭におかれることになったわけだ。日本資本主義論争は資本主義の形成・構造・矛盾にかかわる論点を網羅的にとりあげたが、講座派、労農派、宇野理論などの表の主題は「資本主義」であったが、それは「社会主義」建設をめぐる路線対立とかかわっており、影の主題は「社会主義」であったともいえる。マルクスとウェーバーにかかわる議論は山のようにあるが、それは下部構造と上部構造をめぐる唯物史観の公式を前提にしていた。スウィージーとドッブに代表される封建論争、ホブズボームの近代社会論、エリック・ウイリアムズの奴隷制論、ロストウの離陸論、ウォーラーステインの近代世界システム論など、日本人の西洋史理解に深い認識をもたらした研究業績も、子細に見ると、「資本主義 - 社会主義」のパラダイムが牢固として背景にある。二十世紀がマルクス主義ないし社会主義の時代であったといわれる所以である。

しかし「資本主義か社会主義か」の二項対立図式は冷戦終結と社会主義圏崩壊によって意味をなさなくなった。それに代わって世界を見る目は地球環境問題と経済のグローバル化に触発されて「地球を全体としてみる目」に確実に変わりつつある。また地域紛争が多発し「地域を部分としてみる目」が定着しつつある。「地球と地域」は全体と部分の関係である。それは空間的関係である。それに対応して、ヨーロッパ世界も、時間軸から解き放たれ、地域世界として見直されつつある。経路依存性という概念で語られる制度史論は社会の地域性を強調する。その創始者のノースの業績にノーベル経済学賞が贈られたことは冷戦後の地域論的な歴史観を強めさせた。

では、地域間の関係をどうみるか。二〇〇一年九月十一日の同時多発テロは「文明」に対する挑戦だという議論を巻き起こした。そこには地域間の関係を「文明間の関係」でとらえるという論理がすでに働いていている。その関係をとらえる構図は「文明の衝突」「文明の対話」「文明の共生」「文明と野蛮（非文明）」など様々ではあるが。

本書を編むきっかけになったフランク著・山下訳『リオリエント』（藤原書店、一九九九年）は、ヨーロッパ近代工業文明の形成に「オリエント（アジア）」が果たした決定的役割を浮き彫りにした。そこにあるのは「資本主義」対「社会主義」の二十世紀型図式ではなく、「オクシデント」対「オリエント」という図式だ。もとより「西洋」対「東洋」という図式は古い。フランクは古い図式を持ち出したというより、近代西洋の成立条件としての「オリエント」像を提起し、しかもその成立過程に「オリエント」が経済的影響を与えつづけたと論じた。こうしてヨーロッパ近代世界システムが自生的に発展したという従来の図式すなわちヨーロッパ中心史観を批判したのである。

二十世紀最高の歴史家としてピレンヌとブローデルがいる。西洋史における古代から中世への移行期に、ピレンヌはマホメット（オリエント）の巨大な影響を喝破した。中世から近世への移行期に、ブローデルはオスマン・トルコ（オリエント）の巨大な存在を描いた。近世から近代への移行期に、フランクは「銀遣いの経済圏（オリエント）」の影響を見抜いた。すぐれた歴史家が西洋史の転換期に「オリエント」の存在を共通して強調しているのは偶然ではないだろう。それは近代からポスト近代への転換期である現代におけるオリエント（アジア）の位置づけをどうするかという問題提起をはらんでいる。

冷戦後にハンチントンが『文明の衝突』で、古い歴史観は「西洋」対「非西洋」であったが、冷戦時代には「自由主義」対「共産主義」になり、冷戦後は地域政治では民族紛争、世界政治では「文明の衝突」という枠組みに移行すると論じ、「中華文明」「日本文明」「ヒンドゥー文明」「イスラム文明」「ロシア正教会文明」「西欧文明」「ラテンアメリカ文明」「アフリカ文明」の八つをあげた。「西欧文明」は多くの文明の中の一つでしかない、という認識が新しい。あわせて「日本文明」が文明の一つにあげられていることは注目される。ハンチントンの八文明と関連させていえば、フランクが「アジア文明」の影響を説いて「西欧文明」を相対化したのは貢献であるが、一方で「アジアは一つか」という問い、すなわち「アジアは一つ一つではないのか」という問い返しは不可避だろう。アジア地域内における「中華文明」「ヒンドゥー文明」「イスラム文明」間の関係はどのようなものかという問いかけだ。さらに非西欧圏で西欧化に成功した日本を「アジア」という大きな風呂敷に包むのは適当かという問いも発しうる。

すでに十年前に日本人研究者はアジア経済圏の独自性について論じていた。『アジア交易圏と日本工業化一五〇〇―一九〇〇』がそれだ。同書は『リオリエント』と類似の問題意識を先取りした研究成果である。このほど藤原書店から新装復刊されたのをふまえ、そのときの問題提起者と若手の研究者とが『リオリエント』を素材に議論を戦わせた。フランクと同様の西洋中心主義からの脱却という問題意識は共有しつつ、本書全体を通して我々はフランクに同調することにも増して、結果的にはやや違う地平に立ったように思う。それは地域間関係を問う立場である。本書に寄稿したトルコ人研究者がトルコ、中国人研究者が中国に敏感であるように、日本人研究者はアジアの中での日本の位置に鋭敏である。そこにアジアを一把ひとからげにするフランクを超える視点がある。この視点を錬磨していけば、もはや「世界史」批判のレベルでは収まらず、地域間関係の複合からなる新しい全体史の構築すなわち地球史(グローバル・ヒストリー)の創造という地平がみえてくる。そこに向けて一歩を踏み出すにあたり、各人はみずからの問題意識を吐露することによって、いわば鉢巻きを締め直した。本書はその成果である。

I グローバル・ヒストリーへの視座

……フランク『リオリエント』をめぐって

問題提起

アジア間貿易論からグローバル・ヒストリーへ

杉原 薫

一 アジア交易圏論の成立

三人が一堂に会したのは本当に久しぶりなので、アジア交易圏論の出発点を振りかえることから話を始めたい。私が川勝氏に初めて御会いしたのは、一九七八年にエディンバラで開かれた国際経済史学会の時である。始めのうちは、氏の話は雄大すぎて良く飲みこめなかった。いわゆる物産複合論が私にとって重要になってきたのは、私が二〇世紀初頭のインドの貿易構造を検討した頃からである。一九八〇年に書いたこの論文で、私は加納啓良氏のジャワ糖業史研究、柳沢悠氏のインド綿織物業史研究などから刺激を受けて、この時期のインドは宗主国イギリスや工業ヨーロッパ、アメリカに第一次産品を供給し、そこから工業品を輸入していただけではなく、他のアジア、アフリカ諸国にみずからの近代工業が作った綿製品やジュート製品を輸出し、米や砂糖などの第一次産品を輸入する工業国型の貿易構造をもっていたというインド貿易の二層構造論を展開した。そして、日本の工業化と並行して、アジアにこのような貿易構造ができたことに注意を喚起した。[★1] またそれを同年に出版した英文の論文に発展させ、[★2] 一九八一年にロンドン大学で発表の機会を得た。そしてこの論文が、一九八三年にイギリスの学会誌に出た、国際小麦市場と国際米市場との相関を主張した論文に、価格変動に敏感なアジアの米市場の存在を指摘したものとして引用された。[★3]

川勝氏の研究は、日本綿布の消費構造が西洋のそれと違うことを指摘し、アジア市場全体の消費構造の共通性と西洋からの相対的自立性（川勝氏はインドに関しては東亜型と西洋型の混合型と規定されているが、このように解釈できないことはない）というより大きな論点を提出していた。私はこれがインド貿易の二層構造論に組み込めると考えた。なぜインドの綿業がランカシャーの綿製品の浸透にもかかわらず生き延びたのかという問題は、すでに多くの研究者によってさまざまに論じられてきたし、消費構造の違いの存在自体も必ずしも新しい指摘ではなかったが、インドから日本にいたるアジア市場全体に低番手糸と厚地布を特徴とする共通の構造があり、それがインド糸の東アジアへの流入を容易にしたり、あるいは後に日本の綿製品がアジア市場を席巻したりした時の一つの重要な要因だった、という主張は、イギリスの綿業の検討に基づいた川勝説があってはじめて出てきた、われわれの新しい見解だった。

とはいえ、この段階ではまだ綿とか米とかの個別論点が認識されただけで、アジア間貿易論の構想全体が理解されていたわけではない。従来イギリスからしか見ていなかった南アジア、東南アジアの植民地経済の発展がどうやら日本や東アジアの工業化ともつながっているらしい、という程度の関心だったと思う。

浜下氏はそれ以前から存じあげていたが、まともに話をしたのは八二年頃、つまり「近代アジア市場とイギリス」という小文を構想されているか、書かれたばかりの時点だった。「近代アジア史が世界史の中で果たした役割は何か」という問題が、この論文ではっきり提出されている。私は後に「近代アジア経済史における連続と断絶」（『社会経済史学』六二巻三号、一九九六年）という論考の中で氏の議論を検討する機会があったが、氏の研究視角にちょうどこの頃大きな転換があったのではないかと感じた。つまり世界資本主義論的な見方から、むしろアジアの中から世界史を捉え返すという視角へ変化、発展しつつあったのではないか。「捉え返す」という点では、三人の中で当時は浜下氏が一番徹底していたと記憶している。日本史をアジアから切り離してみる見方を批判し、アジア史の側から日本史を相対化しようという点でも、強い共感を覚えた。

また、中国の近代はアヘン戦争に始まるという従来の発想を西洋中心史観として退け、銀、移民、送金、あるいは朝貢貿易システムといった中国史の国際的側面でできるだけそれ以前の時期との連続性を引き出してこようという、いわゆる連続説の主張でも、浜下氏が一番徹底していた。国民国家を歴史叙述の単位としないで、アジア市場の「場」としてのまとまりを考えることができるようになったのには、浜下氏の貢献が大きい。私も、出版されたばかりだった石井寛治・関口尚志編『世界市場と幕末開港』が欧米に対する日本の開港に集中しすぎていると感じていたので、「日本の開港はアジアへの開港でもあった」と論じた。今読むと不必要に過激な感じがするが、「伝統的アジア通商圏そのもののもつ問題を扱わず、その表層で条約と開港場によって辛うじて結ばれていた欧米と日本との関係だけをとりだしてあたかも空中戦を活写するかのように描いてみても、そこから日本の開港＝近代化の問題性を浮かび上がらせるまでにはまだ相当の距離がある」とまで書いている。[4]しかし、他方で工業化の世界的普及の意義を強調する私としては、伝統的通商圏からの連続説だけでは話が噛み合わないので、浜下氏に「そんなこと言っても、蒸気船や鉄道建設はどうなるんですか」と食い下がったこともある。「鉄道で中国の何が変わったと言うんですか」と一蹴されたのが印象に残っている。

実はその時点では、川勝氏と浜下氏はお互いを御存じなかった。八四年の秋に、社会経済史学会の全国大会の共通論題を私が組織することになり、この時にお二人に御報告をお願いし、それからロンドン大学のチャウドリ氏を招いて、私を含めた四人の報告を中心にして、「近代アジア貿易圏の形成と構造」というシンポジウムを行った。チャウドリ氏の論文は、インド洋交易がディマンド・プル型の、技術や経営の移転を伴わない交易だったのに対し、一九世紀に工業化が生じて以降の貿易は、サプライ・サイドの発展のリズムが社会全体を変えていく、「植民地型」貿易に変化した、という主張だった。書き上げたばかりの著書[5]の要約だとのことだったが、この大会のために書き下ろしたもので、こちらのほうが良く分かると思った。さっそく「植民地型」というよりは「工業化型」というふうに一般化できないのか、などと議論をふっかけたのを覚えている。

米川伸一先生、石井寛治先生、斎藤修氏に司会をお願いし、角山榮先生と杉山伸也氏にも補足報告をしていただいた。会場に着くと人がたくさん集まっているので、急遽三〇〇部レジュメを作るように報告者にお願いしたが、それでもとても足りず、組織委員会に御迷惑をかけたほどの盛況だった。その記録は、翌年の『社会経済史学』(五一巻一号、一九八五年)に出ている。日本でアジア間交易圏論として知られるようになったものの出発点はこの大会である。その後も社会経済史学会では数回、パネルや共通論題でこの系統のテーマがとり上げられている。八九、九一、九三、九八、九九年というふうにずっと関心が持続したのである。私は八五年四月からロンドン大学に移ったので、それにはほとんど貢献していない。その後の一一年間は、お二人や杉山氏、それからだんだん古田和子氏、籠谷直人氏、秋田茂氏のような方に主導権が移っていったのだが、そういう方の御尽力で、アジア交易圏論が発展した。私から見れば、一九九六年に、もう忘れられているのかと思って日本に帰ってきたらまだやっていたというわけで、たいへんありがたいことだった。

二　アジア間貿易論の展開

私は「アジア間貿易」と言っているが、二〇〇一年九月に新版が藤原書店から出た『アジア交易圏と日本工業化』にも書いたように、共通のネイミングは「アジア交易圏」で良いと思う。私自身にとってのアジア間貿易というのは、簡単にいえば一八八〇年代から一九三〇年代までのアジアの中の貿易の成長率が、世界貿易の成長率、あるいはアジアとヨーロッパの間の成長率よりも高かった。どうしてアフリカやラテンアメリカではそういうことは起こらないで、欧米のメトロポリスのサテライトになっていったのに、アジアにおいてだけそういう地域間貿易が遠隔地貿易よりもはるかに速いスピードで成長したのか、という問題を提起した。細かい批判は受けているが、議論の根拠になっている統計は、基本的には学界に受け入れられたと信じている。しかし、どうしてアジアにおいてだけ地域間貿易が成長したのかの解釈については、いろいろな批判を受けており、それに十分答えられたとは思っていない。

言うまでもなく、西洋中心史観を相対化するといっても、そこにはさまざまな層がある。例えば一九世紀のアジアの貿易額は世界貿易額のほんのわずかだったという一九世紀以来の統計が現在でも堂々とまかりとおっている。最近の統計集でも、例えば一八七〇年の世界GDPに占めるアジアの比重は少なくとも三一パーセントを超えていたのに、世界の輸出総額に占めるアジアの比重は九パーセント前後だとされている。[★6] そこで、それは実態を示すものではなく、ただ外国貿易だと認められて税関で捕捉された額における比重にすぎず、実際はアジアの貿易額はそれよりもはるかに多い、と主張すると、このレベルでの修正は、比較的受け入れられやすい。

専門家から見て私の議論に一番意味があったと思われるのは、実はアジア間貿易の成長率の高さというよりも、アジア諸国の貿易統計をつきあわすと大まかなところは符合する、たとえば英領インドの統計と日本の統計とは交通費や保険の費用を考慮すればだいたいにおいて一致する、ということの指摘だった。これを認めると、植民地や中国のような半植民地の貿易統計も、日本の統計と符合する限り、一般的にもかなり信用できるということを認めざるを得なくなる。さらに、インドや中国の国内交易の統計も、それぞれの貿易統計とリンクさせていくことによって精度が確認できる。従来信頼できないとして無視されてきた統計が生き返ってくるのである。こうしてアジアの地域間交易の額が推定できる可能性が出てくる。自由港香港の統計は欠落している年も多いが、アジア各国の側から包囲網を敷いていけば、これもある程度の動きはつかむことができる。そういうふうにして固めていくと、アジアの「真の」地域間交易の額は相当大きくなり、一九世紀の世界貿易を欧米が独占していたという通説は崩れてしまう。最初にインドの貿易統計について書いた一九七五年から数えると、こういう方向での貿易史研究を私は過去四半世紀にわたって続けてきたわけである。

その間貿易統計を直接扱ったものだけでもかなりの研究が蓄積された。ここでそれをレビューすることはとてもできないが、私の議論となんらかの関係があるものでは、インドについては最近の私の研究、東南アジアについては加納啓良氏、永野善子氏、宮田敏之氏の研究、中国については浜下氏、小瀬一氏、藤村是清氏の研究が、第一次資料の整理として重要である。また、加納氏、永野氏、池本幸生氏が東南アジア史の観点から、堀和生氏が日本の植民地の位置づけをめぐって、それぞれ私のアジア間貿易論の枠組を批判的に検討し、論点を開拓している。松本貴典氏による貿易結合度の分析も、実証の手法を広めた。[★7]

貿易史を離れてもう少し広くとらえると、アジアの歴史統計の信頼性が増すにつれて、アジア経済史が西洋経済史と同じような質の学問として徐々に受け入れられていくという過程があったとも言える。現在の欧米では、アンガス・マディソン氏のような歴史経済統計の大家は少なくなってしまったが、最近尾高煌之助氏が中心となって一橋大学経済研究所で組織されたアジアの歴史統計プロジェクトに多くの研究者が参加して、一つの動きを作った。時間はかかるかもしれないが、かつての日本について刊行された大川一司・篠原三代平・梅村又次編『長期経済統計』(全一四巻、東洋経済新報社)のアジア版にあたるものが国際的規模で構想され、今後成果を出していくだろう。私の研究もそういう大きな流れの一環だったのではないかと思う。

さらに、日本経済史がアジア経済史に資料を提供したり、視角を提出したりして、さまざまなかたちで発信し始めるという現象が生じていることも重要である。浜下氏が日本史の通説に疑問を投げかけ、明治以降の工業化は欧米へのキャッチアップだけでとらえられるべきものではなく、中国中心の国際秩序や華僑通商網への対抗という契機もあったと指摘されたことは、籠谷直人氏をはじめ多くの研究者の想像力を喚起し、アジアの通商網に関する研究を大きく進展させた。[★8] 私も角山先生が組織された領事報告の研究会に参加し、日本の産業政策や情報のインフラストラクチャーがどのようにして形成されたかを論じた。[★9] この領事報告研究のインパクトもあって、近年の近代日本貿易史研究は、意見の相違を含みつつも、日本とアジアとの関連を、これまでのように侵略との関係に収斂させるかたちでのみ見るのではなく、むしろ工業化や経済発展との関係に注目して理解しようという問題意識によって支えられてきた面がある。なかでも地域交易圏を支えた勢力、例えば華僑の通商網の果たした役割は、従来に比べればかなりはっきりしてきたように見える。しかも、こうした研究動向の影響は台湾史や朝鮮史にも及んでいる。地域交易圏の伝統は、植民地においてすら日本の支配によって全面的に破壊されたのではなく、むしろ植民地下でも発展し、日本がそれを利用した面もあったことが明らかにされつつある。[★10] 固く、組織化された貿易構造のイメージは、日本の植民地についても少しずつ崩れつつあると言えよう。

しかし、もう少し歴史学として本質的な部分、つまり貿易を支えた制度的裏付けが何であったかということや、それに対する欧米の貢献をどう評価するかという点になると、簡単には議論の決着はつかない。さらにその背後には、歴史学におけるパラダイムの転換という、より大きな問題が関わってくるので、問題を収斂させることは容易でない。にもかかわらず、なぜアジア間貿易が成長したか、という問題の立て方には、少なくとも従来のウェスタン・インパクトに対するアジアのリスポンスを一国単位で見る理解よりは、バランスの取れた評価を誘うところがあるように思う。このように、私がこの問題を提起し、川勝氏も浜下氏も別の、しかし関連し、響き合う論点を提起されて、われわれが全体としてアジア交易圏論の流れを作っていったと理解している。

どうしてこの議論がこんなに持続したかというと、やはり大状況の転換が背景にあった。八〇年代までは日本例外論で、日本の高度成長は仕方がないけれど、そんなものは他のアジア諸国には普及しない、アジア史全体は従来のアジア停滞論でいけるというのが八四年の段階までは主流派だったと言えよう。われわれの議論にとっては、大状況の転換は決して重要ではなかったが、「東アジアの奇跡」が追い風になって、われわれの意見がまじめにとられたという面は否定できないし、その必要もないだろう。

しかし、大状況が転換すれば歴史学は一挙に変わるかというとそんなことはない。どうしても、歴史学の大きなテーマが一つ一つ再検討され、修正されて動いていくという過程が必要である。主体的に動かさなければそれはファッションに終わって、元に戻ってしまう。しかも、日本の学界を動かすだけでは決定的に不十分だ。国際的な潮流の総体を変える努力をしなければ、結局は元に戻ってしまうのである。われわれもさまざまな国際的潮流と出会う中で一つ一つ議論を提起していった。

そこで、国際的なインパクトについて考えてみよう。われわれは国際的な潮流に少しでも影響を与えてきただろうか。川勝氏はレイサム氏などと何冊か国際会議を踏まえた論文集を出されているし、西洋経済史の論文が多い論集にも寄稿されている。浜下氏の論文は、中国、香港をはじめ、アジア各地で大きな影響力をもつだけでなく、アメリカの中国研究者、世界システム論系統の研究者にも広く読まれている。また、川勝氏、浜下氏の議論を紹介した英語の論文も出ている。★11

私の場合も、日本語では遅まきながら『アジア間貿易の形成と構造』という本にまとめて、多くの書評を頂戴した。とくに中国語の書評が出て、後に台湾で何度か議論する機会があった時に、それがかなり読まれているのを知った時は感激した。★12 また、私の本の韓国語訳が立派な研究者の尽力によってほぼ完成し、出版の見通しがついたことも大変うれしく、誇りに思っている。[★13] 英語のほうは、なかなか思うように進まないが、それでも少しずつではあるけれども、自分の論文が国際経済史や日本経済史のリーディングズ（論文選）に収録されたり、インド経済史のテキストに取り入れられたりするようにはなってきている。[★14]

また、われわれの議論はインド以東のアジア史が中心だったが、近年はそれ以外のいくつかの分野でも、ある程度のインパクトをもって受けとめられている。[★15] もっともその場合でも、われわれの議論が個別論点としてではなく、西洋中心史観というパラダイムの転換を射程に入れた議論だ、ということが理解されているかどうか、あるいは受け入れられているか、ということが検証されなければならない。アジア交易圏論の核心のところは、現在のところ、経済史専門の一流の査読つき雑誌には掲載されていない。[★16] 西洋中心史観への批判だと取られるのでむずかしいということはあるにしても、なお欧米の研究史の中に入りこんで議論しきれていないということではないかと思う。

三　グローバル・ヒストリーへ

さて、なぜアジアにおいてだけ、欧米とのコンタクトが強まれば強まるほど、それを上回るスピードで地域間貿易が成長したのかという問題の追究の仕方にはいくつかのパターンがある。その一つは、アジア、とくに東アジアの「初期条件」が高かったからだ、という方向の解答である。本節では、まずこの面での議論の進展を跡づけよう。

かつて古田和子氏は、石井寛治氏が川勝・浜下氏の説を「連続説」と呼び、ウェスタン・インパクトによって一九世紀のアジアが大きく再編されたことを軽視しているだけでなく、「その根底には近代ヨーロッパが他に先がけて生み出した科学技術とそれに基づく産業革命についての独自の過小評価が横たわっている」[★17]と批判したのを受けて、石井氏のような通説を「断絶そしてヨーロッパ重視」、川勝・浜下説を「連続そしてアジア圏重視」とした上で、私の立場を「転換しかしアジア圏重視」と規定した。[★18] 私の立場は「連続説」ではなく「再編説」であるが、しかし通説のように、科学革命、産業革命によってアジア交易圏の技術的制度的基礎に根本的な変化があったとするのではなく、一六―一八世紀以来の伝統的な発展パターンがウェスタン・インパクトの中で再編され、生き延びたというものであった。例えば、華僑通商網に蓄積されたネットワークや、中国における市場のかたちは、人脈上の断絶や場所の移動はあっても生き延びて、アジア経済の発展に貢献したように思われる。だが、それをどのように一般化すればよいのか。このレベルで議論の水準を上げるには、一挙に視野を広げるほかはないように感じられた。

こうして『アジア間貿易の形成と構造』を書いた後の私の関心は、ウェスタン・インパクト以前、たとえば一八〇〇年頃の時点で、それ以降の展開を知らない、当時の視点で西ヨーロッパと東アジアの経済発展の状態を比較するとどうなるであろうか、という問題に向かった。東西の技術、制度面での格差がどの程度のものであったかの判断は、それぞれの地域の歴史理解に修正が起こる度に、微妙に変化していくものである。例えばイギリス産業革命の理解が変われば、それを踏まえて東西比較についてのこれまでの常識が再検討される必要がある。われわれの理解をアップデートするためには、いかに無謀であっても、誰かが（少なくとも）西ヨーロッパ史、中国史、日本史を、最新の研究を踏まえて直接に比較しなければならない。

たまたま一九九五年から、ロンドン大学歴史研究所でオブライエン氏の主催する「グローバル・ヒストリー・セミナー」が始まり、初年度に近年の世界史論をレビューすることになった。そして、ブローデル、ウォーラーステイン、ノース、ロストウ、ガーシェンクロンなどと並んで取り上げることになったエリック・ジョーンズの『ヨーロッパの奇跡』（安元稔・脇村孝平訳、名古屋大学出版会、二〇〇〇年）を私が担当することになった。報告はいわばレビュー・アーティクルのようなものだったが、翌年「ヨーロッパの奇跡と東アジアの奇跡」という論文にして発表した。[★19] 言うまでもなく、ジョーンズの議論は、明清中国、ムガル帝国、オスマン帝国と比較して、国民国家システムを発達させた西ヨーロッパが一四〇〇―一八〇〇年の間に決定的な格差をつけるに至った、それこそが「ヨーロッパの奇跡」の核心だ、というものである。私は、ジョーンズがイギリス史を一国史的にではなく、「ヨーロッパの奇跡」という地域的現象として理解していること、それを非ヨーロッパ世界と直接に対比していることを評価しつつも、ジョーンズの非ヨーロッパ世界認識はあまりにも停滞論的であり、江戸時代の日本を例外視する一方で中国停滞説を支持しているのは東アジアに共通の発展パターンがあったことを無視するものであると論じた。

一九九八年に浜下氏と白石隆氏のお誘いで、浜下氏がアリジ氏（現ジョンズ・ホプキンス大）、セルドン氏（当時ビンガムトン大）と組織した「東アジアの興隆」プロジェクトに参加し、香港で、上記の論文をさらに発展させた「東アジア型経済発展径路、一五〇〇―二〇〇〇年」というペーパーを発表した（刊行は二〇〇〇年）。この論文では、一八世紀の中国の発展を強調する最近の研究成果を踏まえて、「西洋型発展径路」とは別の、中国と日本に共通する「東アジア型発展径路」を摘出することができると主張している。そして、労働集約的な技術と労働吸収のための制度を発展させて膨大な人口をかかえこんだ東アジアこそは、一八二〇年に中国だけで推計世界GDPの三二パーセントを占めた世界経済の中心であり、「もし一八二〇年に世界が終結し、偶然生き残った一人の経済史家が世界史を書いたとすれば、彼は間違いなく東アジア型発展径路を中心に経済史を叙述し、重要な補論として近年における西ヨーロッパの成長に言及したに違いない」と書いた。[20] これが、香港での会議に参加していたポメランツ氏（カリフォルニア大アーバイン校）の眼にとまり、文通が始まった。氏の近著『大いなる逸脱——中国・ヨーロッパ・近代世界経済の形成』（二〇〇〇年）[21]は、中国史の立場からヨーロッパ史の再解釈を試み、一八世紀末までの段階ではヨーロッパが質的に優位に立っていたというジョーンズの主張するような事実はなく、むしろいわば偶然に、石炭と新大陸の資源に恵まれた一九世紀以降のイギリスと一部の西ヨーロッパ大陸諸国が本来の発展径路を「逸脱」してしまったと論じて大きな注目を集めている。同書の序文にも書かれているように、われわれの交信は同書の構想が相当固まった段階で始まったのであるが、中国の発展の水準を高く見る点、小農家族経済を基礎とした東アジア型の発展径路を肯定的にとらえる点で、われわれは偶然にもきわめて近い位置にいたのである。

だが、ポメランツ氏は、私の議論に強い共感を示しつつも、私が一八〇〇年以前の東西の経済発展の型の違いを強調しすぎている、と批判している。[22] 氏によれば、一八世紀までの西ヨーロッパと中国の中核地域（揚子江下流）は、労働集約型の発展という同じ方向に向かっており、生活水準の点でもほぼ同じ水準に達していたのであって、偶然の環境史的要因によって本来の発展径路を「逸脱」したのはむしろ一九世紀以降のイギリスと一部の西ヨーロッパ大陸諸国であった。その意味では、ドフリースの勤勉革命論のような、漸進的（スミス型）成長の枠組こそが重要である、とする。

私は、上記の論文で、それに答えて、ポメランツ氏の強調するような類似性はたしかにあるけれども、東アジアとヨーロッパの中核地域を比較すると、土地労働比率や土地保有規模の面ではっきりした差があり、スミス型成長という一般的枠組を認めた上で、なお地域の類型化は可能であり、有効でもある、と論じた。そして、世界の中核地域の中でもっとも土地が稀少で、したがってもっとも極端に土地集約的、労働集約的なスミス型成長を達成したのは、揚子江下流でも大陸ヨーロッパでもなく徳川日本だったのであり、勤勉革命の概念化はむしろ日本を基準に考えるべきだとした。しかし、生産要素の比率に基づく速水融氏の勤勉革命論を中国にも適用して東アジア型径路を考えようとする私の議論と、家計の消費行動を起点に労働意欲の向上を考えようとするドフリースの勤勉革命論を一般化しようとするポメランツ氏の視角との間には、なお多くの詰められるべき点が残っている。[★23]

それでは、ジョーンズも強調していたヨーロッパ史の通説、すなわち主権国家システムの成立には特別の意味はなかったのであろうか。ここでも次のような議論の進展が見られる。[★24] 一六―一八世紀の世界で重要なことは、信頼関係や安全を制度的に保証することと同時に、それを脅かすような力を取り除くことであった。市場の発達にとってはこの両者がともに重要であり、そのバランスのとり方によって多様な制度革新の方向がありえた。したがって、西ヨーロッパで発達した私的所有権や主権国家システムの枠組は、資本節約的な技術の発展や資本蓄積には良い影響をもたらしたが、領域性の重視や都市と農村の隔離につながったために、技術や知識の農村への普及や地域間分業の発達に対してはしばしば規制的に作用した。主権国家システムでは軍事的技術的優越にもとづいた安全の保障を目指したが、戦争が絶えなかった。これに対し、中国での制度革新の方向は、そのような領域性をもった権力を抑圧することによって交易の自由を保証するところにあった。その結果、東アジアでは帝国と商人のネットワークの組み合わせが、ヨーロッパの主権国家システムに匹敵する有効な制度として機能した。制度的にも、東アジアの「初期条件」は必ずしも低くはなかったのである。

四　工業化をどう捉えるか

率直に言えば、私は議論がここまで拡大してきてはじめて、なぜアジアでのみ地域間貿易の成長と独自の工業化が生じたかという問題に答えるには、工業化の一般的条件を正面から論じるほかはないという気になった。考えてみると、一九世紀以降の工業化の普及を論じる時に多くの研究者が暗黙の前提としてきたのは、私的所有権や主権国家システムに代表される西洋型の制度であった。浜下氏の研究が一つの契機となって、しかし西洋の制度のインパクトを重視する本野英一氏の研究なども得て、ようやくそれでいいのかがまじめに問われるようになったとも言える。岸本美緒氏、古田和子氏、黒田明伸氏、さらに斎藤修氏の議論など、近年中国のケースを踏まえた市場論がずいぶん豊かになってきたが、共通点は西洋型の制度を前提しないで、いわば市場秩序そのものを取りだして一般化しようとしていることであろう。[★25]もしスミス型成長が一八世紀に世界の中核地域で共通して見られたとすれば、一九世紀以降現代までの展開にとって西洋型の制度の世界的普及はいかなる意味をもったのだろうか。

この点についての一つの糸口は、ほかならぬノースの制度理解の中に認められる。[★26]西洋世界の勃興に関するノースとトーマスの議論では、地域間交易（分業）の拡大の一つの理由を地域間の要素賦存の差、とくに土地・労働比率の差に求め、土地の制約を打破する方法として取引コストの低減による地域間交易の発達を発展の基本線としている。そして、取引コスト低減のための制度的条件として、私的所有権の確立（とくに土地市場の成立）が強調される。だが、前段の要素賦存の差を利用した分業体制そのものは、西洋型の制度が確立していない地域との間にも成立する可能性があるのではないか。

こう考えると、いわゆる「再編説」の世界システム的な文脈も理解できるかもしれない。従来は、一八二〇—一九四五年に近代的な世界システムを作り出した原動力は、イギリスや、後には欧米の先進国を中心とする工業化であり、ヒト、モノ、カネの世界的移動を通じたそのインパクトであって、東アジアの工業化も、後進国の工業化の一種だと考えられてきた。しかし、アジア間貿易論から見ると、アジアには西洋のそれとは相当異なった生産・流通・消費の構造があり、東アジアの工業化もその一環として成立したのである。たしかに一九世紀以降のウェスタン・インパクトは、アジアの近代化、工業化にとって決定的な役割を演じたが、工業化はアジアの在来社会の破壊の上に移植されたのではなく、スミス型成長の下での技術的、制度的蓄積を基礎とし、そこに欧米の技術や制度を取り入れることによって達成されたと考えられる。

たとえば東アジアでは、西ヨーロッパに比べて大きく都市化が遅れたが、それに代わって農村をベースにした工業化を進めた。東アジアの小農社会では、従来から稲作農耕と副業としての手紡、織物業の組み合わせを発達させ、女性の労働力を大量に吸収していた。一般に農閑期などの余剰労働力がふんだんにあるところでは、農村工業の競争力は強く、都市に近代工業が発達しても、都市化、近代工業化が全面的に普及するというよりは、雇用吸収力のある在来産業が、都市の近代工業と競合したり、補完したりしながら、むしろ再生、発展する傾向があった。いずれもスミス型成長がもたらした高い「初期条件」が効いていたと言えよう。やがて農村が電化されると、在来産業も動力機を導入することによって近代工業化していったが、賃金は依然として低いままで、企業規模も相対的に小さく、そのことがむしろ強味となった。西洋の近代工業が作り出す工業品の輸入に対抗するには、それが自然な選択だったとも言える。こうして日本がアジアで最初に工業国家になった時の基本的な戦略は、資本を労働で代替できるところはできるだけ代替するような、労働集約型の工業化の道を選ぶことであった。また、同じことは、少し遅れて中国でも朝鮮でも生じ、それぞれ少しずつ発展段階を異にしながら工業化が進んだ。これが、いわゆる雁行的発展の端緒である。

念のために言えば、このように言うことは、必ずしも日本の技術や制度が他地域に伝播したということを意味しない。それどころか、そもそも要素賦存上の共通性が制度の収斂をもたらす必然性はない。家族制度や言語・文化の違いまでが一挙に変わるわけではないからである。けれども、一般に土地・労働比率の低いところに西洋から資本集約型の技術が入ってきた場合、伝統的な技術や制度をできるだけ生かして、西洋型よりはるかに労働集約的な生産方法を編み出そうとするという共通の傾向は見られた。すなわちそれは、資本、労働、土地という基本的生産要素の組み合わせの違いから来る西洋技術の伝播のブレを共有していたのである。その限りでは、東アジアのような高い「初期条件」のない地域でも、人口が増えると労働集約型工業化の道を進む可能性をもっている。ただ、一八世紀以降の日本はあまりにも土地が稀少であったために、この型の工業化の一つの極端なケースを提供する結果になった。また、モンスーンアジアの稲作農耕社会に日本に似た型が生じがちなのにもそれなりの根拠があった。

もし世界の工業化のパターンを、先端的な技術や経営方式に焦点を合わせるのではなく、雇用創出量で分類し、その相対的重要性を測るならば、労働集約型工業化は、西洋型に勝るとも劣らない歴史的役割を演じてきたことは明らかである。その傾向は二〇世紀になってますます強まり、現在でも多くの発展途上国がその道を歩みつつある。現在世界でもっとも多くの雇用を生み出している工業は、おそらく中国とインドの織維産業であるが、工業による労働吸収の必要性は、発展途上国では今後も強まるであろう。日本で最初に定型化されたこの型の工業化こそが、工業化の非ヨーロッパ世界への波及を可能にしたのである。そしてその起源は、生産要素のあり方においても制度的な蓄積においても、ヨーロッパにだけあったのではなく、ヨーロッパと東アジアの両方にあった。新大陸の膨大な資源に依存した大西洋経済が作り出した工業化のパターンは、長い眼で見れば、東アジアが経験したような、より一般的な発展径路からの「ほんの二世紀ばかりの逸脱」にすぎなかったかもしれないのである。東アジア型経済発展径路の摘出は、その意味でもグローバル・ヒストリーの再構成にとって大きな意義をもっているように思われる。★27

五　グローバリゼーションと国際秩序

アジア間貿易の成長の初期条件（内的要因）と、要素賦存の差から来る国際分業の可能性（外的要因）の二つを組み合わせれば、「東アジアの奇跡」にいたるアジアの経済発展を展望できる論理が作れるであろうか。一九八五年の論文以来、私は、西洋が資本集約的、資源集約的な産業に特化し、東アジアが労働集約的・資源節約的な産業に特化することによって、東アジアの工業化の可能性が生じたという議論の他に、もう一つ「強制された自由貿易」の体制を支える国際秩序と、その背後にある国際通貨・金融体制の重要性を指摘してきた。この点は、ケインとホプキンズの「ジェントルマン資本主義」論とそれを踏まえた秋田茂氏の研究に触発されて、いまやアジア貿易論に関わるもう一つの大きな論点に成長しつつある。すなわち、東アジアが欧米による植民地化を免れ、工業化を進めることができた背景には、シティーの金融・サービス利害と、それを体現するイギリスの政策が、必ずしも日本や後の中国の工業化を阻害する方向に働かず、むしろアジア間貿易の成長と日本の工業化の中にビジネスチャンスや勢力圏拡大の契機を見出して、利害の補完性を追求する傾向があったという歴史的事情が存在したという議論である。

実はこの系統の問題意識には、一九九三年以来断続的に開催されたアジア国際経済史研究会というインフォーマルな研究会が関係している。当時私もロンドンで両大戦間期のアジア間貿易の研究に携わっていたが、日印会商、日蘭会商の研究で協調外交の背景を追求していた籠谷氏と、イギリス帝国史とアジア間貿易論の接合を図っていた秋田氏の問題意識が結びついて、両大戦間期のアジア国際秩序のイメージがしだいに形成された。『アジア間貿易の形成と構造』が刊行された一九九六年に同書の書評会を兼ねた研究会が開催され、その後秋田氏、籠谷氏、脇村孝平氏が中心となって続けられた研究会の成果を踏まえて刊行されたのが、秋田・籠谷編『一九三〇年代のアジア国際秩序』(渓水社、二〇〇一年)である。しかし、ここではその紹介は措き、ケイン、ホプキンズ両氏との直接の学問的交流に焦点をしぼろう。

ケイン、ホプキンズ両氏は、主著(一九九三年に出た初版に、竹内幸雄・秋田茂訳『ジェントルマン資本主義の帝国――創生と膨張 1688-1914』、木畑洋一・旦祐介訳『ジェントルマン資本主義の帝国――危機と解体 1914-1990』、ともに名古屋大学出版会、一九九七年、がある)の第二版(二〇〇二年)への序文の中で、秋田氏、籠谷氏の研究や私の同書への書評に言及するとともに、国際金融の中心としてのシティーと工業国家の建設にコミットした日本との間には補完性があったばかりでなく、そうした補完性の追求は、シティーがしだいにイギリス帝国の外部で生じている工業化の世界的普及に依存せざるをえなくなったことを意味していたとする私の議論を紹介している。両氏は、一方では工業化との関係を軽視しているという私の批判に答えて、かれら自身同書の中でシティーがイギリス帝国内外での工業化を促進する役割を果たしていたことをすでに指摘しているとしつつも、「杉原の分析は、イギリスの国家的膨張の国際的帰結を明らかにし」、帝国からグローバリゼーションへの変化の道筋を示唆している、とした。私が日本との協調のケースを素材に、シティーの態度がイギリス帝国の膨張という目標と齟齬をきたし、結果的に帝国ではなく、より普遍的な過程としての工業化の世界的普及を助ける方向に変わっていく過程を描きだしたことを、グローバリゼーションという歴史的文脈で評価したのである。[★28]

私は最近この論点をさらに拡張し、国際金融の中心としてのシティーが工業化の世界的普及を促進する主体に純化し、戦後もそのような（いわば国家間の工業化競争を超えた立場にある）国際金融市場の機能が認知され、ニューヨーク、ロンドン、香港といった金融の中心地に継承されたことが、工業化の世界的普及に大きく貢献したと論じた。一九六〇年代以降のアジア太平洋経済圏の興隆の過程においても、工業国家の競争と成長を媒介する金融・サービス機能を自由港香港やニューヨークが担い、全体として自由貿易体制の維持を支持したこととの重要性を理解する必要がある。[★29] それは、工業化という人類史上の大きな変化にとってはいわば促進剤にすぎないけれども、同時に工業国家のもつ制約にとらわれずにグローバリゼーションを先端的に進める経済主体でもある。そのエートスは、国家の枠組を超えて尊敬されるだけの公平さと威厳を備えると同時に、市場に参加するすべての人や組織に対して開放的で、状況に機敏に対応できる性格のものでなければならない。シティーを支えたジェントルマンの理念はそのような役割を担うにふさわしい要素を備えていたのである。産業と金融のこのような補完関係の工夫を生み出したことは、産業革命に成功したことと並ぶ、グローバル・ヒストリーへのイギリスのもう一つの大きな貢献であった。[★30]

こうして、私の学問的関心は、アジア間貿易論を契機として、グローバル・ヒストリーの構築に向かいつつある。もともと私の世代の一つの原点はベトナム戦争で、アメリカの侵略に日本が経済的に関係しているのをどう見るかということが「アジアの中の日本」を考える契機だった。私はその問題意識を共有しているおかげで、後に同世代のアメリカ人を始め、知的な意味での多くの友人を得たことを誇りに思っている。しかし、そうした現実をかけた問題も、結局は世界システムの歴史の中での深い理解を要請していたのである。いわばようやく原点に戻ってきたということであろう。

注

★1　杉原「第一次大戦前のアジアにおけるインド貿易の役割」『経済学雑誌』八〇巻五号、一九八〇年一月、および八一巻二号、一九八〇年七月。若干修正して、杉原『アジア間貿易の形成と構造』ミネルヴァ書房、一九九六年、に所収。

★2　Kaoru Sugihara, "Patterns of Intra-Asian Trade, 1898-1913", *Osaka City University Economic Review*, No. 16, 1980.

★3　A. J. H. Latham and L. Neal, "The International Market in Rice and Wheat, 1868-1914" *Economic History Review*, 36-2, 1983.

★4　『土地制度史学』一〇四号、一九八四年七月。杉原『アジア間貿易の形成と構造』に収録。

★5　K. N. Chaudhuri, *Trade and Civilisation in the Indian Ocean : An Economic History from the Rise of Islam to 1750*, Cambridge University Press, Cambridge, 1985.

★6　Angus Maddison, *Monitoring the World Economy, 1820-1992*, Development Centre, OECD, Paris, 1995, pp. 182, 190, 235, 237-39.

★7　杉原「インド近代史における遠隔地貿易と地域交易——一八六八—一九三八年」『東洋文化』八二号、近刊。Kaoru Sugihara, "Trade Statistics of British India, 1834-1947", Discussion Papers in Economics and Business, 02-02, Graduate School of Economics, Osaka University, February 2002, 加納啓良「国際貿易から見た二〇世紀の東南アジア植民地経済」『歴史評論』五三九号、一九九五年三月、「植民地期インドネシアの貿易統計　一九〇九—一九二三年——相手国品目別データの編纂」一橋大学経済研究所ディスカッションペーパー97—24、一九九八年二月、および「植民地期の蘭印・英印貿易関係――蘭印側統計からの観察」『東洋文化』八二号、近刊。永野善子「植民地期フィリピン貿易構造の再検討――いわゆる『アジア間貿易』との関係を中心として」一橋大学経済研究所ディスカッションペーパー97―24、一九九八年二月、および「フィリピンとアジア間貿易」加納啓良編『岩波講座　東南アジア史六　植民地経済の繁栄と凋落』岩波書店、二〇〇一年。宮田敏之「第一次世界大戦前のシャム外国貿易統計と通関制度：シャムに関する英国領事報告の分析を通じて」法政大学比較経済研究所ワーキングペーパー九七、二〇〇一年四月。池本幸生「一九三〇年代東南アジアの貿易と経済」秋田茂・籠谷直人編『一九三〇年代のアジア国際秩序』渓水社、二〇〇一年。Hajime Kose, "The Impact of Industrialisation on Foreign and Internal Trade: A Statistical Analysis of Regional Commodity Flows in China, 1899-1931", in Kaoru Sugihara ed., *The Growth of the Asian International Economy, 1864-1945*, Oxford University Press, Oxford, forthcoming. 浜下武志『中国近代経済史研究――清末海関財政と開港場市場圏』汲古書院、一九八九年。堀和生「日本帝国の膨張と植民地工業化――東アジアの国際関係」秋田・籠谷編『一九三〇年代のアジア国際秩序』。藤村是清「『華僑ポート』における貿易の項目別推移表の作成――厦門と汕頭」『商経論叢』三四巻四号、一九九九年三月。松本貴典「両大戦間期における世界貿易の貿易結合度――その計測と含意」『成蹊大学経済学部論集』二五巻一号、一九九五年三月、および「戦前期日本の貿易構造と世界貿易――貿易結合度による分析」松本編『戦前期日本の貿易と組織間関係』新評論、一九九六年。

★8　籠谷直人『アジア国際通商秩序と近代日本』名古屋大学出版会、二〇〇〇年。

★9　杉原「経営発展の基盤整備」宮本又郎・阿部武司編『日本経営史二　経営革新と工業化』岩波書店、一九九五年。

★10　山本有造「『朝鮮』・『満洲』間陸境貿易論――地域間関係史のひとつの試み」『年報近代日本研究一九　地域史の可能性』山川出版社、一九九七年一一月、林満紅「開港後の台湾と中国の経済関係　一八六〇―九五年」杉山伸也・リンダ・グローブ編『近代アジアの流通ネットワーク』創文社、一九九九年、および「日本植民地期台湾の対満洲貿易促進とその社会的意義、一九三二―一九四一年」秋田茂・籠谷直人編『一九三〇年代のアジア国際秩序』、石川亮太「一九世紀末東アジアにおける国際流通構造と朝鮮――海産物の生産・流通から」『史学雑誌』一〇九編二号、二〇〇〇年二月、河原林直人「台湾茶業の歴史的展開――日本植民地期における対外貿易活動」大阪市立大学大学院経済学研究科博士論文、二〇〇〇年、など。

★11　ここではその一部をかかげるにとどめる。Heita Kawakatsu, "International Competition in Cotton Goods in the Late Nineteenth Century: Britain Versus India & East Asia", in Wolfram Fischer et al. eds, The Emergence of a World

Economy, 1500-1914, *Beitrage zur Wirtschafts-und Sozialgeschichte*, Band 33, 2, Franz Steiner, Wiesbaden, 1986. Takeshi Hamashita, "The Tribute Trade System and Modern Asia", *Memoirs of the Research Department of the Toyo Bunko*, 46, 1988. A. J. H. Latham and Heita Kawakatsu eds, *Japanese Industrialization and the Asian Economy*, Routledge, London, 1994. Takeshi Hamashita, "From the Ryukyu to the Hong Kong Networks : A History of Maritime Asia and East and Southeast Asian Regional Networks, 1400-1900", in Solvi Sogner, ed., *Making Sense of Global History*, the 19th International Congress of the Historical Sciences Oslo 2000 Commemorative Volume, Universitetsforlaget, Oslo, 2001. Satoshi Ikeda, "The History of the Capitalist World-System vs. the History of East-Southeast Asia", *Review*, 19-1, winter 1996, pp. 49-77.

★12　趙祐志氏による書評。『中央研究院近代史研究所集刊』二八期、一九九七年一二月。

★13　安秉直ソウル大学名誉教授の監訳により、伝統と現代社より刊行の予定。

★14　Kaoru Sugihara, "Patterns of Asia's Integration into the World Economy, 1880-1913", in Wolfram Fischer et al. eds, The Emergence of a World Economy, 1500-1914, *Beitrage zur Wirtschafts-und Sozialgeschichte*, Band 33, 2, Franz Steiner, Wiesbaden, 1986 (reprinted in C. K. Harley ed., *The Integration of the World Economy, 1800-1914*, Vol. 2, Edward Elgar, Cheltenham, 1996); do., "Japan's Industrial Recovery, 1931-1936", in Ian Brown ed., *The Economies of Africa and Asia during the Interwar Depression*, Routledge, London, 1989, pp. 152-69 (reprinted in Steven Tolliday ed., *The Economic Development of Modern Japan, 1868-1945 : From the Meiji Restoration to the Second World War*, Vol. 1, Edward Elgar, Cheltenham, 2001; do., "Japan as an Engine of the Asian International Economy, c. 1880-1936", *Japan Forum*, 2-1, April 1990, pp. 141-42 (reprinted in Steven Tolliday ed., *The Economic Development of Modern Japan, 1868-1945 : From the Meiji Restoration to the Second World War*, Vol. 1, Edward Elgar, Cheltenham, 2001; do., "The Economic Motivations behind Japanese Aggression in the late 1930s : The Perspectives of Freda Utley and Nawa Toichi", *Journal of Contemporary History*, 32-2, April 1997, pp. 259-80 (reprinted in Steven Tolliday ed., *The Economic Development of Modern Japan, 1868-1945: From the Meiji Restoration to the Second World War*, Vol. 1, Edward Elgar, Cheltenham, 2001. Tirthankar Roy, *The Economic History of India, 1857-1947*, Oxford University Press, New Delhi, 2000, p. 226.

★15　たとえば、西インド洋について次のような論文が出ている。W. G. Clarence-Smith, "Indian Business Communities in the Western Indian Ocean in the Nineteenth Century", *Indian Ocean Review*, 2-4, December 1989. 大石高志「インドと環インド洋地域――一九九〇年代以後の経済優先主義的展開とその歴史的前提」『国際政治』一二七号、二〇

〇一年五月。

★16 私のアジア間貿易論に関係する論文で査読つき雑誌に出たものとしては、注★14に引いた最後の二本がある。なお、『アジア間貿易の形成と構造』第四章の英語要約版も刊行されている。Kaoru Sugihara, "Intra-Asian Trade and East Asia's Industrialisation, 1919-1939", in Gareth Austin ed., *Industrial Growth in the Third World, c. 1870-c. 1990 : Depressions, Intra-regional Trade, and Ethnic Networks*, LSE Working Papers in Economic History, 44/98, London School of Economics and Political Science, London, 1998, pp. 25-57.

★17 石井寛治「アジア貿易圏の形成と再編」浜下武志・川勝平太編『アジア交易圏と日本の工業化 一五〇〇―一九〇〇』新版、藤原書店、二〇〇一年、二六六ページ。

★18 古田和子「アジアにおける交易・交流のネットワーク」平野健一郎編『講座現代アジア四 地域システムと国際関係』東京大学出版会、一九九四年。古田『上海ネットワークと近代東アジア』東京大学出版会、二〇〇〇年、に所収。

★19 Kaoru Sugihara, "The European Miracle and the East Asian Miracle : Towards a New Global Economic History",『産業と経済』一一巻二号、一九九六年一二月。

★20 Kaoru Sugihara, "The East Asian Path of Economic Development : A Long-term Perspective", Discussion Papers in Economics and Business, 00-17, Graduate School of Economics, Osaka University, October 2000, なお、杉原「東アジア型経済発展の構図」『九州史学』一二三号、一九九九年七月、はいわばこの要約版である。

★21 Kenneth Pomeranz, *The Great Divergence : China, Europe, and the Making of the Modern World Economy*, Princeton University Press, Princeton, 2000. 現在翻訳中。

★22 *Ibid.*, pp. 12-13. このコメントは私の一九九六年論文までの議論に対するものである。なおその後、ポメランツ氏は、注★20の私の論文を踏まえて、二〇〇一年五月の社会経済史学会全国大会で、"Is There an East Asian Development Path? Long-term Comparisons, Constraints, and Continuities" と題する報告を行った。そこでは、基本的には私の言うように、スミス型成長から生まれた労働集約的、資源集約的な東アジア型径路があったとした上で、近年における中国内陸部の資源集約的、資本集約的な開発戦略はそこからの「逸脱」だとして、「東アジア型」の普遍性に留保を付している。

★23 念頭においている論文名は次のとおり。速水融「近世日本の経済発展とIndustrious Revolution」新保博・安場安吉編『数量経済史論集2 近代移行期の日本経済』日本経済新聞社、一九七九年。Jan de Vries, "The Industrial

Revolution and the Industrious Revolution”, *Journal of Economic History*, 54-2, 1994, pp. 249-70. なおこの点は、二〇〇一年一二月一八—一九日にオブライエン氏、ドフリース氏、ポメランツ氏、斎藤修氏などを招いて私が組織したワークショップ「世界史のなかの労働集約型工業化」（於大阪ライフサイエンス・センター）において議論された。関連するペーパーは、私のものも含めて、ブエノスアイレスで二〇〇二年に開かれる第一三回国際経済史会議組織委員会が刊行するCD—ROMにまもなく収録される予定である。

★24　以下について、より詳しくは、杉原「東アジアから見たヨーロッパの工業化」石坂昭雄・篠塚信義・高橋秀行編『新しい工業化史像をもとめて——地域・市場・社会構造』北海道大学図書刊行会、近刊、参照。この論考は、「比較史のなかのヨーロッパの工業化——制度史的接近」『社会経済史学』六四巻一号、一九九八年五月、を大幅に書き直したものである。

★25　Eiichi Motono, *Conflict and Cooperation in Sino-British Business, 1860-1911: Impact of the Pro-British Commercial Networks in Shanghai*, Macmillan, London, 2000. 岸本美緒「市場と社会秩序」社会経済史学会編『社会経済史学の課題と展望』有斐閣、近刊、古田和子『上海ネットワークと近代東アジア』、黒田明伸「伝統市場の重層性と制度的枠組」『社会経済史学』六四巻一号、一九九八年五月、斎藤修「市場経済の類型学と比較経済発展論」石坂昭雄・篠塚信義・高橋秀行編『新しい工業化史像をもとめて』。

★26　D・C・ノース、R・P・トマス『西洋世界の勃興——新しい経済史の試み』（速水融・穐本洋哉訳）ミネルヴァ書房、一九八〇年。ただし、以上は本書の要約だとされる Douglass C. North and Robert Paul Thomas, “An Economic Theory of the Growth of the Western World”, *Economic History Review*, 22-1, 1970, も参考にした。

★27　注★23のCD—ROMに刊行予定の次の拙論を参照。Kaoru Sugihara, “Labour-intensive Industrialisation in Global History”.

★28　P. J. Cain and A. G. Hopkins, *British Imperialism, 1688-2000*, Second Edition, Longman, London, 2002, pp. 16-17. 引用された私の書評は、Kaoru Sugihara, “British Imperialism, the City of London and Global Industrialisation”,『経済研究』四九巻三号、一九九八年七月。なお、この論点は、近く刊行される次の論集にも引き継がれ、両氏と秋田氏、私の論考の中でさらに発展させられている。Shigeru Akita ed., *Gentlemanly Capitalism, Imperialism and East Asia*, Palgrave, London, forthcoming.

★29　この点については、杉原「歴史のなかのアジア太平洋経済圏」『環』八号、二〇〇二年一月、または、Kaoru Sugihara, “Oceanic Trade and Global Development, 1500-1995”, in Solvi Sogner, ed., *Making Sense of Global History*, the 19th International Congress of the Historical Sciences Oslo 2000 Commemorative Volume, Universitetsforlaget, Oslo, 2001, を参照。

★30　注★28に引いた秋田編の近刊書に所収予定の拙稿を参照。

アジア地域連関構想とその問題群

浜下武志

はじめに——問題状況

グローバリゼーションが強く叫ばれる中で、次第に内容の多義性と機能相互間の分岐性とが現れ始めつつある。グローバリゼーションを経済・政治・社会という三領域に分けて考えてみると、経済の領域は、とりわけ金融面を先頭として、グローバリゼーション現象が最も典型的に見られる部分である。金融工学がもたらした資金運用の法則や方程式は、資本が資本を生み出す仕組みとしての金融市場のグローバリゼーションを〝完成〟させたかに見える。同時に、社会文化の側面も、いわゆる情報革命などを通して十分にグローバリゼーションの動きを示しているといえる。情報ネットワークによって飛び交う社会文化情報は、論理的には誰もがそれらすべてを手元に受け取ることを可能としている。ただし、指摘されているように、この情報にアクセスできるか否かという問題をめぐって格差が拡大しており、そこではグローバリゼーションという現象とその担い手や受け手には、大きな条件の違いが存在していることが明らかになってきた。翻って、これを政治の領域でみるならば、そこにはグローバリゼーションの掛け声の下に、あるいは掛け声にもかかわらず、ナショナル・インタレスト（国益）を中心とする国家間関係が依然として優勢であることが特に注目される。むしろ、様々な意味でナショナリズムが強化される方向にあると言えよう。

これらを、歴史研究の面であらわしたものが、「グローバル・ヒストリー・スタディーズ」と呼ばれる一群の研究である。これは、文字通りグローバリゼーションを歴史的に捉えようとする動機を持つものであるが、とりわけアメリカにおける研究動向が中心といってもよい。これは、現在のグローバリゼーションが、世界のアメリカナイゼーションでもあるといわれる中で、アメリカの歴史をその中に位置づけようとするねらいを持っているからである。これらの研究は一様にアジアの歴史的位置付けを巡って、従来のヨーロッパを先頭としたいわゆる「近代世界」の形成ではなく、アジアとヨーロッパとは異なる別個の歴史モデルであり、その後それらの差を決定したものが、ポメランツによれば、石炭エネルギーによる産業革命であり、アメリカという新世界の獲得であるとする。これは、アメリカを合衆国時代からのアメリカではなく、スペイン・ポルトガルの時代のアメリカ大陸にまで遡って、歴史的に位置付けようとしたものであり、ある意味ではアメリカの「脱欧的」な議論に動機付けられた「グローバル・ヒストリー・スタディーズ」であるといえる。また同時に、環境・生態問題を積極的に取り入れ、従来の「帝国＝植民地」論によって追及されてきた「世界」史に替り、世界という場を前提とした「人類」史の課題に関心を移行させようとしていると言えよう。

以上のグローバリゼーションをめぐる現実と歴史研究における動きは、ともに国益的な面とグローバルな面とがそれぞれに角逐しているとみなすことができよう。

このような状況の中で、アジア地域関係に対する方法的再検討がもとめられているといえる。世界市場あるいはグローバルな「リオリエント」というフランクの視野は、世界市場という「場」を前提としてまず設定し、そこでどのような議論ができるかという観点から、アジアを再強調する。この方向は、アジアをこれまでのように「帝国＝植民地」を中心とする「世界史」の中に置くのではなく、「グローバル」という「場」を前提としたアジア論を展開しようとする試みである。これは、アメリカ(大陸)からの「脱欧」的方法として十分な意味を持つ主題であり、同時に、現在の変動するアジアをそこに重ね合わせて見ようとする手法でもある。ただし、これをアジアの側から考えると、決してたんに新たな「アメリカ大陸」からの衝撃論と言って済ます訳にはいかない。そこでは、よりアジア内在的な地域間関係を通して、主題的にもまた方法的にも新たに開拓すべき問題群がアジアの側にあり、それらは特に明・清両朝の朝貢システムという大地域理念と、近隣関係ならびに朝貢貿易という地域関係ネットワークの中に、さらにまた海洋関係に関連して存在している。それらを考える中で、いま一度方法的にも、アジアの地域性と同時にアジアというグローバル性の問題へと展開させる方向を同時に検討していくということになると思われる。

一　アジアからのグローバル論

グローバルという問題について議論すべき点は多いが、現在の「グローバリゼーション」ならびにそれに必然的に付随している「グローバリズム」の動向があったからこそ、フランクの歴史論もでき上がったと捉えることが可能であろう。その点では、現代という環境の中で、改めてわれわれの同時代的認識でありまた歴史的認識でもある「世界」ならびに「アジア」という概念と、その研究方法とが再検討を迫られている。

勿論グローバリゼーションのなかで、中国のように「社会主義」を大きく変えるという動きを取る場合もみられるが、そこでも国益や国家の論理が優勢である。政治の部分においてはグローバリゼーションは起こっていないということも可能である。別言すれば、現在進行中のグローバリゼーションは、問題領域に応じてグローバリゼーションの「層」を表面に作ったが、その表層の下には、多くの縦割りの構造が存在しており、その際たるものが国家・民族という歴史形象であるとも言えよう。

これら国家・民族と重なり合いながらも、国家・民族という表現が、如何に歴史的な意図が込められたものであるかを解きほぐす場として、広狭の地域や地域連関＝地域間関係が検討されてきた。とりわけアジアの歴史において、国家はある意味ではヨーロッパから「輸入された国家」であり、アジアの歴史的な地域秩序が「近代化」するにあたり、民族国家を強調したことは、この輸入過程の特徴を表している。オスマン帝国、ムガル帝国、清帝国などに見られる広域秩序は、国家に分割される過程で、民族をその求心力とし、それを国家に重ねたことが、地域主義に対する多様な接近を拒んできた背景にあるといえる。アジアの歴史的な広域秩序は、その後の国家の歴史においては、民族に分解されることこそあれ、広域地域そのものを対象として扱わないことを運命付けられたとも言える。このテーマを考えるには、さらに対象とする地域の内的秩序とその変化のダイナミズムを明らかにする必要があるが、層としてのグローバリゼーションが進むことに引きずられて、問題性を共有する新たな問題群としての地域連関すなわち広域地域問題が再登場しつつある。その一つとして、一九八〇年代から本格化した改革・開放する中国が影響力を行使する場として、現在華北から東南アジアにかけて、朝鮮半島から台湾や沖縄をも含んだ海域——東シナ海から南シナ海にかけた海域——を歴史的な朝貢貿易・朝貢関係と重ね合わせて検討するという課題がある。そしてこの海域は、仲介地としての香港・シンガポールの役割を要《かなめ》として複合的ネットワークとして結びつけられていたということを想起させる。

二　G・フランク『リオリエント』と中国訳『白銀資本』

この問題を中国——ここでは地理的な中国を指すが——に引き付けて考えてみたい。現在中国知識人は、「地縁政治」というかたちで、大小さまざまな地域とその地域連関・地域統合をめぐる歴史と現在、政治と経済、思想と文化の議論を活発に進めている。このような議論の展開のなかで、おりしもG・フランク『リオリエント』が中国でただちに翻訳された。ただしタイトルは、論争の結果『白銀資本』という訳となり、日本より早く出版された。フランクも中国を訪問して議論をしており、そこでは『リオリエント』の主題であるグローバル理念としての〝オリエント〟よりむしろ東方としての〝オリエント〟の含意を重視するという形となった。基本的には銀の世界を現代の開放する中国に重ねるという趣旨であるといえよう。ただ、この訳語を決める際の議論は、経済史の分野よりもむしろ、現在中国で行われている新左派（毛沢東時代に代表される社会主義初期の経済政策あるいは社会政策を、再評価すべきであるというグループ）と、自由主義派といわれる現在の改革開放路線をさらに推進すべきというグループとの間での論争にも重なり、現代中国の歴史アイデンティティと現代世界への中国アイデンティティとが角逐しているといえよう。この『白銀資本』の例は、中国の知識人がいちはやく欧米の議論を、ポストモダンの議論を含めて、中国という地域の地縁政治・地縁文化の問題として政策課題とも密接に関連させて議論しているという特徴を端的に示している。今後のアジアの地域連関をめぐる議論も、現在進行中の中国知識人の議論を取り込みながら、ポスト国家、ポスト市場〝至上〟社会を見通す議論を進めていくという課題があると思われる。

とりわけ、地縁政治・地縁経済と表現されている地政論の方法は、中国が改革開放以降、影響力を外に伸ばしていこうとする中で、歴史的な広域地域の政治・経済・文化的な広がりを、現在の中国と重ね合わせて議論させる地政論という方法が、地域連関を論ずる一つの潮流を形成しているとみることができる。もちろんこれは国益やナショナリズムとも関係しているため複雑な問題ではあるが、これまでのような、いわゆる民族主義やナショナリズムというレベルではなく、むしろ積極的に現在の外への政策に対して、地政論という形で理論的にも方法的にも中国が対応させようとしているという動きであるということができる。したがって、海洋アジアとしての、アジアの戦略的な問題として、例えば韓国などで議論されている北東アジアの問題を、東アジアと東南アジアの地域連関を考える上でも積極的に取り入れながら、アジア域内の地域間関係の議論をつくっていくという課題そのものが、広域地域連関の歴史論と深くかかわっているということである。その意味で、フランクの議論は、著者が扱った一八〇〇年までに限られたものではなく、二十一世紀において歴史モデルをどのように活用するか、再解釈するかという、アジアへの問いかけであるとも言える。

三　東アジアをめぐる地域連関

香港が、おりしもちょうどタイを始めとする東南アジアの金融危機が始まった一九九七年七月に中国に返還されて以降、華南という歴史的な後背地を回復しながら、一国二制度として政治と経済とが切り離されて運用されていることは、今後の台湾・沖縄・朝鮮半島問題を含み、さらにはシベリア・ロシアに至るまでの、「一国二制度ゾーン」の出現を予測させることになった。

そしてそこに出現した香港をめぐる華南・台湾という「大華南」とも呼べる地域・海域におけるモノ・ヒト・カネ・情報の集積は、中国・台湾のＷＴＯ（世界貿易機構）への加盟に伴う新たな投資機会や市場拡大の条件の増加とともに、非公式の複合的地域関係のネットワークも含めて、今後一層密度高く形作られていくであろう。そして東南アジアは言うまでもなく、日本の西南の地域・海域も、そこにより強く係わっていくことになると思われる。

一九七〇年代以降のアジアＮＩＥＳの経済発展に始まり、一九八〇年代の東南アジアさらには中国の改革開放政策による沿海ならびに華南地域の経済発展の中で、とりわけ注目された問題は、中国華南から東南アジアにかけて、歴史的な移民・送金・交易関係が形成され、そのネットワークが現代の経済発展に大きく寄与しているという点である。これは「華僑ネットワーク」と呼ばれ、現在はインドと東南アジアや西アジアとのつながりを表わす「印僑ネットワーク」も注目を浴び始めている。これは、エスニック・グループや地域・都市間のつながりに着目し、それが当面の経済発展に果した役割を歴史的にも明らかにしようとする視点でもある。同時に、この歴史的なつながりが存在しているという点そのものが、一九九七年の東南アジア金融危機の背景に存在していたという点も特徴的である。華南の資金需要が拡大し、東南アジアの華僑資金が公式・非公式に吸引されたためである。したがって、そのなかで地域間を動くモノ・ヒト・カネ・情報の集散の仕組みを考える現代的課題のひとつとして、「地域共同通貨」の問題がある。一九三〇年代の大恐慌の影響に対して、銀圏の形成を以て対応した中国とインドという二大銀使用国を中心としたアジアの金融事情と対比しながら、この共同通貨の歴史的な根拠とその現代的な可能性が追究されなければならないであろう。

四　アジアのなかの中国経済

このような状況のなかで、改めて中国を見る視点が問われている。即ち、政権自体に着目した北からの中国像ではなく、改革開放に伴って活力を増した、そして東南アジアの華僑資本との結びつきを強め、香港を通してグローバルな金融市場と結びついている南から見る中国像が要求されている。

とりわけ、東南アジアの金融危機に伴って、インドネシアを筆頭に東南アジア各国通貨ならびに株価が軒並みに下落するなかで、中国の株価が上昇していることは、華僑資金が中国に流れることによって、或いは中国が東南アジア資金を吸収することによって、資金調達を果したと見ることが出来よう。

同時に香港の金融危機に対する取り組みも前例を見ないものであった。即ち、香港ドルは、アメリカドルにリンクするいわゆるドルペッグ制をとっており、香港ドル投機に対しては、貸し出し金利を高めることによって防衛し、また、株式投機に対しては、香港特別行政区政府が大量の資金を投入して買い支えた。この新たな金融市場の運営と管理の方式も、香港が一九九七年に一国二制度として中国に返還された結果、中国の政治的影響力が市場経済の文脈で行使されるようになったことで実現したと言える。

このように、南に開いた中国では、香港の後背地としての広東省経済が対外関係では突出しており、さらに香港を経由して台湾との経済関係も大きくなりつつある。いわゆる華南・香港・台湾の大華南経済圏が、貿易・投資関係を超えて、共通の関税政策、為替政策を取りつつある状況である。そしてシンガポールを経由する華僑資本がここに資金を供給する関係となっている。シンガポールは、蘇州工業区への投資のみならず、中国との積極的な交流をすすめており、タイにおいても歴史的に米貿易に携わる広東省の潮州ネットワークを根拠にして、華南との交流が強められている。

五　「人民元」をめぐる金融市場

近年のアジアの金融・経済状況においては、問題の社会的影響の検討が求められていると同時に、その原因の究明や対応の検討も重要な問題になっている。一九九七年のいわゆる東南アジアにはじまる金融危機に対して、中国は、一九三〇年代の幣制改革前後の中国を中心とした東アジアの銀流通圏と金を中心とした国際金融市場、さらに、歴史的なアジアの銀流通圏という、東アジアから東南アジアに跨った金融市場の歴史的存在を、改めて現代的に構想し活用したように見える。ポール・クルーグマンは金融危機を一九三〇年代の大恐慌に対比し、国際的な金融危機の連鎖の可能性を論じたが、一九三〇年代のアジアでは、中国が銀流通圏に拠って対応しようとし、日本が金本位制離脱によって影響を凌ごうとした。そこではアジア規模の対応、即ちグローバル市場と各国市場の中間に、歴史的銀流通圏として機能していた領域に類似した場を作ることによって、危機への対応をおこなったと特徴付けられるであろう。

この動き方の具体的な現われとしては、一方では、人民元を切り下げないことによる割高状況が、東南アジアからの資金流入を生み出した。中国の株価指数は一九九七年以来、東南アジア各国の株価に対して一貫して高値を維持しており、資金吸収力を維持していた。同時に他方では、米ドル・人民元・香港ドル・東南アジア通貨相互間のクロスレートをみると、人民元のドルに対する値とタイ・バーツのドルに対する値と、人民元とタイ・バーツの関係は、人民元の側が比較的安値に推移している。これは、金融中継地としての香港を公式・非公式に活用することにより、中国は人民元を制度的には切り下げなくても、為替関係で実質的な切り下げが実現されたことを意味している。

これは、歴史的な華南・東南アジア関係が華僑送金ネットワークを背景として、貿易金融と投資が重なった金融市場を形作っていた状況に類似している。これを別の角度から見れば、近年の、さらには今後に起こりうる金融危機に際しては、アジア規模のレベルで機能する、グローバルとローカルの中間領域の金融市場が積極的に必要であるということを意味していよう。

六　中国のアジア・アイデンティティ——南北関係・中央‐地方関係のダイナミズム

このような状況のなかで、北と南、中央と地方の関係のダイナミズムに着目する必要がある。さらに沿海と内陸との相互関係も作用している。歴史的に見て、中央政権が変化を示そうとするとき、地方はそれに伴って、反比例の力学を示してきた。即ち、集権の状況では地方はその下に組み込まれているが、分権の時には、独自の方向を示すという関係である。中央政府が直面する国有企業改革の帰趨も、むしろ世界銀行案の国家の株主化の方向とは異なり、中央政府の政策が、今後どのように南の金融ネットワークを取り込む形で進められるかという課題を前面に出し、その実現にかかっている

この過程で不可避的に生ずる問題としては、グローバリズムを前面に出し、そのなかで自らのアジア・アイデンティティをアメリカに対して主張する時と、国内の集権に向けてナショナリズムへと収斂させる時の方策との間に乖離が現れることである。アジアを強調する場合には、周辺との地域関係の安定という課題が登場し、ナショナリズムを強調する場合には、アジア・アイデンティティが実現されないという問題が生ずることになろう。

これは、国家としての外への展開であるが、逆に中国の国家政策としてではなく、アジアの様々な地域の組み合わせのなかで、中国の各地域が固有に持つ各々の対アジア関係の組み合わせを考えていく必要に迫られている。このことは、一国二制度という形で香港が登場し、台湾との関係も今後、一方では一国二制度的な地域連関論として、また他方では伝統的な名分論、あるいは華夷秩序論としても行われている。日本にお

いては沖縄の問題を一国の枠外で考える構想があり、朝鮮半島においても、冷戦の結果としての南北分断構造が現在では一国二制度的な地域連関論としても議論される。

これまで国家と民族は、一九～二〇世紀においては政治・経済・文化の中心的な結合概念であり、またその形態であった。しかし今日は、むしろ海洋中国、海洋アジアも含め、より多様な地域の結びつきがあり、それに対応した地域連関構想が求められている。

例えば近年のNPO、NGOの動きも、国家の枠に捕らわれず、ネットワークという視点から、国家、民族の凝集を中心として編成されると構想されてきたアジアを、南の角度からどのように相対化し組み替えるかという課題を提出している。そこでは、官と民、公と私、営利と非営利という、これまで截然と二者択一的に画分されてきた領域の境界も相互に滲透し始めている。と同時に、従来の官＝非営利、民＝営利という対応関係も変化している。そこには、腐敗や地方主義などの新しい問題を登場させながらも、公と官と営利の組みあわせ（PFI）や、先のNGO、NPOなどの民間と非営利の結びつきも広がっている。そしてこのレベルにおいても、「会」などの歴史的な社会結合を想起することが可能である。

おわりに――歴史的なアジア金融ネットワークの再構想

グローバル化のなかで、アジアの金融市場において中国が果す役割を考えていくことが、大きな問題となりつつある。円の国際化が叫ばれて二十数年になるが、しかし実際には円はアジアで使われなかった。これは、アジアの華僑資金のネットワークに関係する。では、中国がこの間利用したアジアネットワークの観点から、「人民元」決済圏という構想は可能であろうか。そして、何等かの形でそこに日本・韓国・シンガポールなどが参画する課題や条件は何であろうか。いわゆるＡＭＦ（アジア通貨基金）構想の現実的な場として、この歴史モデルに重ね合わせた金融市場を形成するという未来像である。当面中国、香港、台湾のいわゆる大華南経済圏の中で、決済手段の共通化が相当速く進むと思われる。その中で、アジア域内関係で中国が果す役割は一層大きくなろう。

日本もそこでは決して例外的な位置にいない。アジアを場として機能するいわゆる周縁アジアのネットワークに対して、どのように参画するかという課題が問われている。中国は今、この周縁化するアジアに対して、国家という表現を通して、名分論的、中華論的正統を競い合っているように見える。そして日本はこの動きの外に立っているようであるが、中国像の切り替えと同時に、日本のアジアネットワークへの参画のありかたが、経済的のみならず、政治的にも、明治以来の「国家」に基づいた「アジア像」の切り換えとして問われていると言えよう。

参考文献

〈徳〉貢徳・弗藍克著、劉北成訳『白銀資本——重視経済全球化中的東方』中央編訳社、二〇〇〇年
Kenneth Pomeranz, *The Great Divergence: Europe, China, and the Making of the Modern World Economy*, Princeton UP, 2000
Bertrand Badie, *The Imported State-The Westernization of the Political Order*, Stanford University Press, California, 2000
(L'etat importe : L'occidentalization de lordre politique, Librarire Artheme Fayard, 1992)
Kenneth Pomeranz and Steven Topik, *The world that trade created : society, culture, and the world economy, 1400-the present*, Armonk, N. Y.: M. E. Sharpe, c1999.
兪可平主編『全球時代的〝社会主義〟——九〇年代国外社会主義述評』中央編訳出版社、一九九八年

汪暉・余国良編『全球関係中中国処境』中文大学出版社、一九九八年
陳麗君主編、林江副主編『「九七」後的探討――香港経済及其内地経済関係』天地図書有限公司、香港、二〇〇〇年
葉自成『地縁政治與中国外交』北京出版社、一九九八年
宋宜昌他編集『海洋中国――文明重心東移與国家利益空間』中国国際廣播出版社、一九九七年、全三巻
陳板主編『大家来寫村史――民衆参與式社区史操作手册』台湾省政府文化處、一九九九年
『認識台湾（歴史篇、社会篇、地理篇）』国立編訳館、一九九七年、全三册

「リオリエント」から「ディオリエント」へ

【地球・地域史への道】

川勝平太

ヨーロッパの地域性を浮き彫りにしたフランク

フランク『リオリエント』の訳者山下氏はウォーラーステインのもとに留学された由、指導教授の批判書を訳すことによって一段と力量をつけられたものと推察する。訳に力がある。『リオリエント』にはフランクみずからの実証的発見はない。経済史の膨大な二次文献を扱っている。東洋という視角から二次文献を読みこんだところに特徴がある。実証を好むイギリス人には受けないかもしれないが、方法論を好む日本人には好評だ。批判の対象になったウォーラーステインの『近代世界システム』も「世界システム」という観点から二次文献を読み返したものだ。両者とも生命は視角なり問題意識にある。『近代世界システム』第一巻をウォーラーステインが書いたのは一九七四年であった。それは学界に衝撃をもたらした。といっても、私は一九七七年から八一年までイギリスにおり、イギリス経済史学会の年次大会に毎年出席したが、学会でウォーラーステインが議論された光景を思い出せない。イギリスでは冷淡に受け止められていた。もっともさすがに実証的見地からするオブライエンの有力な反論がイギリスの専門誌に載った。衝撃はイギリス以外の地域で大きかったようだ。日本でもかなりの人が影響された。衝撃の中身は、西洋地域をシステムとしてとらえたところにあったと思う。彼が『社会科学をひらく』(藤原書店)で展開した社会科学批判も、社会科学が国家枠のもとで成立した限界の指摘にある。フランクも国家をこえる「地域」から発想している。

しかしウォーラーステインの地域は、フランクが言い当てたように、西洋中心である。その限界をフランクは目ざとくとらえ、近代世界システム論が西洋中心主義だと指摘した。これが批判の眼目だろう。確かに西洋以外にも地域がある。彼は東洋地域に注目した。それは西洋や東洋を合わせたグローバル・ワールド(地球世界)があることを含意する。フランクは地球世界から見て一八〇〇年以前に中心的役割を果たしたのは東洋であり、東洋の中では特に中国である、と主張する。

便宜的に一八〇〇年頃を境に、それ以前を近世、それ以後を近代と区別しておく。根拠は一八〇〇年前後にイギリスで経済革命、フランスで政治革命、ドイツ圏では文化革命が同時多発的におこり、画期性があるからだ。フランクは近世を対象にし、近世期の世界の中心は東洋であったという。刺激的なテーゼだが、なぜフランクは東洋の中心は中国だというのだろうか。

地中海をベースにしたヴェニスの東方貿易を引き継ぐかたちで、近世期にヨーロッパは東はインド洋、西は大西洋・太平洋に乗り出した。その結果、コロンブスが到達したアメリカがヨーロッパへの銀の供給源になった。アメリカ銀については、それがヨーロッパに価格革命をひきおこしたというハミルトンのテーゼをめぐって論じられてきた。しかし、アメリカ銀はヨーロッパに滞留したのではなかった。巨大な量が域外に流出していた。しかも、そのことが近代世界システムの形成と不可分であった。この事実認識が重要なのだ。アメリカ銀は大西洋からヨーロッパを経てインド洋へ運ばれた。またアメリカからメキシコ経由で太平洋を運ばれてもいた。最終目的地は東洋だ。フランクは中国がその銀の吸収者であったという。フランクはそこから中国が東洋の中心、広くは世界の中心だ、というのである。

銀の東洋への流入はわれわれには周知の事実だ。これが長大な叙述の中でくどくどしく述べられているのは、この事実を知ったときのフランクの驚きが表れていると思う。あれやこれやの文献解説は書評論文を延々と読まされている感があって辟易する。だが西洋史の膨大な個別文献を、東洋との関係に絞りこんで読んでいくと、最終的に東洋が銀の吸収地であった、というフランクと同様の結論になる。

しかし、吸収地は中国だけではない。もう一つ、インドがある。フランクは無視しているが、K・N・チャウドゥリがイギリス東インド会社の資料の分析で明らかにしている。私自身もかなり前にその重要性に気づき、インドへの銀流入と綿業を軸にしたイギリス産業革命との関係について二十年程まえに論文を書いた(「木綿の西方伝播――アジア内貿易から大西洋経済圏へ」『早稲田政治経済学雑誌』二七〇・二七一・二七二合併号、一九八二年)。

西洋(アメリカとヨーロッパ)と東洋との関係を、グローバルな銀の流れから眺めると、銀は中国とインドに沈んでいた。中国に銀をもちこんだのは、マニラ経由のスペインのガリオン船とバタビア経由のオランダ東インド会社だ。ただしオランダの銀は新大陸銀というよりも長崎から輸出された日本銀だ。日本銀は中国商人によっても持ち出された。さらに対馬から朝鮮経由で中国に入った。インドに銀をもちこんだのはイギリス東インド会社だ。

このように銀の流れから西洋・東洋・日本の関連が見える。銀の吸収地は中国だけではなくインドも考慮しなければならない。中国とイギリスとの関係は十九世紀になってからだから、中国研究者はついインドの銀吸収力を見失いがちになる。さすがにマルクスは見のがしていない。近代になってインドからイギリスに膨大な銀が流れたが、その銀は元をただせば近世にイギリスがインドに運んだものだ。インドへはヨーロッパから希望峰経由の海路のほか中東経由の陸路でも銀が流れこんでいた。西洋資本主義勃興期の銀のグローバルな流れを知った者は、西洋と東洋との関係を無視するのが誤りでさえあると確信する。新大陸銀や日本銀の流れが膨大であることは、その対価の東洋物産の流れも膨大であったということだ。東洋物産がやがて西洋社会の工業品に転じた。近代西洋の社会生活に東洋物産が入り込んでいる事実が見えると、西洋の普遍性の装いがはぎ取られ、その「地域性」が明らかになる。反批判でウォーラーステインは、東洋の巨大な影響にもかかわらず、ヨーロッパが発展したのはミラクルであり、ヨーロッパの特質がかえって鮮かになったといっているが、確かに『リオリエント』はヨーロッパとアジアの「地域性」をともに浮き彫りした作品だ。

国際学会で「アジア」認識を覆す

二〇年以上前、世界各地から経済史家が千人余りも集まる国際経済史学会の第七回大会（一九七八年夏にエディンバラで開催）に参加した。四年に一度の経済史における最大の学会だ。私はまだ大学院生だった。この大会に出席した杉原薫氏の参加記（「第七回国際経済史学会に参加して」『社会経済史学』四四巻五号、一九七九年）に「ヨーロッパの圧倒的な学問的主導権は、テーマの設定、討議の内容の両面できわだっていた。日本人は全部で約五〇人参加していたようで、討論に参加した人も何人かあったが、率直にいってその貢献度は依然としてきわめて限られていた」とある。学会のメインテーマは欧米中心で、日本はおろか、アジアにかかわるテーマは皆無に近かった。中国人の学者はまだ一人も来ていなかったと思う。日本人学者の大半は、残念ながら、研究発表ではなく国際学会に詣でるといった感じであった。まだ日本もアジアも小さい存在だった。そのなかで角山榮氏が「領事報告の国際比較」というセッションで、明治日本の領事報告にあるアジア情報はイギリスのものよりもまさっていたと報告され、いたく感心した。

国内の学会では年長の学者と気楽に話せる雰囲気はないが、国際学会では日本人同士が、年齢差をこえて、研究や人生を語り合う自由な雰囲気がある。国際学会の利点だ。私は四十歳以上年長の小松芳喬先生、二十年ばかり年長の船山栄一先生などからまるで「友達」のように気楽に学問人生を語っていただいた。懐かしい記憶だ。国内の学会では若手には遠慮が、年長者には気位があって、そうはいかない。エディンバラでの角山先生との出会いは鮮烈であった。三十歳ばかり年長の角山先生に懇親会の引き際に自己紹介した。短く自説を述べたところ、先生の表情が真剣になり、奥様を宿舎に先にお帰しになって、じっくり聞こうといわれる。夜更けで店は締まっている。なんと、私の宿舎にまでお越しになり、夜中まで話しこんだ。その後、早稲田大学政治経済学部の紀要に発表していた論文を二本お送りしたところ褒めて下さった。同じことが船山先生との間でもおこった。船山先生は流行の「アジア間貿易」をもじっていえばヨーロッパ域内の「ヨーロッパ間貿易」と市場構造との関係に日本人で最初に気づかれた学者で、私の説はまさにそのアジア版であったから、最初に気づいた者同士、一朝にして旧友のごとくなった。アジア版といったが、一九七〇年代半ばに、内外の綿花・綿糸・綿布の市場分析を通して「東アジア綿体系」というコンセプトをたて、アジア型の木綿市場の構造が対西洋貿易を制約し、アジア域内の貿易・産業の発展を支えるというテーゼを発表し、七七年から八一年のオックスフォード留学中に「海洋アジア」という地域コンセプトと「物産複合」という方法概念を柱にして「アジア版の経済史」を樹て得るという確信を深めていた。

杉原氏にも同じ国際学会で初めて会い、同じ論文を送ったが、どう理解してよいか分からないとの返事であった。杉原氏からは『アジア経済』に載せた十九世紀末のインド貿易のサーヴェイが送られてきた。S・B・ソウルの多角的貿易決済機構のインドにかかわる部分を扱い、ソウルの主張を補強する内容で、アジア経済圏や交易圏の視点はまったくない。結論と統計事実との間にある齟齬を丁寧に指摘した礼状を送った。その直後に、彼はアジア間貿易の存在に初めて気づいたに違いない。

というのも、私は国際学会の数か月前の一九七八年春のイギリス経済史学会の年次大会に出席して、レイサムの報告を聞いていた。同じソウルの仕事を手がかりに、レイサムは独自に「インドの貿易構造」「中国の貿易構造」「intra-Asian trade（私はアジア域内貿易と訳していた）」といった用語を用いて、アジアの貿易構造を明らかにしたのを知っていた。私はすでに東アジア綿体系というアジア型の市場構造論を先の紀要論文で提起していたので、親縁性のある考えを貿易統計で出したレイサムの仕事に格別の関心をもった。彼は私の説に共鳴した。当然である。アジア独自の域内貿易はアジア型の市場構造（分業関係）と不可分だからだ。彼はそれを一書にまとめ、七八年末に上梓した（*The International Economy and the Undeveloped World 1865-1914*, London）。その本を私は菊池氏と共訳した（『アジア・アフリカと国際経済　1865-1914』日本評論社、一九八七年）。そのあとがきでこう述べた——

レイサムが本書に結実させたアジア経済見直しの構想を最初にうち出したのは一九七八年の春、スワンジーで開かれたイギリス経済史学会の年次大会においてであった。たまたまその大会に出席していた川勝はレイサムの報告が参会者に鮮烈な影響を与えたのを目のあたりにし、同年末に原著が出版されるや邦語での紹介の意義を認めた。しかし必ずしも日本の出版社の容易に引き受けるところとはならず、一時は邦訳出版を断念した。一九八四年にレイサムが初来日し、大阪市立大学、京都大学人文研、アジア経済研究所、早稲田大学で講演を行い、気運が再燃、このたびの上梓に結びついた。

ソウルの研究を一歩進め、十九世紀末からのアジア域内貿易の構造を明らかにし、それを最初に統計的に裏付けたのはレイサムである。当時のイギリスでは、ソウルの多角的貿易決済機構の要はインドであり、それゆえにインドは貧しいと理解されていた。レイサムはインドが多額のホームチャージに耐え得た基礎がインドの貿易黒字にあり、それがアジア域内貿易に支えられていた事実を初めて実証したのだ。日本の学界ではアジア停滞のイメージが強く、しかも「帝国主義」全盛期の十九世紀末のアジア貿易の発展は、いくら私が統計的事実だと説明しても、半心半疑で、むしろ反動的主張とみる向きがあった。だから邦訳の出版が延びた。レイサムは『英国議会資料』等の膨大な統計群からインド・東南アジア・中国分を集計し、インドの対アジア貿易が黒字になる域内貿易の構造をとらえていた。同書の第三章国際貿易がそれを扱っている。それは彼が一九七八年春に発表した内容と同じである。日本の学界ではアジア経済圏やアジア交易圏論が夜明け前のころだ。レイサムは後に、戦間期の大恐慌をアジア（インド）の農産物市場から論じた書物を著し、米（コメ）のアジア域内貿易の書物も著した。あえて紹介したのは、先駆者ながら（だから）、彼は無視されるきらいがあるからである。

国際経済史学会は四年ごとに開催されるが、エディンバラ大会から四年後の一九八二年の第八回ブダペスト（ハンガリー）大会のとき「プロト工業化」が大テーマ（ほかに中テーマ、小テーマがある）になった。ヨーロッパでは本格的工業化以前にプロト工業化段階があって、国際市場の発展は後進的な非農業地域の商品生産と結びついていたという議論だ。八〇年代初期でもまだ国際学会の主要テーマはヨーロッパ中心であった。一方で中テーマでウォーラーステインのテーゼが話題になった。私はウォーラーステインのいう近代世界システムの形成に果たしたアジアの役割が考慮されていないと論じたが、私の英語表現力の不足もあって、彼はなぜそれが重要なのかわからないといった風であった。もっとも、それから十二年後、一九九四年に「世界システムとアジア」という国際シンポジウムが名古屋で開催され、ウォーラーステインと直接対決する機会が与えられ、彼は私の議論を理解し、特に彼の奥さんがえらく気にいってくれて、論文をせがまれたほどだ（Asia in the World Economy 名古屋大学大学院国際関係科、一九九四年）。ウォーラーステイン夫人も学者であることをそのとき知った。彼は頑固だが、夫人はすばらしい！

一九八四年に日本の社会経済史学会の共通論題「近代アジア貿易圏の形成と構造」で我々三人は自説を発表した。ロンドン大学からチャウドリさんをお招きしインド洋交易世界について話してもらった。その前後から来日する大物の経済史家との交流も増え、国際経済史学会の理事にも知られるようになり、一九八六年のスイスの首都ベルンで第九回国際経済史学会のAセッションの大テーマに「世界経済の出現、Emergence of a World Economy」が掲げられたとき、ついにレイサムと杉原氏と私がアジアを論じる研究者として招かれた。大変な盛会だったが、フランクは招かれていない。その成果は二巻本の *The Emergence of a World Economy*, 2vols. (Steiner, 1986) である。フランクはそれを読んで『リオリエント』にこう書いている。

国際経済史学会の最近の大会報告書を通覧すると、国際部門の九〇%くらいは西洋についての研究であることがわかる。最近になって『世界経済の出現』(フィッシャー、マクニス、シュナイダー編)などというタイトルを冠した二三の報告書が出てきた。しかし、そこへの寄稿は依然、西洋のものが優勢を占めている。(訳書、八三頁)

この二巻本の第二巻にレイサムと杉原氏と私のアジア関係のペーパーが三本入っている。それらは反響をよび、大会の総括でも特に論及された。そのあたりの事情をフランクは知らない。中身ではなく、論文の数だけで論評している。その二巻本について補足すれば、第一巻は一五〇〇年から一八五〇年、第二巻は一八五〇年から一九一四年を扱う。第一巻で世界経済を論じたペーパーはほとんど銀を扱っていた。つまり十九世紀までの世界経済は銀流通論で、中身は銀のアジアへの流入だ。それほどに銀とアジアは重要である。フランクが引用しているフリンとジュラルデスもこの大会で報告した。フランクの書いているテーゼの根拠は十五年前のベルン大会での実証水準以上のものでも以下のものでもない。

「日本の出現」をどう捉えるか

ベルン大会に浜下武志氏の姿はなかったが、朝貢システム論をかなり以前から英文で書かれていたようだ。それを論拠の一つにして、フランクは中国が中心だという。しかし、日本については論じていない。近代になって中国は凋落し、ヨーロッパと日本が台頭した。アジア地域における最大の現象は日本がアジア最初の工業国家になったことだろう。この論点がフランクにはない。フランクの狙いは西洋中心主義批判なので、彼は軸を中国にすえ、目は西洋に向いている。中国を軸にすえる場合でも、西の西洋と東の日本に目を向けなければ複眼にならない。それはフランクの問題意識の限界であると同時に、日本の世界史的位置づけは容易ではない、ということでもある。

ヨーロッパ地域のなかでヨーロッパ間貿易があったことは自明だ。説明するべき一番大切な歴史事実は、なぜイギリスが中心になったのかである。それはヨーロッパ域内のダイナミズムを見ないとわからない。西洋の学界は、ヨーロッパ域内や環大西洋圏内に働く様々な内的インパクトを見る視角に長じている。それだけに、近世におけるオリエンタル・インパクトを見落としているというフランクの指摘は新鮮だ。日本の学界では逆にウェスタン・インパクトが強調されすぎ、アジア域内に働いている内なるダイナミズムを見る視角が弱い。開国までアジア域内で互いにインパクトを与え合う関係になかったかのごとき理解である。域内貿易やネットワークが存在したことでアジア間関係の解明が事足りた感になっているのではないか。

確かに、アジアに欧米の自由貿易システムが導入された結果、アジア域内でヒト・モノ・カネが活発に動いた。開港前の長崎と同様、新しい開港場に入ってきた外国人の多数は、西洋人ではなく、東シナ海、南シナ海で活動する中国人であった。シナ海は本来的に中国人の交易の海である。域内貿易はある意味で自明であり、その数量を確定するのは前提であるが、本当に大切なのはアジア域内のダイナミズムを説明することである。ヨーロッパでは、オリエンタル・インパクトがあったにもかかわらず、それを無視して、域内のダイナミズムが考えられがちだ。われわれも、方法的には敢えてウエスタン・インパクトから自立したものとしての域内のダイナミズムを探るくらいのアジアを軸にすえた視角を立てる勇気が要るだろう。

まずは域内の地域性を押さえなければならない。たとえばアジア域内の貿易額を計算した杉原氏は、貿易の根拠を「歴史的伝統の中で育まれてきた衣食住の価値体系」という抽象的な一文ですませている。要するに何も語っていない。衣食住は物から成り、暮らしの基礎となる物はバラバラではなく、地域社会ごとに物産複合 (product complex) というまとまりをもっている。東アジア地域社会の物産複合は、互いに微妙に異なりつつも、西洋地域社会のそれと比べれば、共通している。貿易は相手地域の物を必要とするから生まれる。環シナ海の貿易は、その地域の物産複合を構成する様々な物産が互いに必要とされ、そこに比較優位の原理が働いて、より安価な供給源、より高価な購買力が求められたからだ。物産複合に共通性がなければ、環シナ海に域内貿易が発達しない。ではなぜ、物産複合が共有されていたのか。かつて域内貿易が行われたからだ。つまりアジア域内貿易は開港をもって始まったのではない。開港後の域内貿易の成長局面も、近世後期の停滞局面も、中世から近世前期の拡大局面も、域内に働くダイナミズムの諸相である。

欧米型の自由貿易システムが導入される前の域内貿易において、近世中期までの日本は中国に対して入超であった。日本は生産革命を経て近世後期に自給化を達成した。その結果、日本貿易は小さくなった。こうした関係の背景にはアジア域内の自給化や分業化などのダイナミズムがある。それはアジア地域間競争と言いうる。日本にとって最大の競争相手は中国であった。近世のアジア間競争は互いに鎖国・海禁システムをとったので表面化しなかった。鎖国・海禁も制度面での類似の貿易システムないし朝貢システムを整える競争であり、これもアジア間競争の一つである。十九世紀の開国は物産の価格面でのアジア間競争を顕在化させたのである。

また、シナ海―東南アジア―インド洋には十九世紀前半に活発な域内貿易があったことは、戦後すぐケンブリッジから出たグリーンバーグの古典的研究以来、専門家の共通認識だ。いわゆるカントリー・トレイドである。ヨーロッパ勢力の東漸という現象ばかり見ているとアジア域内の貿易は彼らの進出とともに始まったかのごとくである。それは単純な誤解だ。「海洋アジアの交易史」という観点にたてば、少なくとも十三世紀南宋の『諸蕃志』(英訳は二十世紀初めにされている)あたりまで遡らなければならない。近世ヨーロッパ各国の東インド会社は既存の海洋アジアの貿易ネットワークを活用したことは常識に属する知識であろう。

イギリスの貿易統計はアジア域内の貿易を明らかにするために編まれていない。それを使ってアジア域内の貿易の実態に迫り得るのは、域内貿易があるからである。それを集計し再整理するのは骨のおれる仕事だが、その統計量が初期に小さいのは、新規参入したイギリスの記録を使っていること、それ以前のアジアの記録が残されていないか断片的なため、さらに日本の実質的な鎖国(自給化)が達成した半世紀後であることから、ある意味で当然であり、それはアジアに域内交易や域内競争のなかったことではない。まして、それまで先学によってコンセプトも普通に使われ、その存在も当然視されていた「intra-Asian trade」をなかったかのごとく「アジア間貿易を発見した」「独創である」等、みずから主張されるのは当初から過剰気味に聞こえていたが、もうそろそろよろしいのではないか。

もう一つ、ヨーロッパの台頭との関連がある。ウォーラーステイン流に言えば「近代世界システム」で、その出現は十五、十六世紀ぐらいからだ。日本の場合も同じくらいの地域スケールとタイムスパンで見直す構えが要る。そうすると、江戸時代のアジアにおける位置づけが論点になる。それが一九八九年の社会経済史学会での「アジア交易圏と日本工業化」というシンポジウムになった。結論はアジア交易圏が枠組として重要だということである。この交易圏の中でアジア間競争としてとらえうるダイナミズムの中から日本が出現する際、環シナ海域では中国（「海洋中国」）のインパクトは決定的である。環シナ海域をヒト・モノ・カネが動く。その実態とそれがつくる網（ネットワーク）をさぐるなかで古田和子氏は上海ネットワークを見出した。籠谷直人氏はアジア商人の動きを追究した。また、本野英一氏は制度なり慣習に視点をあてコンパラドールに詳細な分析のメスを入れてヨーロッパに対抗する粘着力を持った中国人独自の法観念を摘出した。

こうした国内の潮流と連動した国際的な動きにも一言しておこう。先に触れた一九八六年の第九回ベルン大会の後、国際経済史学会理事会から次の大会でセッションを組織するように要請された。そこで英国のレイサムと組むことで国際性を確保し、一九九〇年の第十回ルーヴァン（ベルギー）大会で「日本の工業化とアジアの経済」を設定した。欧米中心の国際学会の中に「日本」と「アジア」をぶちこんだのだ。残念だったのは、このセッションに杉原氏をお誘いしたが、レイサムと共同作業はしないという理由で実現しなかったことだ。浜下氏、角山先生のほか若手の本野氏、小瀬氏にも参加してもらった。聴衆にチャウドリ（英）、プラカーシュ（印）、クルーゼー（仏）、ランデス（米）など大物が詰めかけた。後に「東南アジアの商業の時代」で知られることになるアンソニー・リードも熱心に討論に参加した。満席の中、嬉しい緊張を強いられた。

その成果にロンドンの出版社が飛び付いてきた (Latham & Kawakatsu, eds., *Japanese Industrialization and the Asian Economy*, Routledge, London & New York, 1994)。

第十一回ミラノ (イタリア、一九九四年) 大会では、東アジアのダイナミズムをとりあげたところ、中テーマに格上げされ、国際経済史学会が責任をもって書籍形態にして定価販売してくれたのはよいが、市場がごく限定された (Latham & Kawakatsu, eds., *The Evolving Structure of the East Asian Economic System since 1700:a comparative analysis*, Milan, 1994)。

第十二回マドリード (スペイン、一九九八年) 大会では、それを反省して学会理事会がテーマに責任をもたない自由セッションを組み、対象地域をアジアを含む太平洋に広げた。これもロンドンの出版社から即座に商業出版の申し出を受けた (Latham & Kawakatsu, eds., *Asia Pacific Dynamism 1500-2000*, Routledge, London & NewYork, 2000)。

「ディオリエント」による自立性の獲得

『リオリエント』に新しい事実発見はないが、彼の視角 (オリエンタル・インパクト) を私は共有する。「アジアからの外圧」とは十年前の『アジア交易圏と日本工業化』所収の拙稿の第三節のタイトルである。フランク・テーゼが影響力を与えるのであれば喜びたい。とはいえ、フランクは欧米学界の本流だろうか。欧米中心史観の牙城から見ると彼はまだ周辺にいる人だろう。ウォーラーステインでさえイギリスでは傍流だ。ヨーロッパ中心史観がどう崩れていくかが、目下の関心だ。偉そうなことを言ったが、数年前、オブライエンなどの編でいかにもイギリス人好みの論文集が編まれることになり、そこに実証論文の寄稿を求められた。相手の土俵で相撲をとる難しさがある（H. Kawakatsu, 'The Lancashire Cotton Industry and its Rivals', P. O'Brien & K. Bruland eds., *From Family Firms to Corporate Capitalism*, Oxford, 1998）。

西洋と日本は、近世期にそれぞれイスラム圏、中国圏という東洋から影響されつつ、近代になって東洋から自立した。それが近世から近代への移行期の歴史的過程だ。それはヨーロッパが脱アジアしてヨーロッパになり、日本が脱アジアして日本になったといいかえうる。リオリエント（ReOrient）ではなく、ディオリエント（DeOrient）が近世から近代への移行の本質だ。いずれ、アジアが近代ヨーロッパをつくったというテーゼが育っていくであろう。近代日本の出現が、西洋へのキャッチアップ論ではなく、アジアによってつくられたというテーゼも育っていくだろう。ディオリエントを経てヨーロッパと日本が近代社会になった。それが近代文明の誕生の秘密である。フランクはそこまで言っていないが、徹底して詰めていくと、脱ア像になる。例えば一八〇〇年前後の転期について、フランクは「西洋の勃興は世界経済・世界システムにおいて起こっていたこととして、輸入代替から輸出振興へという戦略の遂行によって、アジア経済という巨人の肩にのぼっていった事例である」とあるのはその脈絡だ。イギリス産業革命とはアジア物産を輸入代替する生産革命であり、イギリス帝国という自給圏確立の経済的基礎となった。さらにアメリカはそのイギリスから独立して国民経済をつくり、モンロー宣言（鎖国宣言）まで出した。近代になって初めてアジアからの自立が達成されたのである。

「地域」概念から地球史を構想する

ヨーロッパ地域だけを見たり、ヨーロッパのみを規準にした個別研究をいくら積み重ねても、枠組み自体が部分でしかないので全体性に至れない。ヨーロッパ地域を相対化するために、フランクは東洋地域をもちだした。東洋とは西洋の対概念だ。ユーラシア（ヨーロッパとアジア）も一つの地域だ。それも全体ではない。ヨーロッパ対アジアという二項対立的図式から自由になる必要があるだろう。「地域」は狭くは向こう三軒両隣から、広くは東アジア、南半球、温帯・熱帯・寒帯など気候・風土の区別、政治経済、宗教など多種多様な規準でとらえうる。地域は固定した空間ではなく、他の基準でとらえた地域と複合的、重層的な関係にある。「地域」的観点とは多様な部分の諸相から全体像を見る観点である。全体とは「地球」である。「地球」的観点とは全体から多様な地域像を見る観点である。ともに必要である。地球と地域とは全体と部分の関係である。地球と地域とは一即多の関係にある。それゆえ「地域」概念は「地球」と対で確立されねばならない。「地（球）」を何らかの規準で空間的区分したのが「地（域）」になる。空間的区分といったが、「地球」は時（歴史）を刻んでおり、「地域」は正確には時空間である。多様な「地域」の時空間が「地球」レベルの時空間をつくりあげている。その意味で地球史は地域史と相即不離の関係にある。グローバル・ヒストリーという新しい全体史は、それゆえ、地球・地域史というべきであろう。

地域住民というように、人間は地域を形成する主体である。どのような規準で地域を構想し、そこに関与するかは主体の課題である。一八〇〇年前後にヨーロッパ地域住民が「国民」として自立した。同じ時期に日本もそれに匹敵する自立を遂げている。全体を論じるにあたって重要なのは、自らが主体たりうる地域を見定めることであろう。みずからがそこに属するアイデンティティが家族、企業人、都市民、日本人、アジア人など重層的であるように、みずからが属するとみなしうる地域も重層的である。その果てに地球市民という最大の地域（地球）をイメージしうる。地球史にはみずからを地球に属するとみなす器量を要求される。

全体史との関連でもう一つ重要なのは海である。海という観点から見れば、日本は海洋アジアの一部である。西太平洋の一部でもある。あるいは島国として海洋世界すべての一部でもある。海は世界をつないでいるので海洋からみる歴史観はおのずから地球史的な構想をたてやすい。これについては別に論じたので省くが、海から歴史を見る海洋史観の立場が、海の惑星としてのグローブ（地球）全体を歴史の射程にいれるグローバル・ヒストリーの重要な梃子になるのではないか。

コメント

アジア経済史研究者からの三つの質問

本野英一

今回のシンポジウム参加という光栄に属した時、まず心に浮かんだことは、これを機会に日頃の講義体験や研究活動から抱くようになっていた疑問を他の参加者にぶつけたいという思いだった。

最近の学界風潮は概して否定的だが、私は清末民初の中国史は「西洋の衝撃」概念抜きで説明不可能であると確信している。この時代を生きた在華イギリス人と、彼等と交流をもった中国人が書き残した記録を読めば読む程、中国社会は西ヨーロッパに生まれた近代資本主義社会とはまるで異質な原理の上に成り立っていると認めざるを得ないからである。いかに対外開放政策が成功し、それが沿海部の繁栄と経済成長をもたらそうとも、中国社会の基本的性格は今も変わっていない。然らばユーラシア大陸両岸の文明の異質性は何時から始まったのか、そして一九世紀後半の周知の歴史の延長線上にあるモンスーンアジアに成立した文明構造をこの歴史的大状況の中にどのように位置付ければよいのか。毎年様々な二次文献を読み漁りながら講義ノート改訂をくり返し、論文を書くうちに、私の心の中に以下のような疑問が芽生えるようになった。

第一の疑問は、アジア社会の経済現象を新古典派理論に基づいて説明することの困難さである。新古典派理論を適用して中世後期以降のモンスーンアジア社会経済史の歴史的現象を説明しようとする試みはこれまでにも何度かなされている。しかしそれらはいつも半世紀ないしは数百年を一単位とし、ユーラシア大陸全体を視野に入れるという超巨視的な時空間尺度を設定しなければならなかった。たとえば一七世紀以降の新大陸・日本から中国への銀地金貿易のメカニズムに一般均衡理論を適用して説明しようというDoherty/Flynnモデル[★1]。あるいは物産複合体系の変更によって中国の人口増加原理を説明しようとしたMark Elvinの「高位平衡の罠」概念[★2]。そしてイギリス綿布・綿糸の輸出攻勢に対するインド、中国、日本の対応の違いを説明したや川勝平太の研究等[★3]。いずれも学界の共有財産であるが、なぜもっと時空間尺度を狭く設定した試みがなされないのか。

第二の疑問は、一六世紀末以降に見られた海外市場依存型の経済成長をめぐる疑問である。「鎖国」体制以降の日本を例外とするアジア大陸社会の経済成長は、なぜ海外からもたらされる需要、富（銀、銅地金、日本円、イギリスポンド、アメリカドル）、あるいは外国企業の生産技術体系に極端に依存していたのか。海外需要、資金、技術に依存していた産業は、ひとたびこれが途切れるとたちどころに「衰退」してしまう。彼等は、内外のライバル企業との競争に勝ち抜くために経費削減、技術革新、経営組織の再編を通じて製品の品質向上をめざそうとしなかった。このような企業者はなぜ一九世紀末まで出現しなかったのか。そして対外開放体制期の中国でも、在華外国企業の工場進出が本格化するまでこうした企業が出現しないでいた理由は何か。最近のユーラシア大陸全域に及ぶアジア商人のネットワーク研究は、中国文明の本質に迫る問題を無視し、華人社会の経済成長に迎合しているだけにすぎない[★4]。

こうした疑問の具体例として討論の席上で取り上げたのは、一八八〇年代以降のイギリス市場向け中国の紅茶輸出産業の「衰退」であった。一八世紀以来海外市場で最大の占有率を誇った中国茶は、一八八〇年代に至ってインド、スリランカ紅茶産業の台頭により、イギリスの消費者の嗜好が変わると共に雪崩を打ったようにイギリス市場での占有率と輸出量を減らしてしまう。事態を憂慮した関係者が様々な改善策を提案していたにもかかわらず、結局彼等は誰一人として、自らの資本を投じてイギリスの消費者の嗜好に適した紅茶の生産を始めようとしなかった。その原因は、企業者の投資に対するリスク回避を保証する制度の欠如にあるという解釈[5]を以前発表したことがあるが、事態は現在もさして変わっていないように思える。

第三の疑問は、一九世紀後半〜二〇世紀前半に於ける「不平等条約」体制の持つ意味である。一九七七年のローズ・マーフィの著作[6]以来、居留地社会が中国社会に及ぼした影響を過小評価し、逆に彼等の市場支配を阻んだ有力同郷同業団体の力量を強調する歴史解釈が歴史学界の定説となっている。だが、こうした解釈が成り立つのは一八七〇年代までにすぎない。実際は一八八〇年代末から有力同郷同業商人団体の強固な「団結力」、「ネットワーク」なるものは瓦解寸前に追い込まれていた。原因は、「不平等条約特権」を利用して自らの資産を債権者や徴税から逃れようとする魂胆から、在華外国商人の事業活動に協力する「英語を話す中国人」の続出を中国当局者が阻止出来なくなったからである[7]。

私はこの「英語を話す中国人」こそ、中国に「西洋の衝撃」をもたらした真の媒体であったと考えている。彼等の同類項の活動は、現在でも中国社会に非常な衝撃をもたらしている。在華外国企業に雇われるか、あるいは留学、海外出稼ぎ、映像文化体験等を通して接したアメリカや日本の文化風土に憧れる若い中国人の続出に対して、中国共産党がアメリカ批判、日中戦争批判等様々な「愛国主義」キャンペーンを展開して精神的な引き締めを行なっていることが何よりの証拠である。それはさながら清末の利権回収運動や、民国期の反日ボイコット運動に共通する性格を持った歴史的現象である。清末民初の中国において近代資本主義社会の見本となっていたのが香港や条約港租界であったことは疑問の余地がない。そこから中国社会に対して様々な社会経済、文化的な「衝撃」が「英語を話す中国人」を通して伝播していったことも最近の研究者が注目している現象である。[8] これと類似の役割を担っているると考えられるのが現代の香港や台湾である。されればこそ中国共産党はあれほどまでに香港返還や台湾「解放」に固執するのである。このように考えて来ると、「不平等条約」体制をアヘン貿易とだけ結び付けて論じる従来の歴史解釈の限界が明らかになるし、現在の中国の対外関係が清末民初のそれと基本的な点では共通していることが浮き彫りになってくる。こうした最近の学説にフランクの大著はどこまで答え得るのだろうか。

以上のような疑問もしくは問題提起への答えを期待していたため、フランクの大著を通読して、私は肩透かしを食ったような印象を禁じ得なかった。実際、本シンポジウムの基調報告を聴いていても「ちがう。正しい問題の立て方はそうではあるまい」と異義を唱えたい衝動を何度覚えたことか。その後の討論で、私はこうした憤懣を率直にぶちまけた。今回のシンポジウム記録が当初の予定に反して、出席者の発言をそのまま活字にするのではなく、発言内容を改めて文章にすることになった責任の大半は私にある。しかしだからといってフランク並びに基調報告に対する批判を撤回する気は全くない。

『リオリエント』批判

フランクの大作『リオリエント』は「コンドラチェフの波」概念に依拠した、北半球社会の壮大な交流史以上でも以下でもない。そこには社会の中で生産や交換、需要消費が一体どのような原理に基づいて行なわれていたのかという問題関心は一貫して低い。ましてや世界各地の社会を成り立たせていた原理は一つではなく、このことが一八世紀後半以降のアジア大陸文明で起こった旧体制の瓦解を引き起こした最大の原因であるということを認めようとしない。ユーラシア大陸東西両岸の社会が際立った違いを見せ始めたのは、一七世紀以降のことであるが、この時代に西ヨーロッパで形成された国民国家文明とアジア大陸文明の違いを論じた部分（『リオリエント』邦訳三五四〜三八四頁）は皮相な記述に留まっている。

この時代を境に西ヨーロッパ、日本、そして他のアジア大陸社会のその後の運命を決定づけた変化は、単なる生産や交換システム、あるいは個人財産権確立の有無ではない（中国社会でのこの問題に関するフランクや、彼が依拠するポメランツの研究にも大いに問題があると思うがここでは立ち入らない）。私見によれば、それはこの時期から一八世紀にかけて確立した市場の管理体制と国家財政制度の違いにある。すなわち、所得財産税制度、間接税や国際金融制度の確立導入がその後の運命の分かれ道であった。討論の席上でも紹介したが、一九八九〜九二年にかけてEUの歴史学者が総力を挙げて行なった、一三〜一八世紀にかけてのヨーロッパ近代国家の起源を扱った一大シリーズの一冊が、この点の重要性を強調している。[★9] 一六世紀から一七世紀にかけてヨーロッパ社会にこのような経済上の画期的変化を引き起こした最大の原因は、大砲や鉄砲の普及を主とした「軍事革命」であり、これに対応するための財源調達システムこそが近代資本主義文明の母体であった。[★10] そしてこれに対応する変化が、日本の石高制度と兵農分離、そしてこれらに先立つ「イエ社会」の成立であったことは周知の事実である。従って、中世には辺境地帯に過ぎなかったユーラシア大陸両岸に近代資本主義文明の母体となる経済システムを確立させた「一七世紀の危機」はなかったどころか、確実に存在した重要な史実として論じられるべきなのである。フランクの記述（『リオリエント』邦訳三九三〜四三三頁）は、「一七世紀の危機」を単なる数量経済史的な問題に矮小化している。まして自らが依拠する「コンドラチェフの波」にそぐわないと否定するのは論外である。

「一七世紀の危機」を画期として西ヨーロッパと日本に成立した文明がアジア大陸文明とは全く違った原理で出来ていたと考えなければ、一九世紀後半以降のアジア大陸文明の動向を説明出来ない。中国の場合、伝統的な価値観と近代資本主義社会の価値観、行動様式の融和の道を模索したのは、「英語を話す中国人」から生まれた新型政治エリートであった。彼等は当初は自らの保身のため、その後は自国文明存亡の危機に直面して、伝統文明の改編を模索し、英語圏諸国、日本の近代文明から及ぶ限りの新たな要素を吸収しようと悪戦苦闘した。その過程で彼等は土着文明の価値観・行動様式とともに近代資本主義文明のそれも会得するようになった。福沢諭吉の有名な言葉、「一身にして二生を経る」とは違い、彼等は清末民初中国社会の歴史的性格を反映して「一身にして二生を兼ねた」存在だった。これら新型政治エリートの重要性に注目した黄宗智（Philip C. C. Huang）は「二重文化性（biculturality）」概念を最近提唱している。[★11] 私はこの概念は極めて妥当なものだと思う。その証拠に、この「二重文化性」を体得した中国人の歴史的意義は、若手研究者が別な角度から扱った注目すべき研究成果を発表しているからだ。[★12]

彼等の出自とその行動に関する研究は、日本やアメリカ、そして西ヨーロッパ資本主義諸国との経済交流が活性化した現在の中国でなぜ再び民族主義的な大衆行動が発生するのかを理解する上で格好の素材を提供してくれている。このような新型政治エリートが中国に出現した歴史的必然性は、西洋国民国家、日本イエ社会文明とアジア大陸文明を成り立たせている秩序原理の差異を前提としなければ説明できるものではない。この例からも明らかなように、現在の世界政治経済の動向をも考慮に入れて歴史を論じようと意図するのであれば、考察対象を単なるヒト、モノ、カネの交流史に限定するべきではない。以上が討論の席で私が述べた批判の骨子である。

基調報告批判

フランクの大著に限らず、基調報告者の問題関心と私のそれは最後迄噛み合わなかった。基調報告者に共通しているのは北半球社会を東西に移動するヒト、モノ、カネの動きを把握するのに有効な概念装置の模索であったのに対し、私が期待していたのは西洋、アジア、日本文明の基本原理の違いを直截に表現する概念装置の模索であったからである。

山下報告の中で最も関心をひいたのは、「地域という概念を導入する、つまり世界システム、ネーション・ステートとかいう二律背反でなくて、地域というレベルでの新たな空間的な変数を導入することで何か見方が変わってくるんじゃないか」（『環』Vol. 6、一二八頁。以下基調報告からの引用は全て同号掲載分の発言である）という発言であった。「地域」とは一体何か。その定義をこの機会にこそはっきりさせたいと思って発言を注意深く聴いていたし、このコメントを書くに当たって再読もした。だが、私は「地域」とは何なのかいまだに理解できないでいる。例えば地域とは、空間規模の大きさに従って国家―地域―地方と序列されるのか。それならば、ベルギーやオランダを国家として扱う一方、両国を遥かに上回る規模の省や州がインドや中国、あるいはアメリカ合衆国に存在していることをどう説明するのか。さらに地域と地方を区別する基準は何か。あるいはこのような見方ではなく、複数の国家を含む空間を地域とみなし、その下に国家―地方を位置付けるのが正しい見方なのか。それならば、特定の複数の国家を一つの地域に包摂できる基準は何なのかが説明されなければならない。

このように考えると、「地域」概念は、設定者の都合によってどのようにも改変できる極めて恣意的なそれに思えて来る。こうした推理が間違いであるかどうかを確かめるために、本シンポジウムの基調報告者の一人でもあり、「地域」概念の最も熱心な提唱者である浜下武志の手になる「歴史研究と地域研究――歴史にあらわれた地域空間」(『地域の世界史1　地域とは何か』山川出版社、一九九七年、所収)をその後閲読した。それによれば、本来この「地域」概念は、国家、民族を相対化し、近代文明の産物である国民国家、民族といった概念を根本から問い直そうとして提唱されたのだという。「地域」概念を適用するとその存在が再評価可能なのは、「ネットワーク」論や中国東南沿海部から東南アジア、インドにかけて形成された交易都市等だそうである。アジア社会の「ネットワーク」なるものは、国家が国民の生命財産を保護する法体系の代替物にすぎないと考えれば、この主張も理解できる。

しかしそれでも浜下武志が提唱する「地域」概念では、一七世紀以降の北西ヨーロッパ文明秩序がアジア社会の「ネットワーク」をその足下に従え、再編を余儀無くさせた理由を説明できないことに変わりはない。なぜならこの論文に至る浜下武志の一連の論文は、一八七〇年代までしか存続し得なかった中国同郷商人団体の西洋商人に対する市場支配の優位性が一七世紀から現代に至るまで一貫して続いていたという誤った史実認識を前提としているからである。[★13]

一七世紀以降のユーラシア大陸の歴史を如何に描く

かという問題の本質は「空間的な変数」の設定ではない。ある空間領域内で生活する人間集団の行動様式、価値観の違いを描きわける方法にある。こうした点を理解する上でより有益なのがアリフ・ダーリクの地域論である。ダーリクは「地域」概念を「ある時間範囲内で特定の人間が特定の空間を排他的に専有しようとするか、特徴的に表現した」ものであると定義する。こうした抽象的定義をわかり易く肉づけするために、ダーリクは、ダーリクは一六世紀以来、常に西ヨーロッパ人と北米大陸に移民したヨーロッパ系移民が概念化していた「地域」を「欧米太平洋」と名付ける。これに対し中国南部を中核とする「アジア太平洋」ともいうべき文明圏が確固として存在し、西ヨーロッパ人の進出にもかかわらずその経済活動に基本的な変化は起きなかった。この両者は同じ地域に於いて常に競合と反発を繰り返し続けている。この二つの文明の対立の中で複数の国家が成立し、互いに多元的な関係を構築しているのが、二〇世紀後半から将来のこの地域の基本的構造であるという。★14

「地域」概念を当初からこのように定義して討論を進めていたならば、今回のシンポジウムは実りの多い議論になっていたと思う。そしてダーリクの議論が示すように、一七世紀以来の「アジア対ヨーロッパ」という文明対立の構図は依然として有効であり、今後もこれは変わらない。山下報告が紹介する「一八〇〇年においてフランクのいうグローバル・エコノミーが、重心のシフトを起こして、アジアからヨーロッパへ移行したことを、フランクは全然説明できて」おらず、「フランクはむしろヨーロッパの奇跡がいかに奇跡的であったかということを逆に証明してしまっているんじゃないか」（『環』Vol. 6、一三〇頁下）というウォーラーステインのフランク批判は正しい。一六世紀末から一七世紀を境とした近代世界を一枚岩的な存在として説明することには無理がある。特に一八世紀後半から一九世紀前半に西ヨーロッパで成立発展した市民社会＝国民国家文明の画期性と、アジア大陸文明との異質性を否定することは出来ない。

基調報告の中で私がとりわけ声を大にして異義を唱えかったのは杉原報告である。その中の「十六世紀から十八世紀ぐらいまでを考えても、これまでの、スミスとかマルサスとかが考えたような前提はおかしいんじゃないかと言うわけです。少なくとも市場の成長、スミス型成長といいますか、農業の商業化だとかプロト工業化だとか、そういうレベルでの市場の発展は十分見られるし、ひとり当たりの生活水準も、一八〇〇年ぐらいまでだったらヨーロッパの先進地域とそんなに違わなかったんじゃないか。こういう具体的な実証研究の進展がございます」(『環』Vol. 6、一三三頁)という発言を聴いて、私はそれこそ飛び上がらんばかりに驚いた。なぜならこれは、一九七〇年代以来の中国経済史の理論的、実証的成果を真っ向から否定しているからである。

旧中国の絶頂期とされる一八世紀に展開していた経済成長は、「スミス型成長」とは似ても似つかぬものであった。後期帝政時代中国の社会経済史を論じた研究が一致して指摘していることは、この時代の中国経済成長は、マクロ的には規模を拡大させながらも同時に一人当りの生活水準を着実に引き下げ、そして猛烈な勢いで生態環境を破壊させて王朝交代に至る「外延的経済成長」の繰り返しだったということである。かつてエルヴィンが「量的成長、質的停滞」と呼んだ[★15]この歴史的現象の原因は、現在までに生態環境史、国家財政史、物価史、市場構造史、法制史といった様々な角度から検証されている。[★16]こうした数多くの研究は、儒教理念に裏打ちされ、ある地域社会内部で最も収益が得られる経済活動を独占する地縁血縁団体の保護を見返りに徴税がなされるコーポラティズムの普及発達と、これに対応して個人の財産所有権や契約履行を保証する法体系の未発達を、旧中国社会衰退の究極の原因としている。宋代以降の中国は、表面的には「農業の商業化だとかプロト工業化だとか、そういうレベルでの市場の発展」を出現させはした。しかし、それは西ヨーロッパのような近代資本主義社会の誕生につながるものでは断じてなかったのである。

今回の発言に限らず、杉原はこれまでにも評論、論文の形で一八世紀以前の中国の経済成長を賛美している。[★17]しかし、それは近年の中国社会経済史研究の成果に照らして全くのデタラメである。そしてこの批判はフランクに対しても当てはまる。アジアとヨーロッパを隔てた最大の要因は市場の量的な増大や経済成長にあるのではない。社会の表面的な現象にばかり気をとられ、これを根底で規定している原理の違いを無視する歴史研究者は間違っている。それは、メロディばかりに気をとられ、それを根底で規定している調声や対位法の重要性を無視するのが誤りであるのと同様である。

基調報告の中で一番退屈だったのが浜下報告である。一九八〇年代末以来繰り返されるいつもと同じメロディ、中国沿岸〜東南アジアに広がる華人の交易ネットワークと琉球の紹介である。何度同じいいかげんな議論を読まされ、聞かされたことか。もうあきあきした。既に引用した白石隆や、岡本隆司の研究が実証しているように、浜下の華人ネットワーク理論には大きな疑問符がついている。[★18] 山下報告への批判の中でも述べたが、華人あるいはアジア人のネットワークの空間的広がりばかりを強調しても意味がない。その質的な変化を検討するのでなければ二〇世紀以降のアジア社会の変化を説明するのに役立たない。世界規模でのネットワークならば、現代の多国籍企業は、同規模ではるかに高度なものを持っている。アジア人のそれとの違いは、国民国家文明が持つ法による構成員の生命と企業資産保護の有無にすぎない。一九世紀段階に於いてアジア人がこれを利用するには、「不平等条約」特権に依拠する以外に術がなかったことは既に述べた。同じく冒頭に述べた、一八八〇年代のイギリス向け中国茶貿易衰退の例にも明らかなように、ネットワークが何を中核にして形成され、逆にいかなる条件ではその強さが発揮出来ずに崩壊してしまうのかも研究するべきであろう。歴史研究者が世間一般に向けて独自の展望を説く場合、それは必ず史料的根拠に裏打ちされていなければならない。それには、俗世間との交わりを断ち、孤独のうちに丹念に史料を読み抜くという、辛く地道な作業を積み重ねることによってようやく可能である。この報告者のように、それを怠った者の学問は恐ろしい勢いで劣化する。こんな人間が東大と京大の研究所の専任教授を兼ねているなんて語るに落ちた話である。

「西洋の衝撃」、そして一九世紀後半を境とする中国の凋落と日本の台頭を重視するという史実認識を共有しながら、微妙な点で食い違いを覚えたのが川勝報告であった。理由は二つある。一つは「西洋の衝撃」の定義である。報告の中で展開されたのは、綿工業を例とした一八世紀のオリエンタル・インパクト（キャリコ綿布）に触発された西ヨーロッパの工業化↓ウエスタン・インパクトという図式である（『環』Vol. 6、一四七頁下）。しかし、「西洋の衝撃」はもう少し幅広く解釈できるのではなかろうか。これまでの議論で再三強調して来たように、アジア近代史を規定する最重要要素は、文明秩序原理である。とすれば、アジアに「衝撃」を与えたのは、モノの価格、品質だけにとどまらない。アジア社会に暮らす西洋人、西洋企業が持ち込んだ価値観、行動様式にもっと目を向けるべきであろう。そして彼等の価値観、行動様式の何から「衝撃」を受けるかは、受け手である側の社会構造、時代状況によって大きく違ってくる。このように考えるならば、「西洋の衝撃」は過去の問題ではなく、一九九〇年代以降の日本の経済、外交を説明するのにも有効な、すぐれて現在から未来の問題でもあることが明らかになる。同時に、日本人が「衝撃」を受けた要素が中国や他のアジア大陸文明では何のインパクトももたらさず、逆に日本人が当たり前だと思っていることに彼等が大きな「衝撃」を受けるという仮説を提唱することも可能になる。つまり、「西洋の衝撃」とはアジアに暮らす西洋人を鏡とした、日本とアジア大陸社会の違いを見極める点でも非常に有益な概念でもあるのである。

いま一つの理解の違いは、東アジア近代史を語る上での日本の大国化に対する過度の楽観論である。日清戦争を境にして確かに日本は東アジアの大国になった。しかし、その覇権は第一次世界大戦終了までしか続かなかった。大戦後の国際秩序の流動化に直面した日本人は、未来への展望と主体性を持ち得ず、中国国民革命と世界大恐慌に直面して破滅の道をまっしぐらに進んでいった。この史実に明らかなように、明治維新以後の日本での国民国家体制の設立を成功談としてのみ語るべきではない。それは、戦後経済大国になり、「石油ショック」を乗り越えながら、一九八〇年代後半を境に恐ろしいばかりの財政危機に陥り、中国からの安価な工業製品輸入の「衝撃」にさらされ、なすすべもなく衰亡の道を歩み出している現状を見れば明らかであろう。アジア近代史の大状況の中に日本を位置付けて論じるならば、こうした現状に反映する日本社会の価値観、行動様式の限界をも摘出して論じるべきではないのか。[★19]しかし、川勝報告にはこうした現在と未来に対する批判が見られない。

杉原、浜下、川勝報告は、いずれも一九世紀後半から二〇世紀初頭の東アジア経済史に関する独自の研究成果を踏まえた歴史解釈である。しかしここに展開して来た各報告の限界は、現代の時代状況は、一九世紀後半から二〇世紀初頭を基準とする歴史解釈では最早、東アジアや太平洋地域の現在から未来に対する展望を開くことは出来ないことも露呈した。今後の歴史研究は、両大戦間期以降を焦点に、中世後期以降の北半球社会全域の歴史を背景に進めなければならないと確認できたことが、今回の討論に参加した私の最大の成果であったことを記してコメントを終えたい。

注

★1 Dennis O. Flynn, "Comparing the Tokugawa Shogunate with Hapsburg Spain : Two Silver-based Empires in a Global Setting," in James D. Tracy, (ed.) *The Political Economy of Merchant Empires : State Power and World Trade, 1350-1750* (Cambridge University Press, 1991)

★2 Mark Elvin, "The High-Level Equilibrium Trap : Tha Causes of the Decline of Invention in the Traditional Chinese Textile Industries," in W. E. Willmott (ed.) *Economic Organization in Chinese Society* (Stanford University Press, 1972) ; *idem.*, *The Pattern of the Chinese Past* (Stanford University Press, 1973), pp. 298-316.

★3 川勝平太「一九世紀末葉における英国綿業と東アジア市場」(『社会経済史学』第四七巻第二号、一九八一年六月);同「十九世紀末葉の木綿市場——原綿を中心に」(『横浜開港資料館紀要』第二号、一九八四年三月);*idem.* "International Competition in Cotton Goods in the Late Nineteenth Century with Special Reference to Far Eastern Markets" (Unpublished D. Phil thesis, University of Oxford, 1984)

★4 その典型的な例が杉山伸也/リンダ・グローブ編『近代アジアの流通ネットワーク』(創文社、一九九九年)である。この論文集に対する私の批判は『アジア経済』四一—七(二〇〇〇年七月)掲載の書評で述べた。

★5 拙稿「イギリス向け紅茶輸出貿易の衰退と中国商人『団結力』の限界——福州での紛争、論争を中心に」

（『東洋学報』七七―一・二、一九九五年一〇月）

★6 Rhoads Murphey, *The Outsiders : The Western Experience in India and China* (The University of Michigan Press, 1977)

★7 拙著 *Conflict and Cooperation in Sino-British Business, 1860-1911 : The Impact of the Pro-British Commercial Network in Shanghai* (Macmillan/St. Antony's series, 2000) 及び拙稿「訴訟問題から見た清末民初の中英経済関係」（『歴史評論』六〇四号、二〇〇〇年八月）

★8 Virgil Kit-yiu Ho〔何傑尭〕, "The Limits of Hatred : Popular Attitudes Towards the West in Republican Canton", *East Asian History*, Number 2, December 1991 ; Ye Xiaoqing〔叶暁青〕, "Shanghai Before Nationalism", *East Asian History*, Number 3, June 1992.

★9 Richard Bonney "Introduction" in Richard Bonney (ed.) *Economic Systems and State Finance* (Clarendon Press, 1995) 47.

★10 *Ibid.*, Part Ⅲ

★11 Philip C. C. Huang, "Biculturality in Modern China and in Chinese Studies", *Modern China* Vol. 26 No. 1, January 2000.

★12 Henrietta Harrison, "Martyrs and Militarism in Early Republican China," *Twentieth Century China*, Vol. 23, No. 2 (1998), *idem.*, *The Making of the Republican Citizen: Political Ceremonies and Symbols in China 1911-1929* (Oxford University Press, 2000)、吉沢誠一郎「清末政治運動における死とその追悼」（『近きに在りて』第三九号、二〇〇一年八月）

★13 これと同趣旨の批判は東南アジア研究者からもなされている。それによれば、東南アジアでの華人ネットワークなるものは、一九世紀初頭にはとっくにその優位性を失っていたという（白石隆『海の帝国――アジアをどう考えるか』中公新書、二〇〇〇年、第二章）。

★14 以上迄のアリフ・ダーリクの議論は、園田節子「アジアからの太平洋地域像構築に向けて――アリフ・ダーリクを読む」（『東京大学アメリカン・スタディーズ』Vol. 5、二〇〇〇年三月）に依拠している。

★15 Mark Elvin, *The Pattern of the Chinese Past* (Stanford University Press, 1973).

★16 Thomas G. Rawski and Lillian M. Li (eds.) *Chinese History in Economic Perspective* (California University Press, 1992) ; Lillian M. Li, "Integration and Disintegration in North China's Grain Markets, 1738-1911," (*The*

Journal of Economic History 60-3, Sep. 2000)；Mark Elvin and Liu Ts'ui-jung〔劉翠溶〕(eds.), *Sediments of Time：Environment and Society in Chinese History* (Cambridge University Press, 1998)；Robert B. Marks, *Tigers, Rice, Silk and Silt：Environment and Economy in Late Imperial South China* (Cambridge University Press, 1998)；岩井茂樹「徭役と財政のあいだ——中国税・役制度の歴史的理解にむけて」(『経済経営論叢』京都産業大学、二八—四、二九—一、二、三、一九九四年三、六、九、一二月)；滋賀秀三「清代の民事裁判について」(『中国——社会と文化』第一三号、一九九八年六月)；寺田浩明「清代聴訴に見える「逆説」的現象の理解について——ホアン氏の『表象と実務』論に寄せて」(『中国——社会と文化』第一三号、一九九八年六月)；黒田明伸『中華帝国の構造と世界経済』(名古屋大学出版会、一九九四年)、同「伝統市場の重層性と制度的枠組——中国・インド・西欧の比較」(『社会経済史学』六四—一、一九九八年四／五月)、同「貨幣が語る諸システムの興亡」(『岩波講座世界歴史15　商人と市場——ネットワークの中の国家』岩波書店、一九九九年)等。

★17　杉原薫「近代アジア経済史における連続と断絶——川勝平太・浜下武志の所説をめぐって」(『社会経済史学』第六二巻第三号、一九九六年八／九月)、同「世界史の中の『東アジアの奇跡』」(『季刊アスティオン』第四五号、一九九七年夏)、同「比較史のなかのヨーロッパの工業化——制度史的接近」(『社会経済史学』第六四巻第一号、一九九八年四／五月)。

★18　★12参照。及び岡本隆司『近代中国と海関』(名古屋大学出版会、一九九九年)五、四七六—四八〇頁。

★19　この点で、武田晴人『日本人の経済観念』(岩波書店、一九九九年)は画期的な業績であると思われる。

アジアの中で日本を捉える

籠谷直人

「小日本主義」の日本史研究を越えて

浜下武志、杉原薫、川勝平太の三氏が核となり、「アジア間貿易」の議論が一九八四年の社会経済史学会の大会報告と、八五年の雑誌『社会経済史学』で展開されたときには、私自身は大変インパクトを受けた。しかし、このアジア間貿易論は、一五年間以上経過した今日も、日本史研究者の間では、あまり取り上げられることが多くないのである。

それは、戦後の日本が、「小日本主義」を求めたことに関連しているのではないか。戦前期日本のように国境線を大陸に広げ、帝国化したことへの反省から来るものと考える。戦後の日本では、民主的な纏まりをもった政治的秩序が模索された。国民国家という内的な纏まりを強固にし、そして外には絶対出ない、という政治的小国の秩序であった。それゆえ、国境線を強く意識すればするほど、アジア間貿易論のような、国境を

「越える」ような広域秩序論については、なかなか理解しにくい側面が、日本史研究にはあるように思う。なかには、アジア間貿易論を戦前の「大東亜共栄圏」論と重ね合わせて認識する傾向もあり、そうした傾向がこの議論と日本史研究者との接点を持ちにくくしているようである。

また、日本史研究の枠組みでは、対アジア関係は、「支配—被支配」という垂直的な関係を通して認識され、アジア間貿易という横の繋がりを模索する議論は、受け入れがたいようである。もちろん、日本がアジアを侵略し、搾取の対象にしたことは、決して繰り返されてはいけないことである。しかし、アジアを「搾取した」対象と認識することと、日本と「繋がり得る」対象と認識することには、何の矛盾もないと思うのだが、垂直関係を強く意識する史観には、横の繋がりを模索する史観は、受け入れがたいようである。やはり、なにがしか「危ない」議論という印象があるのではないか。

戦後の日本史研究が、小日本主義的であったことは、日本「帝国」史の研究のあり方にもかかわって来ているようにも思う。これは近年、山本有造氏がいろいろなところで指摘されている論点だが（例えば、二〇〇〇年五月の「イギリス帝国史研究会」など）、「帝国」の時代であった戦前期日本を捉えるときでも、歴史学は、「国史」として、「明治維新—議会制—大正デモクラシー—ファシズム」という変遷を語り、片方で、搾取と差別の体系に即した植民地の拡張過程の変遷を語る。そして、その二つの変遷が、いつしか分岐しはじめ、それぞれが別個の研究会を組織する傾向ができている。明らかに戦前期日本は帝国であって、その中に植民地を不可欠の環として持っていたのだから、研究として国史と植民地史が乖離する状況は、再考する必要があろう。「果たして、日本帝国史は可能か？」というのが、山本氏の意識されているところだと思う。もちろん、そこには、日本史研究は、「イギリス帝国史」研究からいかに学ぶか、が含意されている。

歴史観の相対化から学んだもの

「アジア間貿易」論のインパクトの一つに、西洋中心史観を相対化するという意味があった。しかし、八五年から始まった相対化は、一五年たってもまだまだ続いている。それだけ、戦後の歴史学が前提としてきたものは、強固である。

浜下、杉原、川勝の三氏のその後の議論を追いかけて行くと、その相対化のあり方はそれぞれに異なっていたことがわかる。まず、浜下氏の相対化は、日本に代表されるような「国民国家」のあり方を相対化していく方向にシフトした。そして、そのなかで、国境を越える「ネットワーク」というものに議論を集中させる。杉原氏は、「工業化」の文脈を深め、戦後のアジア太平洋圏の興隆にまで議論をすすめ、アジアにおける長期的な工業化の可能性を検討されている。西洋の衝撃を吸収しうる、前近代からのアジア特有の発展径路の存在も示唆されている。そして川勝氏は、「物産複合論」でインパクトを与えながら、改めて日本のあり方を語っている。そして「海洋連邦」という形で、日本をアジアの中にどう位置づけるのかを模索されている。

私自身の仕事では、日本史研究が強く意識してきた国境線をどのように薄くして、アジアとつながっていくような問題をどう議論できるのか、というところに関心があった。その意味では、浜下氏の国民国家形成史観の相対化という面にかなり影響を受けた。そのなかで出てくる「地域」——この「地域」は、日本のなかのある地域であったり、また国と国とを広範につなげていくような広域であったりと、まだその定義は自分でもうまくできていない——を見ることで、国家が課題にしたものとは違う課題を地域が持っていることが見えてきた。

たとえば明治期の神戸という地域を見るときに、東京がもつ課題とは違う課題が神戸にはあった。神戸にやってきた華人商人（華僑）、後にはインド人商人（印僑）と、いかにつき合っていくのかという課題は、東京にはなかった課題であろう。存在しても大陸に近い神戸・大阪ほど問題ではなかったであろう。それが見えてきたときに、国家のバックアップを持たない、そういった商人たちのネットワーク——アジア通商網——が近代日本を直撃して、そこからいかに距離を置くかという点に、明治神戸の課題、ひいては日本の課題があったことがわかってきた。これは、また改めて後述したい。

また、先述の「地域」概念について、以前、浜下氏に質問されて答えられなかった課題がある。それは、例えば、商工省にとってのアジアと、外務省にとってのアジアとは、地域概念として、どう違ったのか、という問い。また、朝鮮総督府や台湾総督府にとってのアジアとか、戦前の最大の調査機関だった「東亜研究所」が包摂したアジアの範囲はいかなるものであったのか。戦前の「南洋協会」などの経済利害団体も積極的にアジアを調査したが、それぞれの省庁や団体にとってのアジアというものは、それぞれ違っているはずで、それらを整理する必要がある。

しかし、そういった団体の調査資料や雑誌は、戦後、日本が「小日本主義」に立ったときには、「触れてはいけない」ものとみなされ、ながく書庫に眠り続けている。時々、植民地経済史家が書庫に入って、つまみ食いする状況であろう。しかし、戦後五〇年以上経過した現在に立って考えれば、そういった各団体の調査が、何を念頭に、どのような利害に基づいて、どの範囲をカバーしたのかを、きちんと整理し直す必要があると思う。そうすることで、改めて、日本の侵略の具体的な構図も浮かび上がってくるのではないか。

アジアのネットワークに日本を位置づける

それからもう一つ学んだことは、アジアの「ネットワーク」の存在であり、それらを、もう一度日本史研究に位置づける必要であった。国境線で守られていれば、それを突き通すネットワークは、なかなか見えてこないが、十九世紀以降の近代神戸は、明らかに開港前後から華僑商人が張り巡らせているネットワークの中に包摂され、その中で対応を迫られた。華人のネットワークは、欧米商人のそれに比べて、制度的には脆弱であるから、考察の対象にはなりにくいという批判もあったが、神戸という地域にとっては極めて重要であった。いまでも阪急三宮駅の壁画には、華人商人をなかに描いた一八七〇年代の錦絵のレプリカをみることができる。そして、神戸には、ネットワークを拒否するだけでなく、むしろそれに依存せざるを得ない側面も見えてきた。

調べていくなかで、日本は、華人、インド人のネットワークの中にきっちり接点を持っていて、国家間の政治的摩擦が生じても、決してそのネットワークは崩れなかったことだ。例えば、一九三〇年代のファシズムの時代にあって、帝国主義間の競争が激しくなり、国境線がものすごく太く感じられても、商人のネットワークは、しっかりと国境線を貫いていた（拙著『アジア国際通商秩序と近代日本』名古屋大学出版会、二〇〇〇年、参照）。

国民経済という枠組みで考えると、輸入関税、通貨などのさまざまな制度の整備のなかで、相手の顔が見えなくても取引可能な市場、つまり取引所などの、だれもが参加できる完全競争的な匿名的な市場秩序の形成が、近代化のなかで求められてきた。しかし、近年の、黒田明伸氏（『中華帝国の構造と世界経済』名古屋大学出版会、一九九三年）、古田和子氏（『上海ネットワークと近代東アジア』東京大学出版会、二〇〇〇年）、原洋之介氏（『アジア・ダイナミズム――資本主義のネットワークと発展の地域性』NTT出版、一九九六年）らが展開しているように、アジアにはネットワークがあって、それがある市場秩序をつくりだしている。例えば、国民国家型の市場は、関係性も強く、領域性も国境線できっちりしているが、華僑、印僑のネットワークは、国境を越えるという意味では領域性にとらわれないという点が特徴である。シンガポールの華人Aと神戸の華人Bは、過去に一度も出会ったことがなくても、香港の華人Cを通して、お互いが「広東系である」という、同郷性の確認だけで、取引や信用を発生させることができる。身分証明書・会員権といった制度的に権威づけられたものがなければ、関係は結べないという日本人とは異なり、同郷性や血縁性を通して、容易に関係を取り結ぶことが華人やインド人には可能であった。もちろんそのなかでは、一端信用を失うと、関係の収縮が始まるが、同郷や血縁といった、制度的にはややあいまいな素性確認だけで、関係を拡張させる力強さを有するのがネットワークの特徴であった。水島司氏の整理に従うならば（「座談会 環インド洋世界のネットワーク」『季刊南アジア――構造、変動、ネットワーク』第三巻第一号、二〇〇〇年）、「領域性は弱いが、関係性の強い」関係的ネットワークが提供する市場秩序は、ヨーロッパが東漸する以前からアジアには存在しており、それがアジアの近代化以降も厳然として残っ

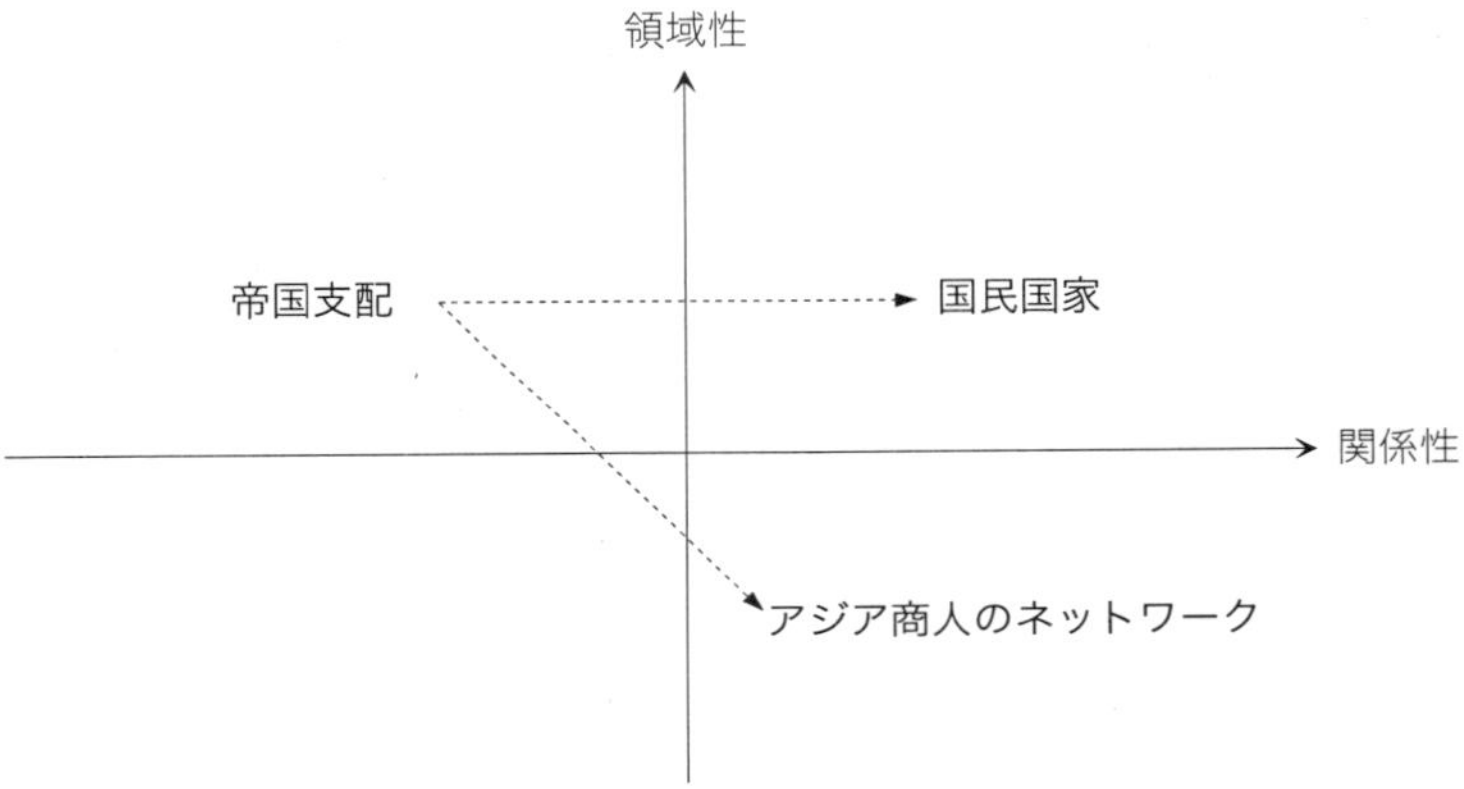

水島司氏のご教示を得た。ここでは矢印に向かうほど、関係性と領域性が強まることを示しており、国民国家は、帝国支配を否定しながら、そして商人のネットワークは帝国支配のなかから生まれたものとして、概観している。

ていたのである（上図参照）。

ただ、残念なことに、そのようなネットワークには、国民国家のような政府もないし、会社のような本社もない。つまり、中心があったとしても、それは固定していない。そのため、データが蓄積されず、資料にもなかなか出てこないため、ネットワークという概念が、非常にあいまいに議論されている傾向がある。しかし、制度的な権威付けがなくとも、同郷や血縁を通して関係を拡張しうる関係的ネットワークは、今でも、市場秩序を提供するうえで、重要な役割をはたしており、歴史学の検討対象である。私自身としてはこの関係的ネットワークの持つアジア域圏の有効性を、日本と重ねながら議論していく方法が必要ではないかと考えている。

中華朝貢システムと英帝国という二つのネットワーク

ネットワークに関して幾つかの資料を見ていて思ったのは、例えば中国人のネットワークには、歴史的にみて、二種類あるということだ。一つは、浜下氏らが実証されてきた朝貢システムなどによる、伝統的なネットワーク。銀が世界的に不足していくなかで、銅とか海産物を戦略的にアジアに投げ込み、それによって中国からモノを引き出してきた。江戸時代の長崎貿易もその一環である。例えば鶴見良行氏の研究では、中国からモノを引き出すための、銀に代わる戦略的輸出商品として、ナマコが重視された。中国を標榜しながら、このナマコの文化圏は、北は北海道、南は東南アジアまで広がった。そして、このネットワークは、長崎に福建人が多かったように、福建系のネットワークであった。

そして、もう一つは、十九世紀以降につくられる、英帝国に依拠した、新しいネットワーク。イギリスがインドを植民地化して、シンガポールに入ってきたときに、そこを自由貿易港に育て、また工業化に必要な第一次産品（錫とゴムなど）の生産地域として再編したが、その時に、必要とした労働力が中国人の移民であった。しかし、こうした植民地経営には資金がいるものの、自由港の手前、関税を課すことができない。そこで、白石隆氏が強調するように（『海の帝国——アジアをどう考えるか』中公新書、二〇〇〇年）、移動してきた華人労働者にアヘンを吸わせて、そのアヘン取引からの税収入に、植民地統治者は大きく期待するようになる。華人労働者にアヘンを売るのは、同じ華人の商人だが、植民地統治者と華人商人の相互依存関係がここに生まれた。植民地統治者からすれば、「アヘンを吸ってくれる」華人労働者の増加は、経営において大歓迎であり、他方「東南アジアでの出稼ぎは儲かるぞ!!」、という情報が、東南アジアからの送金によって、本国で証明されるとするならば、本国のある地域からの一層の出国の動因となる。そして、華人の急激な移動は、消費財市場、本国への送金市場を拡大させる。英帝国の持つ自由貿易原則の裏で、「人、物、金、そして情報」という四点セットが、ある同郷の中国人という単位でユニット化されていくのである。こういった関係的ネットワークが十九世紀頃に拡張するのだが、これは福建系ではなく、英帝国の色彩を強く持った香港を拠点とする、広東系のネットワークであった。

このネットワークが、おそらく移民労働者に消費財を提供する商人ネットワークをつくり、それが開港後の日本を直撃したと考えている。『神戸又新日報』という地方新聞を読んでいると、神戸の華人商人は、圧倒的に広東系で、とくに彼らは、イギリスの蒸気船を活用して、海産物、マッチなどの消費財の取引に従事していた。このネットワークは、ゆっくり時間をかけてつくられた福建系の伝統的なものとは異なり、英帝国の作り出した海運などの公共財をフルに活用して、急激に拡張した。当時としては、ものすごいパワーを受け継いだようなネットワークではなかったか。そういう意味で、帝国支配とネットワークと近代日本を、改めて、十九世紀のなかで捉え直してみる必要があるのではないかと考えている。

『リオリエント』が提起するもの

【訳者からのコメント】

山下範久

早いもので、刊行直後の『リオリエント』を、私がはじめて手に取ったときから、まる三年が過ぎた。幸いにして訳者である私の貧しい想像を超える範囲の読者を獲得し、訳書刊行後一年半足らずの今日現在ですでに三刷を重ねている。各方面からたくさんの書評も寄せられ、その反響の大きさに、いまさらながら原著の持つ魅力を再認識させられている。

しかし、あとで述べるように『リオリエント』を翻訳しようとおもいたったのは、ごく個人的な研究上の関心に突き動かされてのことであって、それがどのように日本語の読者に受け入れられるかといったようなことは、反省してみる余裕もなかったというのが正直なところであった。まして訳者というものは、翻訳の作業を終えてからも、紹介者としての一定の責任を果たしつづけなければならないということなど、三年前はおろか、訳本の刊行にいたっても、未熟な私には思いもよらなかったことで、訳書の刊行から今日にいたる一年半ほどの時間は、その責任に追いかけられながら、あっと言う間にすぎてしまったというのが、実感である。

しかしながら他方で、ひとりの研究者でもある私は、自分の訳業について、多くの部数が出たから、あるいは好意的な書評が出たから、といって一喜一憂に終始していられるほど脳天気ではいられなかった。実際、『リオリエント』刊行後、訳者としての役割を果たしていくなかで、私は、自分が『リオリエント』を訳そうと考えた動機と訳書『リオリエント』の受容のされ方との間に、必ずしもしっくりとこないものを感じるようになってきた。ここでは、シンポジウムを機会として、その違和感の所在を確認するために、あらためて、私が考える『リオリエント』が提起する問題を総論的に提示しておきたいと思う。

思うに問題は、大雑把に二つ挙げることができよう。そのひとつは、アジアをめぐる問題である。

『リオリエント』の副題は、「アジア時代のグローバル・エコノミー」である。十九世紀以前の世界における経済の重心はアジアにあり、グローバルに見た経済循環のシステムの構造自体は――その構造を前提とした上での相対的な重心の一時的なシフトは別として――その後も基本的にかわっていないというのが、同書の主張である。

このようにミニマムに要約すると、同書の基本的な問題意識自体は、少なくとも日本におけるアジア経済史の水準から見た場合、必ずしも新奇なものではない。さらにいえば、グローバル・エコノミーの個々の地域についての叙述に関しては、近年の研究の蓄積によって、むしろ「常識」に属するようになったものが大半と言っても良い。

いうまでもなく、それらが日本の研究者にとって「常識」となった背景には、先駆者の莫大な努力があった。本書のもとになったシンポジウムの三人のパネリストである杉原薫、浜下武志、川勝平太の各先生、さらに遡って、西欧中心主義的な世界経済史観が全盛であったころから『リオリエント』に通ずる発想を展開してこられた角山榮先生といった方々が切り開いてこられた知の地平が、われわれをして、「やっと英語の文献の水準も、ここまで来たか」という、いわば余裕のある

『リオリエント』受容に導いているといってよかろうと思われる。

したがって、『リオリエント』の翻訳は、明治以来連綿と続く輸入学問の延長で、欧米の先進的な知見を導入する作業ではなく、すでに「リオリエント」された水準から、さらにその先を目指すための再導入の契機を提供する意図で行われたものである。

そして、その『リオリエント』によって再導入されるべき問題意識は、「アジア」という概念、そしてそのコロラリーとして提起されている諸概念の内実について、総論的な合意をいったん解体して論争に開くというところにある。「アジア」概念の内実を問わない『リオリエント』礼賛は、『リオリエント』以前から積み上げられてきた脱西欧中心史観の努力によって切り開かれてきた問題場を逆に閉じてしまうものでしかない。

繰り返しになるが、『リオリエント』の主張のひとつの眼目は、西欧中心主義史観に対する批判にある。それは、近代の世界史を、西欧起源の世界システムがその外部の諸地域を包摂していく過程として捉える——あるいは逆に、その過程を近代と呼ぶことにしているという見たほうが良いかもしれないが——発想に対する批判であり、フランクが、マルクスやウェーバーから、ポランニー、ブローデル、そしてウォーラーステインまでを、一刀両断に批判する際の根拠もそこにある。

このような意味での西欧中心主義批判は、これまで研究者の視界の後景にしりぞけられていた二つの空間的要素を前景に引きずり出す効果を持っている。ひとつは、〈ヨーロッパ／その他〉というかたちでは分節化されていないような具体的な空間的ひろがりであり、もうひとつは国民国家および（国民国家体系として存在する）世界システムという単位以外の空間的概念である。

この文脈において理解するならば、「アジア」という概念の（再）提起は、ヨーロッパ「世界」と非ヨーロッパ「世界」とを分割する思考と、世界システムと国民国家以外の空間的単位から視野を閉ざす思考の双方に対する抵抗のスローガンをなしているとみることができる。具体的には、日本の学界では、社会経済史学会で提起された「アジア交易圏」という言葉[★1]が、このスローガンの役割を先導的に果たしてきたといえよう。

概念的抵抗の二つ戦線を示唆するこの表現は、より踏み込んだ正確な言葉遣いであると思う。

さて問題は、この「アジア」ないしは「アジア交易圏」というスローガンから、ヨーロッパ／非ヨーロッパの空間分割、世界システム／国民国家による空間分節の双方に規定された、われわれの歴史＝空間認識に対して、どのようなオルタナティヴが提起できるか、ということである。この点について、本書に収められた諸論考の著者の方々をはじめ、さまざまな論者が多岐にわたる着眼を示している。もとより本稿で全てを尽せるわけではないが、ここでの文脈にしたがってごく簡単に整理しておこう。

最初に挙げるべきは「地域」(region) という考え方であろう。西欧中心主義的な世界史観への批判から、なんらかのオルタナティヴを提起へ向かう際の新しい空間的枠組の基本には、なんらかの意味で、この概念の媒介が必要であるといっても過言ではない。この概念は、形式的には世界システムの内部にありながら、国民国家体系によるその内部の分節とは異なる次元での空間の分節を前景化し、したがって国民国家体系によって規定されるような近代世界システムとは異なる世界システムのダイナミズムを、ひるがえって前景化する契機をはらんでいるからである。

もっとも第一次的には、地域という概念は、世界史のパースペクティヴにおける既存の空間的単位の規模の変更を意味しているに過ぎない。対象を同定する際に、スケールの変更がそれ自体として意味を持つケースはあり、ここでもそれは妥当しないわけではないが、「地域」の概念の理論的含意は、単にスケールの問題ではなく、それが既存の空間的想像力に引かれているさまざまな境界線——最も強力には国民国家の間の国境線——を、いったん括弧にいれ、それらを横断するような単位を提起するところにある。さらにいえば、空間のスケールをどのように測るのか——物理的な距離なのか、モノやヒトが移動するのにかかる時間なのか、情報の流通や情報へのアクセス権の配分のかたちによるのか——という問題にまで展開して考えれば、「地域」という概念自体が、ひとつの理論的契機として自己遂行的に解体し、歴史における空間という問題についての根本的な再考へ至る道の入り口にまで導かれることになる。

しかしそこに至る以前の問題として、「地域」概念の理論的射程の範囲内において、「地域」概念の外延を具体化する試みは多様である。既存の歴史学が、西欧中心主義的であると同時に、土地にしばりつけられた民からの徴税、および徴税可能な土地の拡大に立脚する国家の視点（ないしは、そのような国家が残した史料や「正史」）に立脚するものであったことを相対化するために、陸地から海洋へと視座の転換を図る試みも、そのなかに入れてよいであろう。本書のなかでいえば、川勝氏の「海洋史観」、浜下氏の「海域」概念は、そのような試みをリードするものである。

また、統治の論理や抽象的な経済的合理性の論理による現実の還元が、国民国家／世界システムを特権化する空間分節と認識論的に呼応することを意識して、それらの抽象的・形式的《フォーマル》な論理による結合ではなく、もっと社会的な次元での具体的な人間および／あるいは人間集団間の結合のあり方に注目する考え方も急速に関心を広げている。いわゆる「ネットワーク」論である。これも浜下氏をはじめ、本書の寄稿者の何人かの方々が強調しておられる視角であるが、ネットワークを支える「制度」を、どのように捉えるかという点については、論者によって多様な見解が錯綜している。特に大きな論点として、「取引費用《トランザクション・コスト》」概念を軸にできるだけ形式化したかたちで「制度」を捉える傾向と、むしろ形式化になじまないような次元の実体として「制度」を捉える傾向とは、たがいに重なり合いを持ちながらも、かならずしも収斂しない問題場をなしている。

さらに、「地域」の問題は、決して静態的な空間の同定の問題ではない。「地域」とは、ある固有の属性にしたがって本質主義的に同定されるものではなく、むしろ交通の場として定義されるものである。そのような「地域」観は、移動という要素を前景化する。もとをたどれば、「アジア交易圏」概念も、従来的な生産中心主義的な発想に対して、流通の観点を強調する議論であったが、移動や交通の流れのうちにあるのは、モノやカネだけではない。本書の寄稿者のなかでも杉原薫氏が近年とみに強調しておられるように、人間の移動、つまりさまざまな形態の「移民」もまた、「地域」概念の重要な主題である。

ひるがえって、「地域」について、「本質主義」的な発想を拒否することは、単に動的な交通への関心の移動をもたらすだけではない。これまで本質主義的に捉えられてきた、諸々の空間的概念を、その本質主義から切り離して再解釈し、その史的妥当性を再検討することを含むものである。たとえば、「帝国」や「文明」、「都市」や「港市」といった範疇もそのような再検討の対象に入るかもしれない。たとえば、本書寄稿者のおひとりである籠谷氏は、明治における「開港」が、欧米に対して開かれた港だけではなく、アジアに対しても開かれた港であったという着眼から、前者の代表たる横浜に、後者の代表たる神戸を対置するかたちで、従来の「開港」の概念を見事に脱構築された。

このほか、アジア／アジア交易圏をめぐって、「地域」概念をめぐっては、本書の寄稿者の方々の発言と論考のひとつひとつが、さまざまな可能性と方向性を示しておられる。ここでは、これ以上の議論は、そちらに譲ることとしたい。

『リオリエント』をめぐる問題の第二は、同書に実際に描かれた近世のグローバル・エコノミーの背後にある人類史観、ないしは人類史の時空分節のあり方についてである。

すでに述べたとおり、批判としての『リオリエント』は西欧中心主義に向けられたものであった。それは、ある意味では今日のヒストリオグラフィにおける「常識」であり、率直に言えば、私が『リオリエント』の訳出を思い立ったのも、その点とは関係がない。

では単なる批判をこえて、フランクは、どのような世界史観を提起しているのか。彼が「理論的に」主張しているのは以下のような人類史観である。

ウォーラーステインがいうような資本主義世界=経済やその他の世界=帝国などを含めて、さまざまな「史的システム」として考えられてきたものは、いずれも実際には自律的な実体などではない。それらは、その空間的・時間的な外部との交通・継承によって連続しており、ひとつのシステムとしての自律性は、せいぜい相対的なものでしかない。人類史上に存在したあらゆる社会は、少なくとも間接的に、人類史の総体をひとつの単位とするグローバルなシステムに文脈づけられたサブシステムでしかなく、少なくとも時間的に五〇〇〇年、空間的にアフロ＝ユーラシア大陸の全体をひとつの単位とするような世界システムこそが、真に妥当な史的社会科学の対象である――。

これがかなりの極論であることは認めざるをえない。実際のところ、私自身もこの「理論的」主張をそのまま受け取ることには、大きな留保がある。しかしながら、本書に再録される拙論『リオリエント』論争をもとめて」においてすでに強調したことだが、『リオリエント』自体が実際に論証しているのは、人類史の全体を単位とする世界システムそのものではなく、むしろ一四〇〇～一八〇〇年という限定された期間において、「基軸通貨」としての銀の流通によって定義されたひとつのグローバル・エコノミーの存在以上でも以下でもないということである。

むろん、フランク自身の構想としては、それは書かれるべき全体の一部であって、『リオリエント』が、時代的に近世のみを扱っているのは、紙幅と彼の実際的能力の制約によるものでしかないということになろう。しかし私自身の見解としては、フランク本人の意図や「理論的」主張よりも、『リオリエント』というテクストの方に忠実であるほうが生産的であると考えるのである。

その議論の詳細は、本書に再録された拙稿「『リオリエント』論争をもとめて」をご覧いただくこととして、ここでは簡単にその展望だけを示しておこう。

一四〇〇～一八〇〇年におけるアフロ＝ユーラシア規模のグローバル・エコノミーの存在の立証を是とし、そのグローバル・エコノミーの重心がアジアにあった（ヨーロッパは近世のグローバル・エコノミーにおいて周縁的な存在にすぎなかった）とする評価も、さらに是としたとして、その前後の時代との連続と断絶はどのように考えられるのか。また、グローバル・エコノミー内部の空間的な接合関係はどのようなものであったのか。この問いに向き合うことは、『リオリエント』に対するウォーラーステインからの、次のような批判が厳しいだけに、避けては通れないものである。

すなわち、一八〇〇年までの世界においてアジア（特に中国）がグローバル・エコノミーの重心であったというのなら、十九世紀以降の欧米列強による世界支配への転換は、きわめて突然の出来事ということになり、またその転換がなぜ起こったのかもまったく謎になってしまう。つまり「フランクは、『ヨーロッパの奇跡』がいかに奇跡的であるかということを証明した」[★2]のだというのである。

たしかにフランクも、一九七〇年代以降における東アジアＮＩＥｓの勃興を類比として持ち出して、グローバル・エコノミーにおける重心のシフトについて一定の説明を試みようとはしているが、決して満足のいくものではない。結局のところ、グローバル・エコノミーの存在を認めた上でも、その内部の空間分節がどうなっているのかという点をリンケージや連続性一色で塗りつぶして、ブラックボックス化してしまうわけにはいかないのである。

実際、「基軸通貨」としての銀の流通はグローバルであったとしても、近世の世界は、理念としての単一の帝国秩序を分有する王朝間関係の枠組みをそなえた、いくつかの地域的なシステムの並立状況であった。近世のグローバリティの特徴は、それら地域システム間に交通があるにもかかわらず、そのような交通を、地域システム内では、その理念的な単一世界としての空間認識＝帝国秩序に抵触しないようなかたちで管理する制度が機能していたことである。

一八〇〇年に起こったことは、近世的な地域システム間の交通――それはヨーロッパの資本主義世界経済vs外部世界という構図ではなく、ヨーロッパの地域システムを含む複数の地域システム間の対角線的な交通である――の質と量の変化であり、それに伴う近世的な空間認識制度の機能不全である。その機能不全がもたらした制度の真空を埋めるかたちでグローバリゼーションの過程が始動した。

すなわち、『リオリエント』が提示したのは、近世のグローバリティ以上でも以下でもなく、むしろその近世的な空間分節の解体と変容の帰結として、グローバリゼーションの史的過程が展開したと考えるパースペクティヴが提起できるのである。これは、フランク自身の「理論的」主張を裏切るものであるが、同時にウォーラーステインによる批判にも一定の視角の修正を迫るものであり、あえていえば、『リオリエント』というテクストの精神には、より忠実な敷衍であると私は考えている。

実際には、私自身が展開している右のような解釈も、フランクの人類史構想の全体に対して代案を提起する水準にあるわけではなく、たかだか、「一八〇〇年の屈折」の解釈をめぐって、相対的に分析的なモデルを構築する試みを行っているにすぎない。しかしながら、『リオリエント』のあとに、グローバルな人類史ないしは生態史の構想に取り組むならば、空間分節の様式としてのグローバリティの通時的な構造変化について、明示的な理論的主張が伴わなければ、それはフランクの貢献を無視するものであるといわなければならない。


シンポジウムを振り返って、『リオリエント』の拙い訳者として述べられることは、以上で尽きているが、最後に一点だけ補足しておこう。

この文章では最初に、『リオリエント』が、日本の経済史学の水準から見れば、すでに「常識」に属することがらをまとめたものでしかないといわれる側面があるということを指摘した。しかし、『リオリエント』の著者であるアンドレ・グンダー・フランクが、ドイツ生まれアメリカ育ちの西洋人であり、アジア滞在経験もなければ、日本語も中国語も解さないような発話の位置から同書をものした、あるいはものしえたということ、そして同書が広い読者を獲得している——「WHA(世界史学会)一九九九年ブック・プライズ」および「アメリカ社会学会PEWS(世界システムの政治経済学)二〇〇〇年ブック・アワード」を獲得し、中・日・韓の各語に翻訳された——ということについては、それ自体として評価する必要がある。

いうまでもないが、それは「立場上困難な仕事をよくやりました」というような評価のことではない。むしろ『リオリエント』を一読、こんなものは日本では「常識」だと一蹴するような発話の位置自体についての反省の機会として『リオリエント』を捉えようということである。「アジア」的な文脈におかれた「日本」の歴史は、それ自体が、西欧中心主義的な歴史記述がよそおっている普遍性のほころびを露呈させる一種の「特異点」をなしているといえる。そこでは西欧=近代の等置の図式は端的に妥当しない。しかし、西欧中心主義的なヒストリオグラフィに対する批判は、その内容と同時に形式面でも検討される必要がある。近代世界システムをヨーロッパ的社会システムの単なる延長として捉えるような単線的な歴史観を拒否するためには、単に歴史の多系性を指摘するだけでは不十分であり、そのような歴史の多系性の条件／制約となっている史的システムの概念化にまで踏み込む必要がある。西欧中心主義批判を行う際の発話の位置に対する反省は、そのような概念化の努力の前提として要請される作業であり、同時に、その意味で『リオリエント』自体が読者に要求していることでもあるのである。

★注

★1　杉原薫氏の証言では、この意味での「アジア交易圏」（ないしは「アジア貿易圏」）という表現は、一九八四年の社会経済史学会のシンポジウムが初出である。その後も同学会では、アジア交易圏をテーマとするパネルは断続的に開催されており、特に一九八九年の記録は『アジア交易圏と日本工業化　一五〇〇―一九〇〇』としてまとめられた。刊行当初、まだ学部学生であった私が、のちに『リオリエント』に関心を持つようになる素地は、この書との出会いがきっかけであったといってよいと思う。なお、同書はながらく入手ができなくなっていたが、二〇〇一年九月に藤原書店より新版として再刊された。

★2　ウォーラーステインによる『リオリエント』批判は、*Review* 22-3 (1999) に収められた論文 "Frank Proves the European Miracle" を参照。

諸論

『リオリエント』論争をもとめて

山下範久

はじめに

フランク『リオリエント』の基本的な主張は、歴史の見方を変える《リオリエント》というところにあって、必ずしも現状分析の書ではなく、また現状分析に踏み込むとしても、その際、まさに「長期」の歴史的パースペクティヴを強調する立場に立つ以上、一年や二年といった単位での時間の経過は、同書の価値自体を本質的に左右するものではない。実際、たとえば同書には、日本を含むアジア経済の将来について、かなり楽観的な見とおしが示唆されている部分もあるが、上に述べたように原著の刊行は一九九八年であるから、アジア通貨危機の翌年のことであり、フランクは、「日本型モデルの終焉」や「アジア経済の破綻」の声かまびすしいなか、断固、同書をものす筆をふるっていたわけである。

したがって、原著刊行以来の世界経済のダイナミックな展開が過小評価されるべきではないことはもちろんであるとはいえ、そうであればこそなお、同書の「長期」のパースペクティヴは、その本質的な価値を尊重されるべきものといえる。

しかしながら（むしろやはり、「であればこそ」というべきかもしれないが）、だからといって同書が、歴史の「現在」における、より「長期」の、より大規模の、そしてより深いパースペクティヴの、いわば「決定版」を刻すものではないことも確かである。同訳書の「訳者あとがき」にも触れたが、むしろ『リオリエント』は論争の書である。それは、同書自体が、論争的なトーンで書かれているということでもあるが、同書の背景に、刊行の前後にまたがる論争的な状況があるという意味でもしかりである。本稿では、同書のより高い次元における理解に資すべく、その背景を、一九九〇年代における世界システム論のパラダイム論争から振り返って、『リオリエント』によって論争の次元がいかに変化し、また今後どのような次元での議論へと開かれていくべきなのかを明らかにしたい。★1

世界システム分析の「第二局面」

冷戦の終焉は、その現実におけるインパクトはもちろんであるが、知的な局面においても無視できない衝撃をもたらした。世界システム論は資本主義世界経済の一体性を強調する議論であり、その論理的帰結として、当時「現存した社会主義」すなわちソ連ブロックも決してその外部にあるわけではないという主張を含んでいたわけであるから、その意味では、冷戦の終焉という「事件」は、理論の先見性を示すものでもあったわけであるが、まさにそれがゆえに、いわば理論が現実に追いつかれたことで、逆に理論の潜在的な欠陥が目立つようになってしまったことも確かであった。すなわち、東西対立が終わって、そこに顕在化したのは、通俗的な世界システム論が強調したような単純な南北対立の構造ではなく、もっと多元的で複層化したポストコロニアル状況だったのである。あとで述べるように、ウォーラーステインの議論自体が、そのようなポストコロニアル状況によって乗り越えられたというのは、必ずしも当たらない。しかし、少なくとも一般的に理解され、流通している限りでの世界システム論の主張に従えば、近代世界システムは、近世（「長期の一六世紀」）のヨーロッパに形成されたシステムの拡大・延長であり、また、資本主義的な資本蓄積のダイナミズムによって規定されたその空間の編成は、基本的に、いわゆる南北対立、つまり中核と周辺との構造的関係として捉えられることになるので、そこでは、「周辺」（ないしは「第三世界」）の持つ多様性や遍在性は、相対的に無視されることになる。

　このような理論的傾向は、非西洋世界における近代化の説明の局面、すなわち近代世界システムによる非西洋世界の包摂《インコーポレーション》の局面で、典型的に顕在化する。というのも、近代世界システム論がいう、この包摂《インコーポレーション》という概念は、あくまで、資本主義的な資本蓄積のダイナミズムの必要／必然によって、その過程を説明するものであるため、包摂《インコーポレーション》に向かって邁進しなければならない資本主義列強側の事情にしか焦点があたらないからである。そこでは包摂《インコーポレート》される側の事情は外的な条件でしかない。しかし、包摂《インコーポレーション》以前の非西洋の諸社会は、決して真空中の物体のように存在していたわけではなく、それ自体、別の世界システムに文脈づけられた「主体性」を持っていたはずである。植民地化は、最終的に、植民地化する主体と植民地化される（／抵抗する）主体への二極化を帰結したが、その過程は、単に非西洋を植民地へと変化させただけではなく――もちろん、その過程自体も一様ではない――西洋にも変化を与えるものであったはずである。資本主義の論理の一貫性を強調するあまり、この点を見落とすことが、脱植民地化以降の歴史に対する鈍感さの素地となっている。植民地化の過程は、植民地化する側にも、される側にも、変化と連続の双方の契機をもたらすものであったはずである。西洋に（資本主義という）不変の項を、非西洋に（従属的地位への転落という）変化の項を割当てることは、明らかに実際の史的過程を単純化しすぎている。言いかえれば、植民地化《コロニアライゼーション》というシステム間の相互作用のプロセスを、近代世界システム（「西洋」）という主体が、外部世界（「非西洋」）という対象ないしは環境に一方的に作用するプロセスに還元して理解する枠組みになっているのである。これは歴史記述の内容として不完全であると同時に、もし、他の歴史記述を排除するような呈示の仕方に陥れば、そのような歴史記述をするという行為のレベルにおいて一方的なものである。

かくして、冷戦以降のポストコロニアル状況の進展は、近代世界システム論の西洋中心主義性に対する批判の土壌となった。近代世界システム／資本主義世界経済をいかに相対化し、その外部へと開いていくか――冷戦以降の世界システム論の課題は新しい段階に入ったのである。早くも一九九〇年に、ウォーラーステインは、『レヴュー』誌上において、この新しい課題への取り組みを展望する論文を発表しており、それを「世界システム分析の第二局面」[★2]と名づけた。彼によれば、この「第二局面」は、近代世界システムという概念を相対化する二つの戦略の拮抗として要約できるものであった。すなわち、ひとつは「比較世界システム論」の方向であり、もうひとつは「超世界システム論」とでも名づけるべき方向である。

まず、「比較世界システム論」の立場は、近代世界システムが、人類史上の唯一の世界システムではないことを強調する。ある意味では当然のことであるが、近代世界システムは、人類史上唯一の世界システムではない[★3]。人類史の広大な時空を俯瞰すれば、たとえば、ウォーラーステイン自身が近代世界システムの地理的範囲を確定する際に用いた、「日用品《ステープルズ》生産の分業の範囲」を規準にしてでさえ、常食用の穀物等を徴税し、軍の糧食や官僚の秩禄として支給するような帝国はすべて、少なくとも徴税が及ぶその版図までをひとつの「世界システム」として編成していたことになるし、他にも、ごく小規模な無文字社会のように、少なくとも日用品の生産に関する限り、交通から遮断されているような単位も、同じ定義によってひとつの「世界システム」であると考えられる。また、日用品だけではなく、たとえば奢侈品や貨幣財を含めて考えたり、もっと文化的な要素も考慮に入れたり、戦争をもひとつの「交通」と考えたりすることによっても、近代世界システムを含めて、それ以外に人類史に存在した世界システムの例の集合を考えることができる。要するに、規準は多様でありうるが、どのような定義によるにせよ、近代世界システムは、そのような定義を満たす複数の諸世界システムのひとつでしかない。「比較世界システム論」の立場は、このように人類史の時空において、複数性に開かれた世界システム概念の中に、近代世界システム概念を相対化する戦略である。具体的には、それは、近代世界システムと他の世界システムとの比較という方法をとり、従来近代世界システムに「固有」であるとされてきた、もろもろの規定的特徴――「資本主義」や「合理性」――を括弧にいれ、それら諸世界システムの間の共通性と差異を虚心に観察して、近代世界システムの「固有性」を脱構築しようとするものである。

「超世界システム論」の立場も、視野を広く人類史の時空の全体にとろうとするところまでは、「比較世界システム論」と共通の戦略をとるものである。しかし、その広い視野において見ようとしているものは、比較されるべく複数ある世界システムではなく、唯一の世界システムである。上に述べたように、「比較世界システム論」が、複数の「世界システム」を対象として括り出す前提には、特定の形態の交通（たとえば「日用品生産《ステープルズ》の分業」）をとり、他の形態の交通（たとえば「奢侈品の流通」）を捨てることで、それら「世界システム」の境界を確定する作業があった。しかし、人類史に存在したあらゆるシステムは、実際上、何らかの形態の交通で、なんらかの別のシステムとの関係に開かれていたはずである。また、システムは、無から生まれ無に帰すのではないのだから、むしろ時間的にそれに先行・後続するシステムとの連続性にも開かれていると考えるべきである。時空の両面で、全てシステムが、なんらかのかたちで、直接・間接に、交通／連続性に開かれているとするならば、そのような関係のネットワークを全て包含するようなひとつの「超世界システム」こそが、真に実体的な、史的システムの単位《ユニット》だということになる。このように考えれば、近代世界システムという概念は、せいぜいのところ便宜的に、このひとつの単位《ユニット》に設けられた下位区分でしかなく、それを実体視することは、むしろイデオロギーに属するということになろう。言いかえれば、近代世界システムは、人類史の全体としてある唯一の「超世界システム」という文脈に埋め戻されることによって、相対化されるのである。★4

そして、この「超世界システム論」の立場の最右翼に立ち、強力に近代世界システム論批判を展開したのが、ほかならぬA・G・フランクだった。フランクは、一九九〇年に論文「世界システム五〇〇〇年史への理論的序論」★5を『レヴュー』誌に発表して以来、矢継ぎ早に論文を発表し、この大胆な着想に骨格を与えてきた。その流れからすると、一九九八年に刊行された『リオリエント』は、世界システム分析の「第二局面」における、「超世界システム論」の立場の集大成という位置づけが与えられそうにも思われるが、事態はそれほど単純ではない。というのは、世界システム分析の「第二局面」が、奇妙なねじれを起こしていたからである。

　上に述べてきた、ウォーラーステインの言う、世界システム分析の「第二局面」は、非常に説得力のある図式であり、実際、その図式に当てはめると、九〇年代以降に、広い意味での世界システム論の立場から提起された世界史のオルタナティヴなパースペクティヴは、ほとんど全てを整理することができるように見える。あたかも、あらゆる議論は、「比較世界システム論」と「超世界システム論」とを両極とするスペクトラム上に、その位置価を定めうるかである。

　しかしながら、ウォーラーステインによる、この世界システム分析の「第二局面」という図式化を、必ずしも額面通りに受け取ることはできない。なぜならそれは、単に理論状況の記述と展望のために書かれたわけではなく、むしろ「第二局面」を全体として批判する目的で書かれたものだからである。ウォーラーステインによれば、「比較世界システム論」と「超世界システム論」との対立は、法則定立的《ノモセティック》社会科学と個性記述的《イディオグラフィック》社会科学との間の古典的な方法論上の論争、つまり「一九世紀パラダイム」の反復であり、その意味で理論的退行にほかならないからである。実際、上述の「世界システム分析の第二局面」論文は、翌年刊行された『脱=社会科学』に、その最終章として収められているが、同書の副題には「一九世紀パラダイムの限界」とあり、彼の問題意識の中心が示されている。さらに、ウォーラーステインは、一九九四年に『比較文明評論』(*Comparative Civilizations Review*) 誌に、「舵をしっかりと持て」★6と題した論文を発表し、「第二局面」のいずれの立場にも性急に与すべきでないことを、より鮮明に主張している。

「第二局面」図式の、このような背景に照らして、私がまず奇妙だというのは、そのように、むしろウォーラーステインから批判された「第二局面」の論者のなかに、自分たちを批判する図式を、かえって内面化する者が現れたことである。もっとも顕著なのは、一九九二年に『レヴュー』誌に発表されたクリストファー・チェイス=ダンの論文「諸世界システムの比較研究」[★7]である。チェイス=ダンは、ウォーラーステインの「第二局面」論文でも名指しで、「比較世界システム論」の領袖とされた人物であり、彼の同論文も、タイトルから明らかなように「比較世界システム論」宣言ともいうべき内容のものであるが、そこで彼は、論争の状況を整理して、「超世界システム論」の立場に立つフランクらの議論に自らの立場を対置しつつ、ウォーラーステインの世界システム論は、むしろ「比較世界システム論」の一種であると論じた。たしかに、ウォーラーステインは、史的システムの三類型として、世界経済、世界帝国、ミニシステムの三つを挙げており、近代世界システムは、そのうちの世界経済の特殊なタイプと位置づけているわけであるから、「比較世界システム論」の立場から見れば、ウォーラーステインの議論も、潜在的に「比較世界システム論」の一種であり、ただ、ウォーラーステイン自身が、実際の分析で十分比較の方法を活かしていないだけだという解釈は可能である。しかしながら、すでにこの段階で、ウォーラーステインとチェイス=ダンとは、それぞれに異なる理論状況を前提にしている。つまり、ウォーラーステインにとっては、結局のところ「一九世紀パラダイム」の反復でしかない「第二局面」の諸論者――「超世界システム論」であろうが「比較世界システム論」であろうが――と、そのようなパラダイムの反復に抵抗する自分との間の対立こそが本質的であるのに対し、チェイス=ダンは、むしろウォーラーステイン自身も、「第二局面」の論争平面に、少なくとも潜在的には、すでに巻き込まれてしまっているのであって、「比較世界システム論」と「超世界システム論」との間の選択を、いたずらに躊躇することは無意味だと考えているわけである。要するに、ここでの奇妙さは、批判されている側の方が、批判の図式をより根底的に受け取ることで、批判者の立場を実質的に否定しているところにある。

では、「超世界システム論」の立場にたつフランクは、どのような態度をとったか。奇妙さは、さらにねじれてくる。というのも、フランクにとっては、「第二局面」の対立は、ウォーラーステインに対する批判の射程の問題でしかなく、その意味で相対的なものでしかないからである。彼の批判は、あくまでウォーラーステインの近代世界システム／資本主義世界経済概念に向けられている。近代世界システムの実体性を相対化する議論であれば、その方法論がどのようなものであれ、その限りにおいていかなるものも、フランクにとっては、むしろ自分の議論に包摂されるべきものである。したがって、フランクの立場からすると、チェイス=ダンや、その他の「比較世界システム論」者たちは、不徹底ではあるが、議論の出発点における方向の点で、むしろ立場を同じくするものなのだということになる。

このようにして見ると、世界システム分析の「第二局面」は、ある意味では、論争の過剰であるが、また別の意味では論争の不在でもある。すなわち、誰もが誰かを批判しているが、論点の共有はどこにもないのである。これは一種の理論的ディスコミュニケーションであり、もっと正確に言えば、焦点のずれた図式の導入による、実質的な論点からの後退であると私は考える。実質的な論点が議論の外部に押しやられてしまうこと、もちろんそれ自体として憂慮すべきであるが、特にここにおいて問題なのは、このようなディスコミュニケーションのなかで、「第二局面」という図式だけが残ると、いわば「予測の自己実現」的に、結局ウォーラーステインの言う通り、論争は「一九世紀パラダイム」への退行に陥ってしまうということである。あえて悪意ある解釈をすれば、ウォーラーステインは、新しい論争を隘路に誘導するシナリオを自作の上、演出しようとしていたかにさえ見えるのである。

しかし、では誰がそのシナリオに抵抗していたのか。この問いにいたるとき、初めて、われわれは、『リオリエント』の価値を、最大限まで引き出す解釈の足場を得たことになる。私は、この第二局面の外部において解釈される可能性——上のようなディスコミュニケーションの状況のなかでは、それは多少ともアクロバティックにならざるをえない面もあろう——のある唯一の努力として『リオリエント』を読む。それは、単なる「超世界システム論」宣言でも、単なるウォーラーステイン批判でもない。そうではなく、世界システム分析の「第二局面」という偽りの物語に囲い込まれた九〇年代の世界システム論の（非）論争空間全体に対する批判として読まれるべきなのである。

『リオリエント』——賞賛と酷評のあいだ

そして、一九九八年に『リオリエント』は刊行された。しかし、待ち構えていたのは、既に「第二局面」のシナリオの渦に巻き込まれてしまった諸論者の、大仰なセリフの大音声であった。それは、賞賛の場合もあり、酷評の場合もあったが、結局のところ、「第二局面」という仮面劇の舞台で、自分に割り当てられた役割を演じているにすぎないものである。確かに、『リオリエント』は、大きな反響を呼んだ。刊行の翌年には、WHA（世界史学会）のブック・プライズ受賞作となった。書評の数を言えば、枚挙にいとまがない。しかし、敢えて断言するが、原著刊行から今日までの二年足らずの間に、『リオリエント』を本当に評価した議論は皆無であったといってよい（本稿を最初に書いた時点での判断である。本書のもとになったシンポジウムは、この空白を埋める大きな機会となった）。なぜなら、それらの賞賛や酷評は、そのほとんど全てが、世界システム分析の「第二局面」という、いわば一種の論点還元図式を内面化したものであり、いいかえれば、「第二局面」図式によって導かれる対立平面上の立場によって発された言葉であって、その意味で外在的な評価でしかないからである。したがって、いかに多くの言葉が費やされていても、それらは、ほとんど先験的にあっけなく整理することができる。だが、私は、『リオリエント』が、もっと実質的な論争に開かれるべきであり、そうありうるものであると考えている。そしてそのような、より実質的な論点を摘出する作業の前提として、『リオリエント』を取り巻く賛辞と批判の空虚さについて、最低限の整理をつけておく必要がある。

まず、空虚さという点では、賛辞の顕著さが目につく。そのパターンは大まかに三つに分けられる。

第一は、前提をほめる議論であり、最も多いのは、フランクが打ち出している反西洋中心主義を支持するというものである。これは『リオリエント』の歴史解釈の実質的内容と関係無く、解釈の前提となる立場において自分と同じであるから支持するというものであり、その限りでほとんど読んでいないのと同じである。たとえば最も顕著な例としてA・バーゲセンがいる。彼は、フランクが、先の「世界システム五〇〇〇年史への理論的序論」を『レヴュー』誌に発表した一九九〇年の直後から、フランクの立場への支持を表明する論文[★8]を発表している「譜代」のフランク支持者であるが、彼のフランク支持の根拠は、主としてその徹底したホーリズムという方法論的な前提に対するものであり、典型的に「第二局面」の平面上での理解を代表している。つまり、バーゲセンの立場からすると「比較世界システム論」は、比較のユニットを実体化するアトミズムの権化であり、フランクは、それに立ち向かう「ホーリズム」の騎士として、「超世界システム論」を率いていると解釈されているのである。問題なのは、このような理解が、『リオリエント』が刊行された後も、なんら変わることなく、その賛辞は、ひたすらホーリズムおよびその論理的帰結としての反西洋中心主義に向けられていることである。そのようなうわべの賛辞は、むしろ『リオリエント』を「第二局面」の平板な対立に回収・還元するものであり、同書の真の価値を裏切るものといわざるをえない。

　第二は、既存の議論に対する批判として限定的に評価するほめ方である。これは第一の賛辞よりは慎重であるというだけであって、既存の議論——しかも多くの場合、その問題点は結局、西洋中心主義として要約されることが多いのであるが——に対する、自分の問題意識の共有——要するに批判者としての立場——を確認しているだけなのであるから、やはり、『リオリエント』が、真に抵抗している相手をみきわめる契機を欠いたものである。

　第三の賛辞は、同書が、膨大な既存の個別研究を渉猟し、ひとつのパースペクティヴに収めきった点を賞揚するものである。しかし、これは、ほとんど労力に対するねぎらいの言葉であり、同書の内容に踏み込む評価ではないことは明らかであろう。実際、これは批判する側の論者も多くの場合、とりあえず認めていることであり、ほとんど賛辞とも言えない。

誤解のないように付け加えたいが、私は『リオリエント』の主張する西洋中心主義への徹底した批判や、その前提となる方法論としてのホーリズム、そしてそれを支える既存の個別研究の大規模かつ大胆な整理を、相対的にさえ、無意味なものと考えているのではない。それは、確かに同書の内容の一部であり、それを欠いては、同書は違う本になってしまう。それにもかかわらず、私がこれらの賛辞を空虚だと断ずるのは、それらが、「第二局面」という作られた対立の平面で予め用意された論点における同書の価値に、同書の全体を還元する作用を持ってしまっているからであり、その意味で、それらの賛辞は、同書に対して「外在的」な「立場」から発せられたものであると述べているのである。

では、批判の方はどうか。批判論文として、きちんと表に出たものの数は、実は少ない。挑発に対して黙殺で応えた論者は少なくない。たとえば、一次史料にあたっていないとか、賛辞とは逆に西洋中心主義批判――個別の論者への名指しの批判を含んでいるため、その当人や信奉者たちへの直接の攻撃ともなっている――に対して立場上の不同意感を持っているといった「批判」(というより反感)も、筆者の個人的な見聞の限りでさえ、世界システム論者周辺で決して少なくないのであるが、やはり敢えて論文とするに足るものとはいえないということであろう。しかし、二〇〇〇年に入って、『レヴュー』誌が、「リオリエンタリズム?」★9と題した小特集を組み、サミール・アミン、ジョヴァンニ・アリギ、そしてウォーラーステインの三人が、それぞれ批判論文を書いた。それぞれの論文は、おのおの別に書かれたということであるが、三つを並べてみると、批判のパターンは、きれいに出尽した感がある。しかし、独立の批判としてそれらを評価するとするならば、やはりそれらも『リオリエント』を、結局は「超世界システム論」に還元するものであり、『リオリエント』を論争に開こうという、彼らの意図を尊重する意味でも、まず、そのような還元的読解をなんらかの形で括弧にいれなければ、結局、上の賛辞と同様の「外在的」な立場の自己確認となってしまうだろう。以下、順に検討しよう。

まずアミンの批判は、典型的に、賛辞の逆の構図となっている。彼の批判は、フランクが資本主義という概念を捨てて、歴史のダイナミズムを平板化しているという点につきている。『リオリエント』の理論的な前提には、少なくとも五〇〇〇年は続いた人類史の全体としての「超世界システム」があり、その歴史においては、例えば、封建制から資本主義へとか、商人資本主義から産業資本主義へとかいったような、移行の歴史的ダイナミズムはまったくなく、せいぜい、蓄積の相対的な重心の地理的／地域的な移動があるだけである。それは、歴史の平板化であると同時に、我々の現在を規定する資本主義のグローバル化についてのパースペクティヴを失わせるものであり、ひいては、将来にむけての社会的想像力を萎えさせるものである――。このようなアミンによる批判は、「超世界システム論」批判としては、(良くも悪くも) 正統的なものである。あるいは、もし九〇年代のフランクの議論をなんらかの一貫した立場に還元して評価しなければならないとすれば、むしろ妥当なものといえるかもしれない。さらに、『リオリエント』に限った議論であるとしても、それが、アミンの非難するような資本主義概念の否定を伴う「超世界システム論」的な理論的前提を、少なくともある部分では明言している以上、アミンの批判をまったく不当であると言いきることもできない。しかしながら、翻って、そのような批判をすることによってアミン自身が主張していることもまた、「第二局面」以前の近代世界システム論の自己確認でしかない。そこに対話がなく、いいかえれば『リオリエント』の実質的な議論を、自らの立場から演繹される理論的対立関係の一項へと還元している点で、それは、上に第一に断じた空虚な賛辞と変わるところがない。

アリギは、アミンよりは慎重な読解を試みており、少なくとも、「超世界システム論」の理論的前提に『リオリエント』の議論を完全に還元することだけは避けようとしたかに見える。彼はまず、フランクが、近年その集積が著しく高まりながらも、依然として個別研究の領野内にとどまって、相互に結び付けられることのなかった、「西洋の衝撃」以前の非ヨーロッパ地域の歴史研究や、非西洋の側からの史料の検討を重視した歴史研究を、ともかくもひとつの世界システム的／グローバルなパースペクティヴに収めて提示した功績を積極的に評価しており、この点では、むしろ上の（第三の）賛辞の側に属するといってよい評価を与えている。しかしそのあとすぐにアリギの筆は批判に転じ、フランクがそのような個別研究のひとつひとつを自らのパースペクティヴに収める際に、彼のいう「グローバル・エコノミー」の重心がアジアにあったことを強調するあまり論点ごとで食い違っていると指摘している。その最大の欠陥として、フランクが近世のグローバル・エコノミーにおけるアジア経済の優位を最大限強調して論じておきながら、そのように強調すればするほど謎となる一九世紀以降の「西洋の勃興」について、より個別的に言えば、産業革命について、結局のところグローバル・エコノミー全体の拡大（に伴う、相対的な蓄積の重心の移動）という以上の説明を与えていないという点を論難している。この点は、すぐ後でのべるとおり、ウォーラーステインによっても指摘されているものであり、確かに『リオリエント』の最大の弱点ではあるが、問題は、この弱点を指摘することで、フランクをどのような議論の場にひきずりだせるか、ということである。その可能性についての検討は次節に譲って、ここでは、アリギが最終的にどのような結論を引き出してきているかだけを確認しておこう。

アリギは結局、フランクの視野が人類史における資本蓄積の歴史に限定されていることが、このような欠陥の原因であると論じている。この点への批判は実に厳しく、そのような視野の限定が、反西洋中心主義という一種の規範意識に支えられているため、それはいわば「赤色のリベラリズム」を帰結しているとまで言いきっている。つまり、西洋中心主義を嫌って、グローバルな人類を主体にした上で、資本主義という枠もはずして資本（というよりは、ほとんど単なる富であるが）の蓄積の歴史をたどれば、その目に移るのは単線的で抽象的な経済的効率性の上昇の過程だけとなり、一九世紀における「西洋の勃興」など問題ではなくなってしまったのだ、という解釈である。彼は、それに対する処方箋として、フランクが課題として、理論的には提示していながら、実際にはまったく手をつけていない、グローバル・エコノミーの社会的・文化的過程、および特に政治的・軍事的過程の分析へ議論を開くことを提起している点で、アミンよりは生産的な批判を試みているようではある。しかしそれは、ありていにいえば「ないものねだり」であり、批判そのものの論拠となっている『リオリエント』の理論的核心の部分の解釈についていえば、アミン同様に、「第二局面」以前の世界システム論の立場からの演繹を越えるものではない。さらに言えば、アリギ自身の立場が、ヘゲモニーの存立構造とその交替の動態に注目して、政治的／軍事的パワーと、それに財政的融通をつける機関《エージェント》との相互関係から、世界帝国との比較をも視野に収めて、近代世界システムの再定義を試みるものであるという意味で、「第二局面」の「比較世界システム論」の極から、「超世界システム論」を撃つ構図に収まってしまっており、その意味でも、「外在的」な批判にとどまってしまっているように思われる。[★10] フランクの側からのアリギのこの提案に対する応答も次節で触れよう。

ではウォーラーステインの批判はどうか。上に述べたとおり、彼の批判のポイントも、ある意味では、「産業革命」（ないしは「西洋の勃興」）の評価にかかっている。そのことは、「フランクが証明したのは『ヨーロッパの奇跡』である」という彼の批判論文のタイトルからも推して知れるところである。すなわち、アリギも気がついていたように、もし近世にグローバル・エコノミーが存在し、その重心が圧倒的にアジアにあったというのなら、なぜ、一九世紀にはいって、突然西洋列強が、アジアを含めた全世界を支配し始めたのか、という「謎」がクローズアップされるのである。ウォーラーステインは、『リオリエント』の文章の細部にあえて執拗にこだわり、フランクが議論を進めていきながら、何度もこの「謎」に突き当たって、筆を乱している様を告発しているのであるが、その際に繰り返し指摘されるのは、一九九〇年以前のフランクは、『リオリエント』中に現れているのと同型の歴史解釈の問題に対して、『リオリエント』中で下しているのとは異なる解釈を下していたということである。たとえば、『リオリエント』においては、近世のグローバル・エコノミーは事実上の銀本位制であり、その本位貨幣である銀が、莫大な輸出超過の結果として中国に流入していったことを根拠に、そのグローバル・エコノミーの重心が中国にあると論じられているわけであるが、一九七六年に発表されたフランクの論文では、一九世紀末から二〇世紀初頭における中核経済（特にイギリス）が、低開発地域に対して輸入超過にあったことを指摘した上で、逆にこれを、中核による衛星経済の低開発の過程を示すものとして解釈されていた例が指摘されている。かつての従属論者としてのフランクは、一五世紀末以来、ヨーロッパが、いかに非ヨーロッパ地域を従属化してきたかということを強調してきたわけであるから、一九世紀の段階でヨーロッパの世界支配が、すでにほとんど確立されているのはむしろ当然であり、確かに、その立場からは、上のような「謎」は生じてこない。

いずれにせよ、このような指摘を繰り返すことによって読者に印象付けられるのは、フランクが、一九九〇年をはさんで、その前後で決定的に立場を変えたということであり、ウォーラーステインは、前の方が論理的に一貫性があったと考えているということである。そして、ウォーラーステインが、そのような対比の集約的表現として強調するのは、世界史の断絶のポイントを一五〇〇年（正確には「長期の一六世紀」）に認めるか否かということである。少なくともこの批判論文を独立の論文として読む限り、ウォーラーステインは、この一五〇〇年の断絶を絶対視しており、フランクに対する論難も、フランクが、この一五〇〇年の断絶を否定しているところに最終的な根拠が置かれている。一五〇〇年の断絶とは、ウォーラーステインの言う近代世界システムの誕生の契機なのであるから、それを否定するということは、とりもなおさず近代世界システム概念自体の否定であり、したがって資本主義（世界経済）という概念の否定であり、最終的に、ウォーラーステインの全理論体系を否定するものとなってしまうがゆえに、近代世界システム論の立場における世界史のもっとも基本的なパースペクティヴの問題として、この一五〇〇年の断絶が彼によって問われているのは、ある意味では当然であるが、そのようにひとつの概念に対する態度が、全理論体系に対する態度へ、オセロの駒をひっくりかえすように、次々に端まで読み替えられるような解釈は、テクストを、その読み手の理論的立場の前提となっている文脈上の仮想の（敵対的な）別の立場へ還元する読みであり、まさに、私が本稿で『リオリエント』に対して禁ずる読解である。その意味ではやはり、ウォーラーステインも『リオリエント』

を、一五〇〇年の断絶を否定する体系としての「超世界システム論」の立場に還元する解釈を示しているといわざるをえない。そのような還元が可能であった背景には、彼自身が創り出した「第二局面」図式という論点還元の図式があり、彼がそのような論理のシステムを創り出しつつ、フランクを批判することによって確認しているのは、「近代世界システム」概念から演繹される自己の論理体系そのものだからである。

真の「リオリエント論争」をもとめて

このように、『リオリエント』は、世界システム分析「第二局面」における論争状況を、さらに加熱するものではあったが、『リオリエント』をめぐって発された言葉は、賛辞はもとより、批判でさえ、(論点還元の圧力として機能する)「第二局面」の平面上理解された「超世界システム論」としての『リオリエント』をしか見ていなった。ウォーラーステインの巧みな整理の図式によって、ひとたび「比較世界システム論」対「超世界システム論」の二項対立の一方の極に、九〇年代以降のフランクの思考が還元的に同定されるや、多くの論者は——当のウォーラーステインや、あろうことか、いくぶんはフランク本人までも——フランクの議論を、そのように外在的・抽象的に捉えられた「超世界システム論」の枠内でしか考えられなくなったわけである。くりかえそう。『リオリエント』は「超世界システム論」の書ではない。少なくともそれに還元して『リオリエント』を読み、論ずることには、いささかの価値もない。

では、「超世界システム論」に『リオリエント』を還元しない読み方は、われわれに何をしめしてくれるというのか。最初に指摘したように、「超世界システム論」は、少なくとも一万年前に遡る起源をもつ人類史の全体を、ひとつの(超)世界システムというユニットとして捉えるという考え方である。しかし『リオリエント』は、決して、人類史の全体を記述した本ではない。それは、空間的には、両アメリカ・アフリカ・ユーラシアの三大陸を、そして時間的には、紀元一四〇〇年から一八〇〇年の世界を一区切りの「グローバル・エコノミー」として論じるものである。上でアミンの批判が指摘しているように、確かに『リオリエント』は、一四〇〇〜一八〇〇年のグローバル・エコノミーを括り出してくる前提として、「超世界システム論」的な人類史観を明示している部分がある。しかし、何度もいうように、これまでの「リオリエント論争」の不毛は、その前提の方に『リオリエント』の全てを還元するところに根源があった。それを避けるためには、いわば戦略的な読解が必要であり、その戦略の要諦として、同書中の「超世界システム論」的な部分を括弧にいれることが必要なのである。

かくして『リオリエント』は、一四〇〇〜一八〇〇年のグローバル・エコノミーをユニットとする全く別の議論として立ち現れた。この『リオリエント』は、時間的な枠組みの点で「超世界システム論」から区別されるのはもちろんであるが、当該の時代についての空間的な枠組みの点で、近代世界システム論（近世期の近代世界システムは、ヨーロッパ世界経済であった）の立場からも、また多かれ少なかれ近代世界システムの時間的空間的枠組み自体は踏襲しているその他の「比較世界システム論」の立場からも、区別される、いわば、第三の立場を提起している。つまり、世界システム分析の「第二局面」の圧力から解放されているわけである。したがって、真に「リオリエント論争」を求めるならば、この「第三の立場」から、逆に既存の議論に問いかけていく作業を行なわなければならない。ここではその最初のステップとして、そのような観点から、上のウォーラーステインによるフランク批判を、再度検討してみよう。

既に上で述べたように、ウォーラーステインによるフランク批判の中心は、一五〇〇年の断絶の認否にかかっていた。しかし、「超世界システム論」から切断された『リオリエント』を問題とするかぎり、この点は問題にならない。というのも、ウォーラーステインが断絶を見ている「長期の一六世紀」は、一四五〇年ごろから一六四〇年ごろまでと考えるのが普通であり、実際ウォーラーステインの『近代世界システム』の第一巻も一四五〇年から書き出されているのに対し、『リオリエント』のグローバル・エコノミーの起点は一四〇〇年であり、この五〇年の差は、せいぜいのところマイナーな問題でしかなく、これを敢えて大きな違いと見ようとすれば、結局べつの論点に媒介する必要がでてくるからである。事実、むしろアリギは、上の批判論文でこの点をとらえて、フランクが、理論的には「超世界システム論」を唱えていながら、実際の分析によってその理論に内容を充填することに失敗していると非難しており(このような批判も、『リオリエント』を「超世界システム論」に還元する圧力から生まれてくるものであるが)、少なくとも、この点でウォーラーステインと大きな違いは認められないと主張しているくらいである。

このように『リオリエント』に即して考えるかぎり、「一五〇〇年の断絶」についてのウォーラーステインとフランクの対立は、ずっと不鮮明なものでしかないことが確認されると、それに連鎖して、ウォーラーステイン(およびアリギ)が指摘した『リオリエント』の最大の弱点である、一九世紀における突然の「西洋の勃興」をどう説明するかという問題の位置にもずれが生じる。つまり、最初の批判の設定では、論点はあくまで「一五〇〇年の断絶」の認否であり、その点における相違がフランクとウォーラーステインとを分けたわけであるが、今や、『リオリエント』において、その点での両者の相違は相対的なものとなってしまったので、逆にいわば「一八〇〇年の断絶」に対する態度の相違が前景化することになる。すなわち、一八〇〇年を挟んで、西洋が突然グローバル・エコノミーの中心にせりあがってきたのか、それとも「西洋の勃興」はもっと早い段階で――ウォーラーステインの立場ならば、当然やはり「一五〇〇年の断絶」において――準備されていたのか、という問題になるからである。いいかえると、問題は、「一五〇〇年の断絶」の認否ではなく、「一八〇〇年の断絶」の認否に、重心を移したかにみえるわけである。

ところが、問題の重心の移動は、ここではとどまらない。というのは、ウォーラーステインが、「一八〇〇年の断絶」を、必ずしも否定しているわけではないからである。確かに、上の批判論文では、フランクがヨーロッパとアジアとの相対的な経済的関係の逆転を、図式的に単純化しすぎており、ためにかえって「西洋の勃興」が劇的に描かれすぎていることを論難しているのであるが、それほど劇的でないとはいえ、逆転がなかったとは言っておらず、つまるところ、その逆転の過程は、もっと複層的であると主張しているにすぎないわけである。すると、「一五〇〇年の断絶」だけではなく、「一八〇〇年の断絶」においても、実はウォーラーステインとフランクとの間の対立は、相対的なものでしかないことになり、実質的な論争の焦点は、一五〇〇年と一八〇〇年という二つの世界史的契機を、どのような空間的枠組みにおいて、いかに概念化するかという点にあることがわかる。さらに言えば、この意味でより大きな課題となるのは、「一八〇〇年の断絶」の方であろう。というのも、「一五〇〇年の断絶」の方は、単純に、文脈として想定している地理的なユニットの規模の相違――ウォーラーステインが環大西洋圏を見ているのに対し、フランクは両アメリカとアフロ・ユーラシアの全体を見ている――があるだけであって、その相違の根拠は、つまるところ、システムの紐帯を何に求めるか、という定義の差――ウォーラーステインが、「日用品生産の分業」を採るのに対し、フランクは「貨幣財流通の連鎖」を採る――でしかないからである。つまり、「一五〇〇年の断絶」の問題は、それ単独では、単にシステムという言葉の定義にともなう意味論的な問題でしかない。

これに対し、「一八〇〇年の断絶」については、むしろそれを考える地理的なスコープとしては、ともにグローバルな規模を想定しており――フランクは、最初からグローバル・エコノミーを単位としているし、ウォーラーステインの近代世界システムも一九世紀にグローバルな範囲を獲得する――むしろ純粋に、この歴史的契機の概念化についての理論的態度の問題となる。私は訳書刊行直前の二〇〇〇年三月および国連大学の招待で来日した二〇〇一年七月に、フランクに直接インタヴューをする機会を得て、この点について、フランクに質してみたところ、①「長期の一六世紀」をどう考えるかという点でのウォーラーステインとフランクとの間の対立は、究極的には大きな問題ではなく、②ウォーラーステインが、「一八〇〇年の断絶」について、グローバルな文脈での概念化を試みているならば、フランクの議論との接点はあるはずであり、そこから③フランク自身の議論も、一九世紀のグローバル・エコノミーの過程について、さらに理論的展開を進めることが必要であると感じている、との同意を得ることができた。フランクは『リオリエント』のなかで、「一七五〇年の屈折《インフレクション》」と題した節を設けて、グローバル・エコノミーの文脈内で、ここでいう「一八〇〇年の断絶」をグローバル・エコノミー内で重層的に連接している諸地域経済間の相対的な経済社会的活力のシフトと捉えるモデルを構築しようと努力しており、暫定的な近似例として、輸入代替から輸出志向に転換するＮＩＥｓ型の「キャッチアップ」モデルをグローバル・エコノミーの規模で適用する可能性を探っている。しかし、大方の指摘するところでもあり、インタヴューの際に本人も認めたこととして、このモデルは十分というには、依然ほど遠いものである。

　他方「一八〇〇年の断絶」はウォーラーステインにとっても、より重要な課題である。この解釈を支持する、もうひとつの根拠として、ウォーラーステインが一九九〇年代以降、近代世界システム概念の新しい分析の次元としてジオカルチュア概念を導入する努力を続けてきたことを挙げることができる。すでに別のところ[★11]で論じたことがあるが、ウォーラーステインは、近代世界システムの歴史を「一八〇〇年の断絶」まで書いたところで、その筆をとめてしまっており、九〇年代以降、それにかわって一連の「ジオカルチュア論」の著作を発表してきている。このジオカルチュアという概念は、まだ理論化途上の概念ではあるが、近代世界システムが、一八〇〇年を挟んでグローバルな文脈に展開する際に、システムとしての自己を対象化する視線を獲得する契機を経験して、システムの構造が高次化・複層化するダイナミズムを捉えようとしたものであると、とりあえず理解することができる。ウォーラーステインのこれまでの議論では、あくまで、ヨーロッパの知的・文化的・政治的制度に焦点をあてた分析しか行なわれていないが、少なくともその背景に、植民地化というかたちの近代世界システムのグローバルな展開、すなわちフランク的にいいかえれば、グローバル・エコノミーの文脈における、ヨーロッパと非ヨーロッパの諸地域の相互作用《インタラクション》があることは疑いない。

　私は、ジオカルチュア論の展開としての一九九〇年代のウォーラーステインの知的軌跡と、「超世界システム」から『リオリエント』にいたる同じ一九九〇年代のフランクの知的軌跡の間の並行性は、むしろ積極的《ポジティヴ》に架橋されるべきものであると考える。本稿冒頭に指摘したように、一九九〇年代以降のポストコロニアル状況が、世界システム論の主張の前提を変えた事実があり、二人の知的努力についての上の解釈は、その直接の起源である「一八〇〇年の断絶」を問題化するものだからである。

かくして、『リオリエント』を還元的読解の磁場から解放して、それが提起する問題から九〇年代の世界システム論の論争状況を、とりあえずウォーラーステインとフランクを軸に逆照射することによって、グローバル・エコノミーのなかでの諸地域の経済社会的相互関係のシフトと、それら諸地域（特にヨーロッパ諸社会）のシステムとしての持続性を支える諸制度の高次化・複層化という、二人それぞれの問題意識の圏域の切り結ぶ、新しい焦点が浮かび上がってきた。われわれの眼前には、今後の実質的な課題の所在として、グローバルな視野における世界史の「一八〇〇年的契機」の理論化という問題場が広がっている。無論、『リオリエント』から広がる問題の場は、これに限られるものではないが★12、少なくとも、これから『リオリエント』を読むわれわれは、もはや、世界システム分析の「第二局面」といった安直な図式に後退することは許されない。真の「リオリエント論争」は、これから始まるのである★13。

注

★1　本稿の前提となる考察は、『環』第1号（二〇〇〇年春号、藤原書店）所収の拙訳「リオリエント〈ダイジェスト版〉」に付した『リオリエント』から世界システム分析の第三局面へ」で、予め簡単に展開しておいた。あわせてご覧いただければ幸いである。

★2　"World-System Analysis : the Second Phase", *Review* 13-2 (1990). 同論文は『脱=社会科学』（藤原書店、一九九五年）の第二〇章に収められている。

★3　以下の記述は、主として Chase-Dunn, Christopher and Thomas Hall, *Core/Periphery Replations in Precapitalist Worlds* (Westview Press, 1991); *The Rise and Demise: Comparing World-Systems* (Westview Press, 1997) による。

★4　無論、比較のユニットをどこまで広く拾ってくるか、ひとつのユニットの範囲をどこまで広くとるかによって「比較世界システム論」と「超世界システム論」の間には、さまざまな中間形態が考えられる。

★5 "A Theoretical Introduction to 5000 Years of World System History", *Review* 13-2 (1990).

★6 "Hold the Tiller Firm", *Comparative Civilizations Review* 30 (1994).

★7 "The Comparative Study of World-Systems", *Review* 15-3 (1992).

★8 Bergesen, Albert, "Let's Be Frank about History", Stephen Sanderson (ed.), *Civilizations and World-Systems : Studying World-Historical Change* (Altamira Press, 1995) 所収など。

★9 *Review* 22-3.

★10 アリギのこのような議論については、Giovanni Arrighi, *The Long Twentieth Century* (Verso, 1994) 参照。

★11 拙稿「ウォーラーステイン——ジオカルチュア論による再導入」『情況』一九九九年八・九月号。

★12 実際、二〇〇〇年春のインタヴューでは、フランクはむしろ、アリギからの批判に積極的に応じることで、グローバル・エコノミーの一九世紀的展開を論ずる理論的前提を構築する展望を語ってくれた。本文中に述べた通り、アリギの議論は、帝国のガバナンスとそれへのファイナンスとの相互関係に注目する立場であり、フランクへの注文として、政治的・軍事的関係を理論に内生化すべきだと論じていたわけであるが、フランクは、意外なほどこの提案を素直に受け止めており、今後、この方向で新しい理論展開を示してくれる可能性を私は期待している。ちなみに、アリギのガバナンス／ファイナンス理論は、もともとブローデルの資本主義論に立脚するものであり、このほかにも最近の世界システム論の周辺では、ブローデルの議論を新しい空間的な枠組みに応用して、ウォーラーステインの議論を相対化しようとする試みが盛んである。

★13 このような問題意識にしたがい、私は、新しいパースペクティヴを構築する準備作業として、ウォーラーステインの史的システム概念に修正を加える論考「史的システム概念の再構築」『アソシエⅣ』（御茶の水書房、二〇〇〇年）を書いた。

「漂流する知識人」フランク

中山智香子

はじめに

筆者は「海洋アジアと日本から近代世界を捉え返す」というテーマについて、専門的見地から論じることはできないが、フランク著『リオリエント』については思想史的な興味をもって読んだ。従属理論というひとつの思想をもっていたフランクが、いつなぜどのようにして、異なる視点、異なる対象へ推移していったのかという問題関心である。もとよりここでもフランクの研究家でない筆者は、限られた紙幅と時間のなかで体系的な追究を展開することはできない。にもかかわらず、あえて小論を試みるのは、『リオリエント』を読んだ際に、奇妙な違和感にとらわれたからである。本稿の目的はこの違和感について、ひとつの仮説を立ててみることにある。もちろんフランクの「発展＝開発development」研究がその都度、当該の地域に力を与えてきたこと、今度もまた与えていることは疑いのない事実であり、それを否定するわけでは毛頭ない。しかし上記の違和感はおそらく筆者に固有のものではない。

漂流する知識人フランク

フランクは一九二九年ベルリンに生まれ、一九三三年、四歳で家族とともにドイツ・ナチズムを逃れてアメリカへ渡った。[★1] シカゴ大学で経済学を学び始めたときにはケインズ主義者だったというが、その後ミシガン大学でも学びつつ、シカゴでは文化人類学にも傾倒し、またバート・ホゼリッツとの親交もあって、「発展＝開発 development」という彼のキー概念を得るに至った。ホゼリッツはシカゴで「経済発展と文化変容研究センター Research Center in Economic Development and Cultural Change」を率いていた、やはりヨーロッパ（オーストリア）からの移民である。[★2] フランクはそこで、経済発展にとって決定的な要素は、実に社会的なものであるという結論に達したと回想している。興味深いのはここからの展開である。彼は社会的なものを政治的なものと読み替え、政治（的革命）によって変化を起こすのが解決であるとして、体制に安住した発展論の研究はむしろ問題の一部であると考えるようになったのである。

> わたし自身を含め、あらゆるアメリカ起源の発展研究や思想は、決して発展問題の解決の一部でないことが、次第に明らかになってきた。それらは実際にはむしろ、問題の一部分である。なぜなら本当の問題と本当の解決を否定したり、曖昧にしたりしようとするからである。本当の解決は政治にある。[★3]

自身の思想に忠実であろうとした彼は、勤めていたミシガン大学を退職し、またメキシコでパートナーにめぐりあって、彼女とともにラテンアメリカに身を移す。こうして「世界を変える」をスローガンとしたフランクの長い旅が始まったのである。[★4] 大戦間期のヨーロッパのファシズムを逃れてアメリカその他に移住した、いわゆる「漂流する知識人」の数は多いが、フランクのように、メキシコ、ブラジル、カナダ、チリ、それからヨーロッパへ戻っても、故郷のドイツからまたイギリス、オランダと教鞭をとる地を変え、定年後にもまた新大陸へ戻ってトロントに住み、アメリカのさまざまな大学の客員教授として活動するという人物は、あまり多くないだろう。彼は文字通り、漂流し続ける知識人である。それでは彼の考え方はいかに推移したのか。

拡大する発展概念と世界把握

再びおもに自伝に依拠しながら彼の考え方の軌跡をたどってみる。ラテンアメリカ滞在中に従属理論を打ち出したことはよく知られている。

> 私は、「封建制ではなく、資本主義が」ラテン・アメリカ及び他の「第三」世界における「低開発の発展」[★5]を生み出してきたのだ、と主張し続けてきた。この低開発における決定的な要因は、どの地域にせよ、それに「内的」なものではなく、ましてやその人々のせいなどではなく、その全てが不可欠の部分である「世界システム」そのものの機能と構造によって生み出されているのだ、と私は論じた。[★6]

フランクらの従属理論の核心は、「低開発の発展」つまり中心部が周辺部を体系的に搾取することを批判する点にあり、近代化論者が「すでに発展したもの」と「発展途上にあるもの」を単線的に比較することへの批判[★7]として重要な意味をもっていた。こうしてフランクは、一九七〇年代の半ばから後半にかけて、理論的に共通点のあるウォーラーステインの世界システム論にも出会い、またアミンらとも協同するようになる。彼らが共通して批判的に論じる「世界経済」なり「世界システム」とは、ヨーロッパ起源の近代資本主義であり、それが次第に多くの地域を包摂していく過程であった。この路線で一九八〇年代のフランクは、「危機」が漢字で危険と機会の両義的な意味をもつことを考慮に入れながら、資本蓄積システムの構造的危機、その意味でのグローバルな危機について考察を続けていく。自伝や略伝にこの時期への言及が極端に少ないのは、決定的なターニング・ポイントがなかったためだろう。しかし八〇年代の終わりから九〇年代にかけて、東欧や旧ソ連地域のほとんどが「第三」世界化していく状況とアジアの進展の状況を検討するうちに、フランクにとって世界システム、世界経済のもつ意味は大きく変わった。いまや「ヨーロッパ中心主義の王様は裸だ！」と連呼するフランクが、反証の対象として掲げるのは、マルクスやウォーラーステイン、ポランニー、ブローデルらばかりでなく、かつての自らの理論でもある。[★8]彼は、これまでの大方の見方に反して一四〇〇年以来、世界規模の分業と交易を備えた単一のグローバルな世界経済システムがあり、その中心は一八〇〇年ごろまでずっとアジアであったと主張したのである。

フランクは自説を否定したのだろうか。たしかに自己批判の舌鋒は激しい。

私の過去の著作に照らすと、「開発」、「近代化」、「資本主義」、さらに「従属」の観念、(…)が浮かんでくるであろう。どれも、プロクルステス的で、空虚なカテゴリーである。なぜなら、(…)どれもこれも本当の世界経済／世界システムにではなく、本質的にヨーロッパ例外主義の中で、それらのカテゴリーが指すものの「起源」、「原因」、「自然」、「メカニズム」、そしてけだし「本質」を探している(…)それらは全て、植民地主義および文化帝国主義の部分として、世界——東西間にも、南北間にも——に蔓延している、ヨーロッパ／西洋の自文化中心主義から派生しているにすぎないのである。[★9]

彼は自らの解明した「開発」や「従属」などの諸概念が、ヨーロッパ中心主義の産物に過ぎないとして、その有効性を否定する。その代わりに依拠するのは、彼のいうところの「本当の世界経済／世界システム」である。それは、彼が別のところで示した五つの柱に示されている「人類中心主義 humanocentric」の世界経済／世界システムである。この五つの柱に基づいて、その特徴を整理してみると次のようになる。

(1)その世界システムは約五〇〇〇年続いて存在している。

(2)(世界システムの)歴史の動力は資本蓄積過程である。ただしそれは近代資本主義的な資本蓄積に限らない。
(3)世界(システム)には中心―周辺構造が存在する。
(4)ヘゲモニーと競争の交代、地域的なヘゲモニーと競争が以前のものに続く。
(5)しばしばA局面で示される上昇局面と、B局面で示される下降局面が繰り返される長期的(短期的)経済循環が存在する。ただし(5)は前の四つの点を含んで進行する。[10]

フランクによれば、「人類中心主義 humanocentric」とは、ヨーロッパ中心主義をその他の中心主義や多文化主義で置き換えるのとは異なるものである。つまり、たとえばヨーロッパよりもアジアの方がずっと早く世界経済／世界システムの中心であったし、今後またそうであるかもしれないという主張をするとしても、それはときに誤読されるようなアジア主義の主張ではない。(3)に見られるように、ある地域にヘゲモニーがあるとしても、それは(4)が示すように、一時的な独占的優位にすぎないからである。またフランクによれば、このような世界経済／世界システムのグローバルな進化は、決して旧来の「発展」思考や政策によって推進されるものではない。この場合の進化とは、一方向・単線的に進んでいくものではなく、むしろ「循環」をはらみながら長期的に表れる変化のことである。フランクはそれがマイノリティ、特に女性というマイノリティや、平和、環境を視野に入れた進化であると考えている。[11]

このようなフランクのビジョンは、一見して目を引く自己批判とは対照的に、実はあまり変わっていない。いや、それどころかきわめて一貫しているのである。「低開発の発展」、「発展の低開発」ともっぱら「発展＝開発 development」を中心に思考を進めてきたフランクは、人類や進化の概念を援用し、なんとか自らの理論的枠組を拡張して「発展＝開発 development」概念の有効性を保とうとする。それは同じ一つの概念を模索し続けること以外ではないのである。さらにいえば、転回を遂げる際のロジックもまた新しいものではない。フランクはラテンアメリカに飛び込んでいったときにも、自らの発展論が問題の一部だと考えたのである。

今度もやはり、自らを含めた従来の支配的な発展論に異を唱え、まず自らが変わることによって「世界を変える」ことの端緒とする。常に求めているのは「本当の問題」と「本当の解決」である。これが「本当」だというものが見つかると、それを確証するかのごとく、まず自らの過去を「本当ではなかった」として決別する。そのたび彼は新しくなる。新しくなることは彼を一貫させるために不可欠なのである。一貫性の中心は政治性であり、フランクの思想、著作が読み手に訴えかけるのは、その政治性においてである。

フランクが軽視したもの

それではフランクの思想、著作のもつ問題点はどこにあるのだろうか。しばしば指摘されるように、彼の思想、著作は非常に論争的である。『リオリエント』についても、論拠に用いられた素材、例えば歴史上のあれこれの断片が正確でないという批判があるかもしれない。しかしフランクはそれを特に問題とは考えないだろう。彼の思想が一貫して「本当の解決」すなわち政治によって「世界を変える」ことにあるとすれば、理論や説は主張に適う限りで下支えの役割を果たすにすぎないからである。ある断片が正確でなければ、別の断片を用いればよい。したがってまた世界(システム)の歴史の把握についても、その動力が資本蓄積過程であるという仮説(2)や、経済循環がA局面とB局面のコンドラチェフ波動に従うという仮説(5)の妥当性については問うのは不毛だろう。そこで本稿では次の二点から問題提起をしてみたい。一点は知的誠実さのもつ両義性についてであり、もう一点は「人類中心主義 humanocentric」の世界経済/世界システム論のもつ、普遍主義的な偏りについてである。

第一点目に関して、もちろん、自己批判からまず始めるフランクの立場が非常に潔く、また誠実であることは間違いない。しかしその潔さの裏には、思想の伝播や科学の役割に対する彼の無関心が表れている。[★12]たとえばフランクの著作を読んでその考えに共鳴し、読者の世界観が変わったとする。それはフランクの求める政治性の効果であろう。では時間が経ち、フランクが「あれは本当ではなかった」と自己批判をしたら、読者の共感もまた「本当ではなかった」ことになるのだろうか。ここにフランクの政治性のトリックがある。もしフランクの著作を読んで「そうだ、まず我々自身から変わらなければ！」と考えたとすれば、まさにその政治性の策略にかかったことになる。[13] その都度、思想の伝播を受けて「変わった」受け手は、フランクの漂流する一貫性の犠牲になるだろう。

第二点はフランクの示す新しい「発展＝開発 development」概念に見られる普遍主義的な偏りについてである。例えば彼は人類中心主義的なシステムを想定することにより、マイノリティの問題が解消するという考えを示している。たしかにそれは、現時点でも通用する、政治的に正しい (politically correct) 理想像である。しかしそれは、フランク自身の激しい批判とは裏腹に、欧米的へゲモニーによって生み出された二〇世紀的な理想像と酷似しているのである。それはまた国際連盟から国際連合へと連なる国際協力の考え方、明らかに正論でありながら随所で致命的にその無力さを露呈している平和主義の考え方である。そして「発展＝開発 development」という概念もまた、ここから大いに展開された概念であることに立ち戻る必要がある。

国際協力、すなわち国民国家を単位とする体系的な援助として、まず思い出されるのは、第二次世界大戦後のアメリカ主導型の国際援助かもしれない。しかしその原型はすでに、第一次世界大戦後に確立された世界秩序と、その象徴としての国際連盟にみられるのである。よく知られた事実であるが、国際連盟の原案は、結局参加しなかったアメリカから生まれている。[14] 実は今日まで続いている国際連合の基本的な考え方のほとんどが、そこに表れている。特に第一次世界大戦後の経済復興を中心とした国民国家の再建援助プログラムは、そのまま第二次世界大戦後の援助の原型であった。[15] ところで、この国際連盟自体、もともとは連合国の迅速な物資調達のために組織されていたものを、戦後になって敵味方の区別なく、配分しようとする発想からできたものである。[16] とすれば、一九二九年の大恐慌を境に保護主義的、全体主義的な傾向が強まり、各国が総力戦体制に巻き込まれた体制の発端は、すでに第一次世界大戦後にあったともいえる。国際連盟には、二〇世紀前半、自由主義的な経済学を担った多くの経済学者が加担した。[★17]つまり、問題は当時ヨーロッパからアメリカへとヘゲモニーが推移する中で、継続的に求められた自由主義的な理想像のなかにある。

フランクは、世界（システム）を志向し、込め得る限りの意味を込めて「発展＝開発 development」概念を救おうとすることによって、逆にこの自由主義的な理想像に接近している。おそらく彼がアメリカで発展論の研究を進めた際に、発展の中心として社会的なものを見出した地点、またそれを政治的なものと読み替えた地点に立ち戻らなければ、問題の所在は明らかにならないだろう。彼自身、第一の転機ともいうべきアメリカ批判の場面から、ヨーロッパ中心主義批判へと推移していくなかで、自らの中でのヘゲモニー推移の意識があまりなかったのではないか。ヘゲモニーの中心、「発展＝開発」援助の主体としてのアメリカがヨーロッパに対してもつ位置関係をかえりみることなく、ヘゲモニーそのものを否定する彼の立場は、逆にそのヘゲモニーのもつ問題点を見えなくしてしまったと思われる。「本当の問題と本当の解決」を追求し続ける潔さがそのまま、彼の理論的弱点となっている。

以上の二点が『リオリエント』が読者に与える違和感を説明する。それは同書が、アジアと世界経済／世界システムをテーマとしながら、ひたすらヨーロッパ中心主義の摘発に終始し、ヨーロッパ中心主義者の「世界を変える」ことをめざして書かれていることから来るのである。結局、漂流するヨーロッパ知識人フランクは、漂流を続ければ続けるほど、ヨーロッパを糾弾すればするほど、彼の意図に反してヨーロッパを志向する結果となっている。ドイツ語圏ではフランクの思想が次第に受容されなくなっており、それは説の妥当性の低下や論敵への傲慢な態度によるという見方もあるが、[★18]受け入れがたいものがあるとすれば、むしろこの、頑迷なまでに一貫したヨーロッパの自己批判の態度であろう。そしてフランクを拒否する土壌もまた、ヨーロッパの自己憎悪と重なり合っている。

注

★1 Frank 1996. また Frank 1998/2000（『リオリエント』）のまえがきにも、比較的長い自伝的部分がある。

★2 一九一三年ウィーン生。ナチズムを逃れて渡米し、一九九五年没。シカゴ大学在職中、一九五二年に雑誌『経済発展と文化変容』を創刊し、一九八五年まで編集に携わった。千葉商科大学にはホゼリッツの蔵書を集めた「バード・ホゼリッツ文庫」という特別コレクションがある。

★3 Frank 1996, p. 24.

★4 *Ibid*.

★5 ここでは定訳にしたがったが、Development of Underdevelopment は低開発の進行、展開などと訳すほうが分かりやすいように思われる。

★6 Frank 1998/2000。邦訳二四頁。

★7 Chew and Denemark 1996. pp. 2-3.

★8 たとえば Frank 1998/2000. 邦訳五三二頁など。

★9 前掲書、邦訳五五三―五五四頁。

★10 Frank 1996, pp. 42-43.

★11 *Ibid*., pp. 46-47.

★12 『リオリエント』のなかにも、科学と技術について論じた部分（第四章の「質的問題 ―科学と技術」）があるが、そこで彼は、（トマス・クーンの科学革命論等を引用しながら）近代ヨーロッパで始まった科学革命が、技術革新を通じて産業の発展に寄与したというテーゼを否定し、アジアにはもっと優れた科学と技術のあったことを指摘するだけである。

★13 筆者の参加させていただいた『リオリエント』の合評会で、何気なく発せられた同種の発言に対し、筆者が抱いた危うさの感覚は、本稿を書くきっかけとなった。

★14 たとえば草間（1974）。

★15 第一次大戦後の再建プログラムを申請したのはおもに東欧・南欧の諸国であった。（李（1994）六〇頁）

★16 前掲書、四一頁。

★17 筆者はオーストリアの自由主義とのかかわりから、この論点について調べたことがある。(Nakayama (2001))

また同論考のもとになった考え方の多くを、筆者は de Marchi (1991) に負っている。

★18　Hein, p. 7.

引用文献

Chew, S. C. and Denemark, R. A. (1996) “On development and underdevelopment”, Chew, S. C. and Denemark, R. A. (ed.) *The Under- development of Development : Essays in Honor of Andre Gunder Frank*, Thousand Oaks/ London : SAGE Publications, Inc..

De Marchi, N. (1991) “League of Nations Economists and the ideal of peaceful change in the decade of the ‘thirties’,” C. D. Goodwin et al (ed.), *Economics and National Security*, Duke University Press, 1991

Frank. A. G. (1980/ 1991) “Die gegenwärtige Krise und die Perspektiven des Weltsystems,” Balschke, J. (ed.) *Materialien zu Immanuel Wallerstein, >Das moderne Weltsystem<*, Frankfurt/ New York : Campus Verlag. (「現在の危機と世界システムのパースペクティヴ」『ドイツにおける周辺資本主義論争――〈世界システム〉論と世界経済論・軍事史・経済史の視角』酒井昌美他訳、啓文社)

―― (1996) “The underdevelopment of development,” Chew, S. C. and Denemark, R. A. (ed.) *The Under-development of Development : Essays in Honor of Andre Gunder Frank*, Thousand Oaks/ London : SAGE Publications, Inc..

―― (1998/ 2000) *ReORIENT*, University of California. (『リオリエント』山下範久訳、藤原書店)

Hein, W. - , Andre Gunder Frank (1929-) Metropolen, Satelliten und das Weltsystem, Deutschen Stiftung für internationale Entwicklung (DSE). (URL : http : //www. dse. de/zeitschr/ez300-8. htm より取得。)

Nakayama, C. (2001) “Austrian Economics in the interwar period : the economics of Morgenstern in relation to the economic situation of Austria in the 1930s,” working paper presented at the Heterodox Economic Conference in July, 7-8. (London)

草間秀三郎 (1974)『ウッドロー・ウィルソンの研究――とくに国際連盟構想の発展を中心として』(風間書房)

李修二 (1994)「国際連盟経済金融機構の活動」(藤瀬浩司編『世界大不況と国際連盟』名古屋大学出版会)

産業革命後の「リオリエント(Re-Orient)」

四方田雅史

フランク『リオリエント』(山下範久訳、藤原書店、二〇〇〇年)は、「産業革命」によって西欧が「一時的」に勝利を収めた時点、すなわち一八〇〇年前後をもって筆を擱いている。その後、西欧の「一時的」勝利を裏付けるかのように、一九世紀末からまず日本が経済発展を遂げ、二〇世紀後半には、アジアNIEs、ASEAN諸国、そして中国が連なって急速な経済成長を開始した。近年は、バブル崩壊後の日本経済低迷やアジア通貨危機から、成長センターとしてのアジアのイメージは若干色あせているが、二〇世紀後半にアジアが世界で最高の成長率を誇ったことは、疑い得ない事実であろう。

フランクは、近年のアジア経済の台頭を、「世界システム」の中心が欧米からかつての中心であったアジア(東洋)に回帰していく動きとみなしている。はたして、フランクの言うように、現在のアジアは一八〇〇年以前のアジアの地位に戻ろうとしているのであろうか。

本稿では、フランクの議論を踏まえながら、そのことを論じてみたい。

一八〇〇年以前と現代――世界経済の相違

現在までのアジアの経済発展を検討すると、いくつかの点で一八〇〇年以前の状況とは大きく異なっていることを認めざるを得ない。

第一の相違点は、アジアの発展が、当時の中心であった中国・インドに起源を持つのではなく、その周辺に位置する日本・韓国・台湾・東南アジアから生じていた点である。

第二に、日本を先頭に、アジア各地域が連鎖的に経済発展を遂げるという状況（渡辺利夫氏の用語を借りれば「重層的追跡」）も、近代以前には見られない現象であった。おそらく、近代以前には、アジア域内、そしてアジア欧米間の貿易構造は、長期間にわたって変化せず、現在のように各地域の経済発展を伴いながらその比較優位構造が流動化するような状況は見られなかったと考えられる。この「重層的追跡」は、イギリスの工業化がドイツ、フランスなどに波及した一九世紀ヨーロッパの経験に匹敵する現象であったと言えよう。

最後に、現代アジアの経済発展はアジア域内のダイナミズムだけから生じたものではないという点が挙げられる。『リオリエント』第二章において、一四〇〇～一八〇〇年の交易パターンが詳細に記されているが、アジア域内でいかに多様な品目が交易されていたか、対照的に大西洋圏の交易品がいかに貧弱なものであったか、一目瞭然である。フランクの言う一八〇〇年以前の「世界システム」では、アジアに独自のリズムが存在し、ヨーロッパはそのリズムに従っていたにすぎない。しかし、そのリズムは一八〇〇年以降（その画期はもっと遅いと、最近のフランクは考えているようであるが[★1]）に弱まり、大西洋圏が自立した経済圏として「世界システム」の前面に出てくるのである。

現在目の当たりにしているアジアの経済発展を検討する際に、アメリカの存在を避けて通ることはできない。最近の実証研究の成果によれば、戦後アジアの輸出主導工業化はアジア域内の貿易関係を強化したというよりも、アメリカ、オーストラリアを含めた環太平洋圏全体の貿易関係を強化した面が強かったという。[★2]

少なくとも一九八五年まではその傾向が顕著であった。経済発展の初期段階では、アメリカ向け輸出の拡大に牽引されて、アジアは「テイクオフ」を果たしえたのである。すなわち、西欧とともに大西洋圏の一翼を担ってきたアメリカが、アジアにとっても重要な地域になったのである。現代アジアの経済発展はアジア域内だけではなくアジア外からのダイナミズムが作用した点で、一八〇〇年以前のアジアの地位が復活したと考えるには、現段階で問題があろう。現在のアジアはアメリカという外部に依存して発展したという事実を看過することはできないのである。

そのアメリカ大陸がヨーロッパに与えた影響は計り知れないものがある。フランクは、『リオリエント』第六章で、「産業革命」を実現させヨーロッパがアジアを凌ぎえた要因として、新大陸の存在を挙げている。その仮説を提起したポメランツに即して言えば、新大陸がヨーロッパに大量の土地・資源・資本・貴金属を提供し、ヨーロッパ内における石炭の有利な立地と重なって、ヨーロッパで資本集約的・労働節約的な「産業革命」が実現したという。新大陸の大量の資源・資本を利用することによって産業革命が起こり、ヨーロッパ、特にイギリスが長年苦しんできた土地不足・資源(木材)不足を解消することができたという。ポメランツに言わせれば、イギリスの「産業革命」は「大いなる逸脱(Great Divergence)」に他ならなかった。産業革命は、旧大陸(中国・インド・大陸ヨーロッパなど)で支配的であった労働集約的生産技術(「プロト工業化」)から大きく逸脱させる変化であったからである。[★3] 新大陸の資源・市場を独占的に利用することができたため、ヨーロッパは膨大な資本を蓄積することができ、最終的にアジアを凌駕する「世界の工場」の地位を獲得したのである。

要素賦存からみた近現代世界経済

この考えの背後には、各地域の要素賦存がその比較優位に影響を及ぼすとするヘクシャー=オリーンの理論が前提されている。異論があることを承知の上で、要素賦存の観点から近現代の世界経済を概観すると、どのように見えるのであろうか。[★4] 経済成長の初期には、近代以前からの遺産によって、既に各地域間で要素賦存の点で大きな差異が存在していた。[5]要素賦存の相違は、上記の理論が示唆するように、貿易構造の違いにつながり、その地域間で国際分業が進展することになる。『リオリエント』第二章にある一八〇〇年以前の貿易構造も、要素賦存によるところが少なくない。たとえば、アジア域内では、労働が稀少な東南アジアと、労働が比較的豊富な中国・インドの間の紐帯によって結びついていた面があるし、ガリオン船によるアカプルコ—マニラ間貿易でも、東アジアから生糸・陶磁器などの労働集約的品目が、銀と交換されて新大陸に向けられていた。

このように要素賦存を中心に据えて、近代の世界経済を概観するとき、最も労働節約的・資本集約的な工業化はヨーロッパで出現したのではないことが明らかになる。むしろ、労働が稀少で土地・資源が豊富に存在するアメリカ大陸で、全面的に採用された。その証左が、多くのヨーロッパ人にとって奇異に感じられた「アメリカン・システム」、またはフォーディズムと呼ばれる生産方式であった。そこでは、稀少な労働を大量で安価に存在する資本・資源で代替しようとする傾向が鮮明にみられた。[6]逆にヨーロッパでは、新大陸に比べ労働が相対的に豊富であったため、大西洋圏においては、相対的に労働集約的産業に比較優位があったと考えられる。両地域間における比較優位の相違が、貿易の上でヨーロッパと新大陸を結びつける紐帯となった。新大陸が綿花・砂糖・牛肉など、土地・資源集約的（労働節約的）品目を生産・輸出したのに対し、対岸のヨーロッパは逆に労働（熟練）集約的工業製品を生産・輸出したのである。大西洋の両岸が要素賦存の点できわめて対照的であったために、ともに比較劣位な商品を相手から輸入することができ、大西洋貿易圏が急速に拡大していったのである。イギリスの貿易構造はまさにその象徴であった。その結果、土地・資源が豊富な北米・中南米などが、イギリスの急激な貿易拡大に牽引されつつ、急激な経済発展を遂げたのである。[7]

しかし、ここで問題にしたいのは、新大陸が旧世界に対して持っていたこのような利点を、なぜヨーロッパだけが独占し続けたと考えなければならないのか、という点である。新大陸への到達は、まずヨーロッパに劇的転換をもたらしたことは確かであろう。当初は新大陸がヨーロッパに与えた影響が大きく、他方、アジアに与えた影響はヨーロッパに比べれば限定的であった。しかし、新大陸からの影響は、時間的差異があったにせよ、全世界に及んでいたと考えるべきであろう。

新大陸は、ジャガイモなどの新品種の伝播や、貴金属・資源・土地の獲得など、多様な経路を通じて、ヨーロッパに多大な影響を与えた。しかし、近代以降に東アジアに及ぼした最大の影響は、大きな販路を提供したことにあろう。たとえば、アメリカにとって最大の貿易相手は当初ヨーロッパであったが、後にアジアが次第に台頭し、両大戦間期には輸入でヨーロッパに匹敵するに至った。戦後にはアジアはヨーロッパを大きく凌駕している。この変化はアメリカ市場の利点をヨーロッパが独占しえなくなったことの証左と言える。

興味深いことに、大西洋と太平洋は「対称」的な関係にある。すなわち、アメリカ大陸を軸とすると、大西洋圏にはヨーロッパが、太平洋圏には中国・日本があり、左右対称の構図になっている。ポメランツが産業革命以前の欧州と中国・日本を比較し、両地域は似通った特徴を有していたと主張しているが、この点は要素賦存を考える上できわめて示唆的である。産業革命後も、東アジアと欧州は、相違点が数多くありながら、新大陸に比べれば、要素賦存の点で類似する特徴を数多く持っていた。[★8] このようにみると、先述した大西洋圏の現象が太平洋圏でも同様に成立する可能性があることを示唆している。既に戦前期に、日本にとっても、中国（ただし日本と強い関係にあった「満州」は除外している）にとっても、アメリカが主要な輸出市場となり、戦後も、東・東南アジア地域の多くで、アメリカが最大の輸出先であった。アジア各地域は、アメリカ向け輸出を端緒に、輸出主導型発展の機会をつかみ、発展の軌道に乗せた。すなわち、アジアにおける経済発展の初期段階で、アメリカは発展の牽引役を担ったのである。

要素賦存からくる比較優位の点で、ヨーロッパ以上にアメリカと補完的であったのは、アジア、特に人口・土地資源比率がきわめて高い東アジアであったと考えられる。日本が一九三〇年代に繊維製品・雑貨の輸出でアジア・アフリカ・中南米市場を席巻したように、労働集約的産業ではヨーロッパよりもアジアの方が比較優位にあることが次第に明らかになった。当時、日本の輸出品は、資本集約的傾向の強い工場生産より、労働集約的傾向の強い家内生産で主に生産された。[9]日本では、機械は使用されたものの、日本の要素賦存に適合するように低価格の機械が発明され、労働力を比較的多く利用するような「適正技術」が採用された。また、類似した要素賦存状況にあった日中両国は、戦前期、アメリカ市場では生糸・花莚などで競合し、「アジア間競争」を繰り広げたのである。

第二次大戦後、労働集約的産業に比較優位を持ったイギリスの世界貿易に占めるシェアは低下していったのに対し、世界貿易の中のアメリカのシェアは急速に拡大した。後者の急成長の恩恵に与れたのは、労働集約的産業に比較優位を有する東アジアであったと考えられる。アメリカのように土地・資本・資源を大量に使う産業に比較優位がある地域にとって、土地・資源が稀少で労働が豊富に存在する東アジアは、産業構造の点で補完的な地域にあったと推察される。[10]

リーマーらは、実証分析によって、新大陸の経済発展パターンと、アジア・欧州など労働力が豊富に存在する地域の経済発展パターンでは、大きな差異が存在することを示している。彼らの分析によれば、新大陸のように労働が稀少で土地・資本が豊富な地域では、資源や資本を大量に使用する産業に比較優位がある。そのため、人的資本（熟練）の蓄積・高度化がスムーズに進まず、産業の高度化が阻害される可能性が高いという。対照的に、アジアでは、労働を大量に投入する産業に比較優位があるため、熟練を通して人的資本の蓄積が円滑になされ、速やかに産業の高度化が実現される可能性が高いという。[11]この議論が妥当するとすれば、日本やアジアは労働集約的産業に比較優位があるため、円滑に熟練を蓄積しながら、軽工業から機械工業へと、産業の高度化を図りうる可能性が高かったと考えられる。

日本では、ジョブ・ローテーションやＯＪＴを通じて、全社的に「知的熟練（異常と変化への対応）」が重要視されてきたと言われる。これは伝統的熟練と異なるが、技能・人的資本の蓄積を重視する点で歴史的連続性がある。そしてこの考え方はアジアでも妥当するようである。[12] このような人的資本・熟練蓄積メカニズムは、ヨーロッパでも、近代以前からの伝統として散見され、産業の高度化を円滑にしたに違いない。各地域における産業高度化によって、イギリスからフランス・ドイツなどへ「産業革命」が波及していったのであろう。現在のEU域内の紐帯はそうした波及の帰結であり、従来の大西洋貿易とは異質な貿易に立脚している。そのように考えると、ヨーロッパと同様、アジアの輸出主導工業化も、EU域内貿易に対応するアジア域内貿易の成長と、本源的生産要素の賦存状況の違いにかなり立脚した環太平洋貿易の成長という二つの側面に支えられていた。まさに斎藤修氏が提起した「片方では太平洋、片方ではアジアの海という二方向をもって発展」していく状況である。[13] アジアの先頭に立ったのは、戦前にアメリカの生糸市場とアジアの繊維・雑貨市場を掌握することで、太平洋とアジアの海を股にかけた日本であった。そして戦前には東アジアで紡績業・雑貨工業が発展していたように、戦後の「重層的追跡」の萌芽も見られた。[14] そこには資本集約度の相違による東アジア内分業の再編成という面が表れているのである。

要素賦存の観点だけから経済史を概観しようとする試みは単純化のそしりを免れることはできまい。確かに、これまでの議論は必要条件を説明してはいるが、十分条件を説明していないという限界は、認めざるをえない。さらに、要素賦存の相違によって国際分業を説明する理論には、「レオンチェフの逆説」以来、実証レベルでの批判がなされてきたことも事実である。しかし、逆に土地や質の異なる労働力を考慮に入れることによってこの理論の妥当性を支持する分析結果もあり、長期的に、かつ大まかに世界経済の貿易動向を概観する上で、要素賦存が有益な視点を提供しているとは言えないだろうか。実証は困難であるが、近代以前でも多様な要素賦存状況が貿易を拡大した可能性がある。産業革命以前と以後の間で異なる点があるとすれば、近現代では、「産業革命」を経過して資本蓄積や生産要素の移動が要素賦存に与える影響が大きくなったことであろう。一八〇〇年以前のように、資本蓄積や生産要素の移動が緩慢であれば、比較優位の流動化も緩慢にならざるをえない。

以上の考察から、現在アジアで見られる現象は、一八〇〇年以前に見られたものと同じダイナミズムから生じたとは、断言しにくい。現代のアジア域内では、アジア各国の産業がそれぞれ高度化することにより生じる比較優位の変化を基礎として、経済発展が生じ、域内の結びつきが強固となった。そのダイナミズムを当初発生させたのはアメリカであった。そのため、戦後に活路を域内貿易に求めて大西洋圏への依存度を低下させたヨーロッパと異なり、東・東南アジアは、アジアの枠から離れ、太平洋経済圏形成の方向に舵を切ったのである。長い目で見れば、そうした世界規模の変容は、アメリカ市場の有する利益をめぐるアジア・ヨーロッパ間の競争であったと言えるかもしれない。

フランクが言うように、世界経済の中心が再び東洋に完全に回帰することがあるならば、それは新大陸のもつエネルギーが枯渇したとき、たとえば新大陸と旧大陸の差が要素賦存や他の点で希薄になったときに、生じるのではないか。アメリカが誇ってきた資源・土地・資本集約的生産方式は、一九七〇年代の石油危機と、今後も持続すると予想される地球環境問題によって、転機を迎えているのかもしれない。そうした資源集約的成長が限界に達したとき、フランクの言う意味での「リオリエント」が生じ、一八〇〇年以前のように、アジアが「世界の工場」の位置を回復しているかもしれない。ただし、その頃には「工場」という言葉が輝かしい意味を持たなくなっているかもしれないが。

注

★1　「米経済史家フランク氏に聞く　日本は衰退するのか」（『朝日新聞』二〇〇一年八月一四日付夕刊）

★2　Petri, P. A., “The East Asian Trading Bloc : An Analytical History,” Frankel, J. A., “Is Japan Creating a Yen Bloc in East Asia and the Pacific?,” (in Frankel, J. A. and Kahler, M. eds., *Regionalism and Rivalry, Japan and the United States in Pacific Asia*, University of Chicago Press, 1993)

★3　Pomeranz, K., *The Great Divergence : China, Europe and the Making of the Modern World Economy*, Princeton

University Press, 2000.

★4 本稿で引用した論文以外で要素賦存の意義を強調したものとして、杉原薫「世界史のなかの『東アジアの奇跡』」（『季刊アステイオン』一九九七年七月号所収）を挙げておく。

★5 経済発展論では、労働が豊富な地域を念頭に入れたルイスの「無限労働供給」論、東南アジアを対象とするミントの「余剰のはけ口」論、新開国を対象とするイニスらの「ステープル理論」など多様な理論が生み出されてきた。

★6 Habakkuk, H. J., *American and British Technology in the Nineteenth Century*, Cambridge University Press, 1962. 最近ではハウンシェル（和田一夫他訳）『アメリカン・システムから大量生産へ 一八〇〇—一九三二』名古屋大学出版会、一九九八年。

★7 Hongyi, Harry Lai "Factor Endowments, Trade Direction, and Growth Performances of the Americas and East Asia in the Nineteenth and Twentieth Centuries" (http://econwpa. wustl. edu/eprints/dev/papers/9710/9710004. abs, 1997) また松井透『世界市場の形成』岩波書店、一九九一年、第二章も参照。

★8 熟練を通じて労働集約的産業の生産性を向上させようとする形態の一つが徒弟制である。日本と欧州では、ともに徒弟制は近代化の過程で残ったようである。斎藤修「熟練・訓練・労働市場——英国と日本」（同『比較史の遠近法』ＮＴＴ出版、一九九七年所収）。逆にアメリカ・カナダなど労働集約的産業に比較優位を持たない新大陸では徒弟制は衰退した。Elbaum, B., "Why Apprenticeship Persisted in Britain but not in the United States," (in *Journal of Economic History*, Vol. 49, No. 2, 1989), Hamilton, G. "The Decline of Apprenticeship in North America : Evidence from Montreal" (in *Journal of Economic History*, Vol. 60, No. 3, 2000) ただしオーストラリアでは徒弟制は残っており、要素賦存で説明できない部分もある。

★9 在来産業史研究の成果によれば、日本では家内生産から工場制への移行はそれほど円滑には進まなかったようである。斎藤修・阿部武司「賃機から力織機工場へ——明治後期における綿織物業の場合」（南亮進・清川雪彦編『日本の工業化と技術発展』東洋経済新報社、一九八七年所収）。欧米向け輸出では生糸・ブラシ・花莚・帽子など家内生産に立脚した品目が多いのに対し、中国向け輸出では綿糸布・琺瑯鉄器など工場生産に立脚した品目が多い事実も、要素賦存から説明できるかもしれない。たとえば、沢井実「一九二〇年代の輸出雑貨工業——歯ブラシ・貝ボタン・琺瑯鉄器」（『北海学園大学経済論集』三八巻二号、一九九〇年所収）。

★10 Hongyi, *op. cit.*

★11 Leamer, E. E., Maul, H., Rodriguez, S. and Schott, P. K., "Does natural resource abundance increase Latin American income inequality?," (in *Journal of Development Economics*, Vol. 59, 1999).

★12 小池和男・猪木武徳編『人材形成の国際比較――東南アジアと日本』東洋経済新報社、一九八七年。

★13 斎藤修「アジアの海とアジアに背を向けた発展志向」(浜下武志・川勝平太編『アジア交易圏と日本工業化一五〇〇―一九〇〇』リブロポート、一九九一年。新版二〇〇一年、藤原書店刊、所収)

★14 「雁行形態」や、戦後の「重層的追跡」の先駆をなす「同質化」「異質化」概念は、もともと戦前の世界経済の観察から生まれたものである。赤松要『経済新秩序の形成原理』理想社、一九四四年、後編第二・三章。

戦後社会科学の批判に向けて

【山田盛太郎・宇野弘蔵の東アジア像】

武藤秀太郎

私は、戦後日本のマルクス主義経済学の第一人者であり、戦後社会科学の礎を築いたといえる山田盛太郎（1897-1980）と宇野弘蔵（1897-1977）が戦時中、東アジアをどのように分析していたのかに関心がある。近年、歴史教科書問題に代表される歴史解釈をめぐる論議がさかんだが、「コミンテルン史観」、「講座派史観」といった形で矢面に立たされている従来の歴史観とは、一九三二年から三三年にかけて野呂栄太郎を中心に、服部之総、羽仁五郎、平野義太郎、山田盛太郎ら当時の錚々たる研究者が集って編まれた『日本資本主義発達史講座』（全七巻、以下『講座』）に体現されたヴィジョンを指している。それは、明治維新によって成立した日本の国家権力が「絶対君主制」で、農村は「アジア的に遅れた、半封建的支配」下にある、と規定したコミンテルンのいわゆる三二年テーゼの見地と基本的に一致するものである。[★1] また、『講座』に発表した論文をまとめて出版した山田盛太郎の『日本資本主義分析』（一九三四年、以下『分析』）は、その金字塔であった。戦前の日本資本主義論争は、マルクスの「再生産論の日本資本主義への具体化」を試みた『分析』の解釈をめぐる論争であった、といっても過言ではない。今日読んでみても、難渋な語彙と硬い文体ながら、不思議な魅力を感じさせる著作である。

他方、『資本論』の論理をそのまま現状分析へと適用していることに、日本資本主義論争全体の問題点を見いだしていた宇野弘蔵は戦後、原理論、段階論、現状分析の三部門からなる独自の経済学方法論を樹立した。『資本論』を純粋資本主義社会の運動法則を説明する原理論として体系化し、資本の蓄積様式、すなわち商人資本→産業資本→金融資本の展開に応じた資本主義の段階的規定を設けた上で、現状分析をおこなうべきだとする彼の方法論は、『分析』理論に代わる資本主義社会分析の体系的ツールとして、大きな支持を獲得した。戦後日本の経済史学は、この山田『分析』と宇野方法論によって提示された分析的枠組みに依拠しつつ、多くの実証研究が積み重ねられてきたのである。

A・G・フランクは『リオリエント』で、自身の過去の世界資本主義論を含めた既存のヨーロッパ中心主義(Eurocentrism)的な歴史叙述、および社会理論を徹底的に批判しているが、「悲しくも、さらに悪いことに、非西洋人までもが、世界と、彼ら自身の歴史の両方を誤読するような、同じヨーロッパ中心的(非)『科学』の多くを吸収し、場合によっては、そのために息をつまらせてしまっている」[★2]と慨嘆している。彼によれば、それは非西欧世界における正統マルクス主義をめぐる論争に、「最も劇的に表れている」という。では、日本版正統マルクス主義といえる山田と宇野の歴史的パースペクティブから、オリエント、アジアはどのようにとらえられていたのであろうか。

山田盛太郎のアジア認識

まず、戦前から戦時中にわたる山田盛太郎のアジア認識について考察したい。

山田は『分析』第一編「生産旋回=編制替え」で、先進諸国との「異常な距離」で発足したにもかかわらず、日本の紡績業が明治維新以降、「躍進的興隆」を遂げた「最奥の基礎」を「劣悪な労働条件の下でなされる極度の労役」に求めていた。その証拠の一つとして提示されたのが、明治二四年度における日本とインドの綿糸一〇〇斤当たりの生産費である。日本綿糸一〇〇斤当の生産費は三六四・〇銭、内工費一三五・五銭、これに対し、インド綿糸の生産費は四五八・七銭、内工費一五一・九銭。[★3] 日本綿糸一〇〇斤当に含まれる工費は、インドよりも「格安」である。山田は、日印綿糸生産費の対比から、紡績業に代表される日本の大工業における労働賃銀が、「インド＝植民地以下的性質」を有すると規定づけていた。

いわゆる「インド以下的賃銀労働」創出の土壌となっている「半封建的土地所有制＝半農奴制的零細農耕」を扱った第三編「基柢」では、山田は中国の minute agriculture やインドの ryot と「相似」した江戸時代の「零細耕作農奴経済」が、「妥協的」な土地変革＝地租改正を通じて「再出保存」されたと分析している。その際、明治期日本における農業の零細性を「確定するに足りる」根拠として挙げられたのが、農家一戸当り平均耕作面積の内外比較である。日本の内地総平均が一・〇六町歩、これに対して英国が一二・三町歩、アイルランド二・九町歩、フランス四・二町歩、ドイツ五・五町歩、米国三一・七町歩、ソビエト三・六町歩、中国一・二町歩。[★4] すなわち、日本農業は中国以下的な零細農耕であり、イギリスのヨーマンやフランスの「分割」農民のような「独立自由な自営農民」の範疇が成立する余地はなく、むしろ「南東インド」植民地農民の「零細土地所有の一個の戯画」の性質を有している、というわけである。日本資本主義における「植民地＝インド以下的な労働賃金」と、中国以下的な零細農耕。『分析』では、このように統計データの単純な比較から、日本は停滞したアジア世界にあって、さらに遅れた経済社会として位置づけられていた。

このようなアジア、日本資本主義像を抱いて、山田は戦時中、中国大陸へと赴き、農村調査に携わっている。一九三六年七月のコム・アカデミー事件により、治安維持法違反の疑いで検挙された山田は、転向声明を余儀なくされ、翌年三月に起訴猶予処分で釈放された後、日本米穀協会における食糧問題研究会の会員を経て、一九三九年一〇月に「日満支」食料受給の総合的な調査を目的とする、東亜研究所第五調査委員会の専門委員に就任した。当時の中国農村は、山田の眼にどのように映ったのであろうか。彼は一九四〇年四月から六月にかけて、帝国農会嘱託として「満州・河北農業事情調査」に従事した折、その調査結果を報告する席上で次のように語ったという。

従来の日本の支那学は量的には汗牛充棟も啻ならざるに、殆んど凡て東洋史に限られ、現代支那の科学的研究がなく、遂に一人のリヒトホーフェンに及ばないのは嘆かはしいことである。[★5]

ちなみにリヒトホーフェン(Richthofen, F. F. von 1833-1905)はシルクロードの命名者であり、著書『中国』で知られるドイツの地理学者である。この一地理学者にも及ばないという痛烈な「従来の日本の支那学」批判は、まさに山田自身の現代中国に関する「科学的」認識の欠如を自己批判したものといえよう。実際、大陸へと渡った当時の多くの知識人にとって、「現実」の中国は、従来の「支那学」から創り出していたイメージを根本から修正させるものであった。例えば、ゾルゲ事件で有名な尾崎秀美は「支那に滞在した数年間親しく現実に見る」ことにより、「支那を把握し理解する尺度として古き支那研究の方法が殆んど役に立たない」ことを痛感した、と述懐している。[★6]

山田は、この調査で実際に視察することのできた綏《すい》化《か》・肇州《ちょうしゅう》の農家について、次のような分析をおこなっている。綏化・肇州の二農家の基礎には大家族制があり、その「血縁的紐帯」が農家経営の統合原理となっている。これら大農経営は、経営条件が向上するにつれ規模を拡大してゆくものではなく、反対に「血縁的紐帯」を破って小家族の「戸」に分解してゆく性質のものである、と。北満に代表される畑作地帯の農家経営をこのように観察した山田は、さらに南部の稲作地帯の農業形態に関しても、「非常に際だった素晴らしさ」を持つ反面、「その基礎にはなお一つ割り切れない、明瞭でない関係」を有していると指摘する。すなわち、水田地帯においても「大家族制が小さくなっているとはいってもしかしそれにもかかわらず血縁的な靭帯というべきものがなおかつ存在して未だ断ち切られていない関係がある」というのである。山田が稲作地帯について、そう論じた根拠とは何か。彼は、中国が近代的に国民的に統一化されるためには、何よりもまず、内部的な力として「血縁的紐帯」が破られなければならないことを強調する。ここで自ずと想起されるのが、『家族・私有財産・国家の起源』に代表されるエンゲルスの家族論・国家論であろう。エンゲルスに従えば、国家とは、労働の生産性の発達にともなって粉砕されてゆく「血縁的紐帯」に代わる統合原理として、「一定の発展段階において成立する社会の産物」である。つまり、綏化・肇州の農家において「血縁的紐帯」の強固な存在を視察した山田は、中国大陸における政治的に不統一な状況から類推して、北部の畑作地帯だけではなく、南部の稲作地帯を含めた「漢人農法」全般の特質を、「血縁的な関係」の結びつきに求めたのである。★7

帰国後、山田は、この北満農村の視察から直感した中国稲作農家の特質を、統計資料・文献を駆使して明らかにしようとする。その成果が『東亜研究所報』に発表された「支那稲作の技術水準」（一九四一年八月）と「支那稲作農家経済の基調」（一九四二年二月、後にまとめられて『中国稲作の根本命題』）である。両論文では、中国稲作農家が「戸」として独立していないこと＝「中国稲作の根本命題」を論証するにあたり、日本農家が「戸」の基準として採用されている。稲作の技術水準から農家経済の規模や組織形態まで、日中農家経済が様々な角度から比較考証される。こうして中国の稲作農家に「血縁的紐帯」が残存していることを証明してゆく過程は、興味深いことに、日本農家の強靭性が実証されてゆくプロセスでもあった。結論では、中国稲作の技術水準と農家経済の低位性と同時に、「日本稲作技術における優位と日本稲作農家経済における組織性」が確認されている。ここにいたって、『分析』執筆時点で山田が把握していた「アジアにおける日本」像は、そっくり一八〇度反転してしまったわけである。★8

「現代支那の科学的研究がな」いことを痛感し、取り組んだ山田の中国農家経済研究は、『分析』から一貫したマルクス主義的手法に基づく、すぐれて「科学的」なものであった。「ミゼラブルなほど遅れた日本農業」から、「現在の段階において最高と思われる日本農業」へ。戦時中に着手した山田の中国農業分析は、思わぬ形で『分析』で展開した日本農業分析を捉え返す結果となったのである。

宇野弘蔵のアジア認識

山田が中国稲作の研究に取り組んでいた同じ時期、宇野弘蔵は日本貿易研究所で、広域経済の研究に取り組んでいた。そこで次に、宇野のアジア認識について、彼の広域経済論を手掛かりに検討する。

宇野は東北帝大在職中、いわゆる第二次人民戦線事件（一九三八年二月）によって治安維持法違反容疑で検挙され、無罪の判決を受けるものの、これを機に東北帝大を辞職し上京。義父高野岩三郎の知人の紹介を受けて就職したのが、日本貿易研究所であった（一九四一年三月）。研究所では決まった仕事もなく、外国文献の紹介などをしていたが、「そのうちに、何かまとまった仕事をしようじゃないかということになってやったのが、そのころはやりの広域経済論」[★9]だったという。日本貿易研究所は一九四四年六月に解散したため、その後彼は三菱経済研究所へと移ったが、同研究所でも引き続き広域経済の研究に従事していた。

広域経済圏（Grossraumwirtschaft）は、もともとナチス・ドイツが対外諸国と為替清算協定を主内容とした通商協定を締結することによって、創設を目指したものである。「現に構想せられ、具体的に実現せられつつある広域経済の新たなる貿易係＝交易の経済的基礎」を「従来の世界経済の発展推移の内」に究明することを目的として、日貿研時代に糖業を対象とした共同研究がおこなわれた。『糖業より見たる広域経済の研究』（一九四四年、以下『糖業』）は、その研究成果をまとめたものであり、宇野は「序論」と「結語」の総論部分を執筆している。

宇野によれば、一九二九年の世界恐慌によってあらわになった糖業をめぐる状況は、世界経済の一般的な傾向を縮図的に示しているという。熱帯・亜熱帯産の甘藷糖とヨーロッパを中心とした甜菜糖は、第一次世界大戦前の時点で世界生産額をほぼ二分する状態にあった。しかし大戦後、進捗著しい蔗糖生産に対して、大戦中に減産を余儀なくされたヨーロッパ諸国の甜菜業は、再び自給化を目指すも、もはや対等の条件では蔗糖に対抗できない状況下におかれてしまう。蔗糖業は大戦後、国際市場において甜菜糖を容易に駆逐し得るまでに至っていたのである。このためヨーロッパ諸国は様々な保護的手段を採用しつつ、自国糖業の復旧を企てたが、一九二〇年代後半になると、今度は目的を達する程度の発達を遂げたにもかかわらず、もはや糖業の発展を阻止することができないジレンマに陥ってしまう。甘藷・甜菜両糖の生産額は一九二〇年代を通じてほとんど間断なく増加し、消費をはるかに上まわる生産過剰をもたらした。世界恐慌は、この消費と生産とのギャップを危機的な状況にまでおとしいれ、第一次大戦以降の市場機能の破綻と世界的な自給化傾向に拍車をかけた、というわけである。

『糖業』の本編では、ジャワ、フィリピン、オーストラリアという東アジアにおける三大植民地糖業について具体的な分析がなされているが、宇野はこれら植民地糖業が、本国の利益のためにだけ存在するという「外部的関係」にあった結果、「跛行的生産」に堕してしまったと指摘する。ヨーロッパを中心とした自給化の傾向は、植民地糖業にとって「自己を縛る鉄鎖」に他ならない。だが、一九三〇年代に打開策として締結された一連の国際協定は、市場を前提として生産調整を図ろうとした彌縫策に過ぎなかった。植民地糖業を真に建て直すためには、宗主国との間に「国内関係にも準ずべき密接不可分の協同関係」を構築してゆかなければならない。ここで採るべき進路として提示されるのが、広域経済的解決である。宇野は、かかる見地から「世界的自給化傾向に取残されたジャワ糖業」と「殆んど唯一の広大なる自由市場として残存せるシナ」を視野におさめる「大東亜共栄圏」もまた、「広域経済を具体的に実現すべき任務を有するものと考えることが出来る」と現状分析していた。[★10]

いうまでもなく、現実の「大東亜共栄圏」は、宇野の期待するような広域経済的解決を実現することなく、敗戦によって崩壊した。しかし、彼が東アジアにおける糖業解決のヴィジョンを「大東亜共栄圏」と重なり合う形で提示したのは、単に権力に対するリップサービスに過ぎなかったのであろうか。終戦直後の食糧問題が緊迫していた時期、彼は次のような発言をしていた。

連合軍側方針は勿論のこと、我が国としても今後の経済がかくの如き封鎖的国家（国民経済の範囲内のみ）を基礎として発展すべきものとは考えられない。寧ろ反対に新世界経済機構における一員としての発展を期待されているのである。事実、朝鮮、台湾、満州等と特殊な且つ密接な経済関係を展開しつつ発展して来た我が国経済が、突如としてこれらの外地関係を失った現在、なお自給主義に執着することは意味のないことである。（…）元来食糧自給を含むいわゆるアウタルキーの主張は、我が国では国防経済体制として考えられて来たようであるが、これは必ずしもそうばかりではない。寧ろ一九三〇年代初期の世界不況対策としてのいわゆる自主的景気政策を主眼とする統制経済に出発し、金本位制廃棄に伴う貿易管理を基礎とするものであった。★11（傍点筆者）

戦後においても、世界経済情勢に対する見解は基本的に維持されており、最終的なシナリオとして、朝鮮や台湾などの近隣諸国と「密接な経済関係」をとり結んでゆく、という広域経済的解決を予期していることがうかがえる。宇野は『糖業』で、広域経済を「国民経済の統制を確保するために、生産と交易とに保証せられたる広汎なる地域を求め、これを内的問題として解決」すること、また統制経済を「従来価格の運動を通して行われた生産の調節を自主的に遂行せんとする」ことと定義していた。これを宇野理論から導き出される「法則性の根元をなす商品形態を廃棄して、経済原則そのものを自主的に実行」★12する、という社会主義社会のヴィジョンと照らし合わせてみると、ぴったりと符合することが分かるであろう。つまり、宇野が広域経済に託していた理念は、彼自身の想定する社会主義像だったのである。

戦後の東アジア経済が、宇野の展望した方向とは全く正反対の形で発展を遂げたことは説明するまでもないであろう。逆にアウタルキー化を目指した中国や北朝鮮は、壮大なる失敗に終わったといわねばなるまい。宇野は、経済学の究極目標を「現在のわれわれの経済生活が、いかなる関係のもとに行われ、それはいかなる方向にあるかを知ること」[13]に置いていた。この究極目標を果たすためにも、宇野の東アジア認識は、根底から捉え返さなければならないのである。

以上、簡単に概括したように、山田にせよ宇野にせよ、理論の上で想定されていた日本、および東アジア像は、現実の実態とは大きく乖離したものであった。山田や宇野の歴史的枠組みからは、フランクの強調するアジア地域のダイナミズムは全く捨象されていたのである。

注

★1 『現代史資料14　社会運動1』みすず書房、一九六四年、六一七―九頁
★2 A・G・フランク著、山下範久訳『リオリエント』藤原書店、二〇〇〇年、五五五―六頁
★3 『日本資本主義分析』岩波文庫、一九七七年、四六頁
★4 同右書、二四五頁
★5 A・S生「北満の大農経営に就て――山田盛太郎に聴く」濱江省興農合作社聯合会、『北満合作』七月号第一巻第三号、一九四〇年七月、一四七頁
★6 『尾崎秀美著作集』第一巻、勁草書房、一九七七年、三頁
★7 「満州・河北農業事情調査」の報告内容については、「北満の大農経営について」・「満州・中国農業の基礎問題について」(『山田盛太郎著作集』別巻、岩波書店)参照
★8 「中国稲作の根本問題」(『山田盛太郎著作集』第三巻)参照
★9 宇野弘蔵『経済学を語る』東京大学出版会、一九六七年、三九頁
★10 「糖業より見たる広域経済の研究」序論・結語(『宇野弘蔵著作集』第八巻、岩波書店)参照
★11 「刻下の食糧問題」(『宇野弘蔵著作集』第八巻、四三二―三頁)
★12 「経済原論」(『宇野弘蔵著作集』第二巻、七頁)
★13 「経済学研究の目標と方法」(『宇野弘蔵著作集』第九巻、四一三―四頁)

中国における「海」の発見

【日中近代化の比較】

銭 国紅

一　黄河文明と海洋文明

一九八八年六月、蘇暁康・王魯湘両氏が「河殤」という文明論的ドキュメントで世界中の中国人に大きなショックを与えた。「文明はすでに衰弱し、老化した」「新しい文明の要素を補う必要がある」と、中国文明の衰退を宣告し、文明の再創造を呼びかけたのだ。これがどうしてあれほど中国人のこころを捉えることができたのか。彼らは曰く「竜の伝人よ、黄河が私たちに与えられるものは、とっくに私たちの祖先に与えてしまったのだ。私たちの祖先が創造した文明を、黄河はもう一度育むことはできない。私たちが創造しなければならないのは、斬新な文明である。再び黄河の流れから生まれることがありえない。旧文明の残滓は黄河の河道に溜まる泥沙のように私たち民族の血管に蓄積している。大水によってそれを洗い流してしまわねばならない[★1]」と、黄河文明からの脱出は新文明への創造に繋がり、新文明に到達するために、まず海洋文明との対話が必要だと結論している。もちろんこの場合黄河文明とは中国文明をさし、海洋文明は西洋文明を示している。

文明論として幼稚な箇所もないわけではないが、作者は巧みに「黄河文明」と「海洋文明」というキーワードを使って、中国文明の危機を表現しようとした情熱をひしひしと伝えた。この論文の力はむしろ、二〇世紀八〇年代の中国でまだこれほど強烈に海洋文明と黄河文明を見比べて、海洋文明を賛美する必要があったという現実にあろう。現実への深い憂慮は多くの中国人の読者に共有した心情だったに違いない。

そもそも中国人にとって海とは一体何であろうか、と問いかけた中国人は「河殤」の作者が最初ではない。「海」と「文明」という概念を通じて中国を思索したのも、この二人が初めてではない。

近代以前の中国でも航海術の発達した時代もあれば、海を渡って、西アジアやアフリカ北側、[★2]東洋の日本[★3]を訪れたこともあった。しかしそのどちらも海を通じて外から中国にない物産を探す一方、中国の国威を示し宗教的衝動を伝えようとすることに終始し、そこに中国という天下以外の世界を見つけようという考えはなかった。海はただの地理的概念で、そこには文明とは無縁な世界ばかりが広がっているという意識が一般的である。古代中国人の海へのアプローチは結局「世界」という観念の形成には繋がらなかった。

近代中国は海を発見することから始まる。まさに海の発見によって中国人が今までとは全く違う世界観に目覚め、「世界のなかの中国」という意識を持ち始める。近代中国にとって海は西洋文明に繋がり、世界に繋がるもので、海の発見は西洋文明の発見であり、世界の発見でもあった。

近代中国での海を最初に模索したのはアヘン戦争直後、『海国図志』という世界地誌を作り上げた魏源である。魏源こそが海の発見を果たした。彼は『海国図志』を通じて中国人をして西洋文明に目を向けさせ、近代中国の幕開けを促した。その強烈な刺激は中国人だけではなく、幕末の日本の志士たちにも及んだ。魏源の世界認識と海への思いはまことに興味深い。彼の文明意識の転換と知的構造の再構成はそのまま近代中国人の世界像の形成を先取るものである。そして今日でもなお海洋文明に取り組もうと呼びかける現代中国人の思いにも通じるものであろうと思われる。

二　海の発見から世界像の形成へ

日本はアジアで一番早く近代化をやり遂げた。一方、同じアジアの中国の近代化の道は極めて苦難に満ちたものであった。このような差異が何故できたかについて、今まで、両国の学界ではいろいろな議論があったものの、まだ完全に満足できる解釈がない。多くの研究者は、日中両国の近代化の本質を西洋の衝撃と日本の応戦として片づけてきた。しかし最近になって人々はそのような研究には一つの大きな落とし穴があると気づき始めた。それは両国の近代化を西洋に対する受け身の対応としてしか考えず、歴史の新しい方向性を模索しつつある知識人の主体的営みを無視してしまった点である。私もこれはもともと日中の近代化歴史の実際に合っていないのではないかと以前から素朴な疑問を感じてきた。

この問いを解くためには、中国人と日本人がどのように積極的に世界像を身につけていったかという近代化の原点に立ち戻って再考察する必要がある。西洋を含めた世界像がどのようにして両国の人々の心に根づいていったのかを跡付けることによって、より直接に、しかもより深く中国人と日本人の近代化の前とその最中の思想状態を見ることができるであろう。私が『世界像の形成――近代日中比較精神史研究』というテーマを構想したそもそもの理由である。

日本や中国のような非西洋社会の近代化を見る場合、近代化を準備した前の歴史、或いは近代化に至る過程をどう評価するかが、大きな問題である。私の課題は近代に向かって動き出す日本における世界像の形成や、特に十九世紀の中国における世界像の展開と日本知識人との関連を軸に、日中両国の近代化の歴史の真の意味を考察することだ。

ここにいう世界像は二つの意味を持っている。一つは人々の思惟に再現される自然の全体的形像。即ち世界の地理的空間的範囲の認識である。もう一つは世界及び世界における人間の立場に関する理性的、感情的判断である。前者では西洋世界とは何であったのか、後者では西洋を含めてこれからの世界はどんな世界であるべきかという問題を含んでいる。こういう意味において西洋社会をも含めてすべての国と地域にとって、近代の歴史は正に新しい世界像の成立史と言ってよいのかもしれない。

このような発想をもって、私は探検活動や世界地理書による啓蒙などを通じて、十九世紀の中国と日本の知識人が空間的世界を拡大し、その実体にどれぐらい触れたかを見ながら、その拡大に伴う人間的世界のあるべき姿に対する思想がどう変化したかをも解明したい。十九世紀中葉のアヘン戦争と日本へのペリー来航を契機に、日中両国の近代史の進路が大きく変わったが、その前後に中国人の世界像が日本の知識人の間にどのように受入れられ、やがて世界像の拡大に伴って、日中両国の知識人それぞれの思想的内面にどのような変化が起きたかを見てみたい。

このような問題を提起するに当たっては、在来の方法的枠組みをもう一度検討してみることが必要である。すでに多くの人々の指摘にもあるように、近代史をはかる尺度として、いままでは西欧中心の価値観や近代主義が優位に立っていた。その理由はなによりも近代における西欧勢力の世界的規模の拡張にあったと言ってよい。しかしそれは結果からの論理であろう。結果的に西欧が世界的に拡張したから、西欧中心論があたりまえとされたのである。そのため近代化の研究は大体非西欧国家が如何に上手に西欧を追いかけたかを立証し、賛美することに終始し、非西欧国家に出来ることは、ただ西欧文化の衝撃にいかに応じるかだけであったと考えられてきた。

しかし最近ではこのような偏った論理では、非西欧国家の近代史を説明することは出来ないとする一部の学者からの反発の声も出てきた。アメリカでは中国中心の中国史像を構築しようと呼びかける学者が出てきたし、日本でも近代主義的方法論を捨てて、さらに文化相対主義的な国際的・比較史的視野を求めようとする動きが現れ始めた。

このような流れは世界の政治、経済の勢力構図の変化に促された側面があるものの、在来の西欧中心論や近代主義を打破するための出発点として、決して間違っていない。但し西欧中心論の代わりに中国中心論、日本中心論、近代主義の代わりにポストモダン或いは伝統主義という対極的議論では、再びもう一つの偏りを形成し兼ねない。そうした一極に偏る立場では近代世界の本質を捉え切ることができるとは思えない。

方法論の確立が歴史事実の確認とその認識を通してなされるとするなら、世界における近代特に日中両国の近代史を相互に緊密に関連させて再確認し、そこから歴史の裏面に隠されている共通の真実を発掘することにより、近代世界像把握の新しい方法論が浮かび上がってこよう。このような作業のために、在来の視点の代わりに、ここでは第三の視点を設定したい。それは在来の西欧中心でも近代主義でもなく、それと相反するものでもなく、その両者を折衷するものである。強いて主義の名につけるなら、それは相対化主義という表現に近いものになろう。つまり歴史の流れをはかる基準を西欧にとるか非西欧に置くかという二者択一のものではなく、東西両者の価値とその変容を相互の関連のもとに同時に展望するとき、始めてそこから世界的近代という出来事の意味が分かってくるだろう。

上述の問題意識と視点が、私の研究の構成や研究内容を基本的に規定する。十九世紀の中国や日本における世界像の成立は東西文明の接触を前提とする。それを踏まえて、まず東西文明の交流に携わったカトリック宣教師達をふりかえらなければならない。具体的にいうと、中国では明朝のマッテオ・リッチ作成の世界地図とその影響、日本では新井白石の世界的視野の成立に寄与する西洋人宣教師との対話や中国からの書籍による影響などだ。さらに日本では、早くから北方への探検を通じて、ロシアについての知識を獲得し、蘭学に由来するまだ半ば想像的な書物的な世界像と現実の世界とを対照せねばならぬことを知った。人々はこうして、様々な知的探検や学問的研究を重ね、世界的視野を広げることにより、自分たちの空間的・地理的世界像と観念的・価値観的世界像に徐々に変えていったのである。

空間的世界像と観念的世界像がいつも一致するとは限らない。知識人は人間世界のあるべき姿に対する強い欲求を持っているために、新しく伝わってきたものに対してつねに好奇心をはたらかせ、貪欲であると同時に、また批判的、懐疑的にもなる。故に視野の拡大に伴い、彼らは在来の価値に反省と反発を示したり、新来の価値に躊躇と矛盾を感じたりする。しかしそのような錯綜した思想状況に敢えて入り込んでゆくとき、彼らは、初めて東西文明の対話を実行したと評価しうる。ここに十九世紀とその前後における日中両国の知識人の共通点が見られる。故に私は両国知識人において世界視野の拡大と共に生じた観念的世界像のぶつかり合い、それによる喜びや苦悶或いは深い思索にも注目する。この観念的世界像の再構築の過程にこそ、東西文明の対決を通しての東洋の主体性が初めて見えてくるからであり、これまで洋学系の日本知識人を見る時、このような観念的世界像の相克とその克服の努力があまりにも無視されすぎたと思うからである。この部分では中心人物として主に地理的・空間的世界像を新たに学び、それを検証し、その世界像の担う価値を自国に現実化しようと努めた人達が上げられる。例えば工藤兵助、林子平、前野良沢、本多利明、司馬江漢等がそうである。十九世紀に入ると、一層広く深い世界知識を持ったために、新しい世界に対する憧憬よりもむしろ畏怖の念が強くなり、それに対応すべき自国の現状についても苦悶と批判が強まった。その代表人物として杉田玄白、渡辺崋山、高野長英などが挙げられよう。さらに山村才助、箕作阮甫などは新井白石以来の世界地理の伝統を受け継ぎながら、西洋の最新情報や新たに中国から伝来した漢籍世界地理書を速やかに吸収し、全面的に幕末の世界認識を刷新した。それは幕末の対外危機の回避に応用できたばかりでなく、近代日本の世界史や世界地理学の先駆をもなしていたのである。一方、洋学以外の学問分野にも世界とのつながりを視野にいれながら、自らの思想体系を再構築していく人物が見え始めた。町人学者山片蟠桃や国学者平田篤胤等がその典型を示している。

さらに佐久間象山のような大きな思想の転換を象徴する人物も登場する。象山は「東洋道徳と西洋芸術」の両立と統一を公然と主張し、当時の日本の知識層に波紋を投げかけたが、これはいわば世界における日本（東洋）の自覚の成熟の表れであり、西洋の科学的合理主義と日本的主体性の統合が一層明確に意識された証拠である。彼の、世界のなかの日本と日本にとっての世界という認識が、この時代の主題を物語っていた。

幕末になると、中国からの世界情勢に関する情報と西洋文明の諸相を伝える著作（例えば『海国図志』や『瀛環志略』等）が次々と日本の知識人に読まれるようになった。これらの書物によって日本知識人の世界意識は一段と高められ、西洋世界への現実的な理解と対応に道が開かれた。現実的危険に曝されながら世界への旅を敢行しようとした志士吉田松陰の渡海の試みから、幾たびかの「大君の使節」（一八六〇〜一八六七）や留学生たちの時代に至ると、世界に連なろうとする志向が日本の激変をもたらし、実際に自分の目で西洋を見、現場で学ぶことを通して、西洋世界の新しい意味、西洋を含めた世界の実像が次々に再発見されてゆく。アメリカと出会った福沢諭吉は強烈な文化ショックを受けながら、そのなかから一つの新しい文明像を日本人に将来した。それは同時に新しい世界における新しい日本の新しい位置づけの試みでもあった。

一方、十九世紀中国の知識人たちも世界像の拡大を体験する。魏源を初めとして洋務派や改良派などの指導者たちは次々と西洋世界に目を向け、地理的世界のみならず、精神的にも西洋世界との接点を探し、独自の世界への参画の道を歩み始めようとする。「天下」から「世界」へと世界像を変遷させるために、人々は古代中国の大同理想に思いを馳せる一方で、中国思想の永い停滞に西洋世界の刺激を注入し、重い自己中心的世界像からの脱出の旅程に出発する。そのような模索は、世界の意味、世界における中国のあり方に対する切実な問いとして、中国独自の新しい世界像の展開を促すものであった。その探索の軌跡は十九世紀中葉に既にアメリカ文明を中国に持ち込もうとする容閎の「少年留学生派遣計画」や、他に先駆けてヨーロッパを見て回った清末の官僚知識人たちにおいては勿論、その後の厳復の翻訳のなかにも見えるし、曽国藩や李鴻章の政治実践のなかにも見られる。西洋諸国との外交折衝に取り組んだ清末の官僚知識人がヨーロッパに赴く船の中で、或いはパリ・コミューンの最中で、或いはそこから帰りの船で、思いがけず新生日本の遣欧使節たちや留学生たちと巡り合って、それを契機に近代中国にとっての「日本再発見」を始めたのも興味深い一幕であった。その後の康有為の大同世界論の構築、毛沢東の社会主義的理想像の形成も、実は十九世紀後期、二十世紀初期における中国知識人の世界像の新展開を継承するものであった。

こうして十八世紀初頭から十九世紀後半に至る中国と日本の知識人たちが、勇気を振るい戸惑いを抱きながら、相前後して近代社会に入るためにそれぞれ独自の世界像を築くに至った。特に日本の知識人は長い間、中国の世界像に影響されていても、やがて独自の西洋認識と文明観を獲得し、地理的に、精神的に世界への開眼を早め、非西洋国家として、西洋文明の吸収に先駆け、ひたすらに近代化の道を開いてきた。

私の研究はこのような日本における世界像の形成を、中国などアジアとの連動において捉え、近代以前の日本における「世界意識」の芽生えとその成長ぶりを、蘭学者を中心とする知識人の思想や行動を通じて分析することが課題だ。特に十九世紀後半の幕末では、日本知識人がいかに同時代の中国知識人の世界的視野や中国経由の海外の情報から刺激を受けながら、積極的に自国なりのさらに新しい世界像を構築していったか、中国知識人と比較して、両者の間にどんな精神的な連帯と断絶が見られるかに関心がある。日本における新たな世界像の形成に対して、西洋の刺激のみならず、多元的なアジアの知的刺激も重要な役割を果たした事実を明らかにし、近代世界を迎える日本の真の姿を見つめながら、徳川日本と中国、また世界との関係を究明することを目指したい。これは世界における日本という存在の本当の意味への解明につながるものと信ずる。

注

★1 蘇暁康・王魯湘編、橋本南都子訳、弘文堂、一九八九年。

★2 鄭和の南海遠征はその例である。一四〇五〜〇七年の第一回を初めとして二九年間に前後七回にわたる南海遠征を行い、「鄭和の西洋下り」と呼ばれ後世に知られる。

★3 清前期の同安（福建泉州府に属す）人陳倫炯が『海国聞見録』の「東洋記」（一七三〇年序）には、日本への実地考察の経験をベースにした日本記述があった。

トルコからの視点

【「ホロン」モデル】

ボアチ・ウリケル

私は、言語、組織の西洋化又は〇〇中心主義の考え方、遊牧文化、定着文化などに触れながら、国際関係史をどう考察すればよいのかについて論じたい。それは複雑な問題であり、詳細な議論は不可能であるが、国際関係史研究において、考える価値のあるいくつかの点を述べて議論を開こうと思う。

日本の近代化に関して、海外の学者は「日本は、日本の伝統を守りつつ近代西洋の文化を取り入れることに成功した」とよく述べる。例えば、小出楢島の絵画作品にセザンヌの画風に似たヌードの作品「Nの家族」がある。それは、日本独特の美の表現だと言われる。裸で描かれている女は日本人であり、ヨーロッパの画家の作品で見慣れている長い脚などは見られない。そのかわり、日本女性のバランスのとれた強さが溢れ出た身体が描かれている。この女の絵は西洋の美の感覚ではなく日本の美の感覚ならではの美しさを表しているのである。小出の作品に溢れるのは日本の美である。しかし、彼がその美を示すのに選んだ方法は「外」から輸入したものである。ヌードというスタイルは日本のスタイルではないにもかかわらず、そのスタイルを用いて自分を表現すること。これは国際関係史にも見られるものである。西洋産の組織や方法、ないしスタイルや「言語」で非西洋のものを表す多くの例がある。輸入されたスタイルや方法で非西洋独特のものを表すというのは、決して日本だけのことでもない。まさにこれは非西洋の各国の近代化の共通点の一つである。

ヨーロッパ式国際システムの展開と、グローバル国際システムの展開とは密接に関連している。近代ヨーロッパ式国際システムは、輸出や条約によって次第に全世界に広がった。ペリーは一八五三年に日本に来航し、日本と米国の間で条約を結ぶことを要求した。そして、翌年また戻ってくるということで日本側に考える時間を与えて江戸湾を去った。しかし、去る前に、翌年、来たときに日本側が彼の要求を認めなかった場合、ペリーは武力を行使することを明らかにした。そこで、日本側に白旗を渡して翌年必要となればそれを使うように言い残して去った。このときに日本側は白旗の意味を初めて知った。当時まで日本において白旗は源氏の旗としてなど、全く違う意味で使われていたのである。ペリーの来航で初めて国際法上の意味を知ったのである。白旗の例は、まさに共通の「言語」の拡大にほかならない。

日本語の多くが西洋からの外来語のカタカナから成り立っている。一方〝不平等条約改正問題〟という用語には一つもカタカナが含まれていない。不平等条約というのは明治時代において西洋化の影響の下で誕生した概念である。日本語でありながらその意味の元は日本のそとにあったものである。外来語を方法として自分のものとし、採用するということと、単なる輸入とは異なる。

問題にしたいのは「外」は、なぜ「内」に入るのか、あるいは入ることが可能になるのかということである。「外」が「内」に近づいてくるプロセスには々な形、展開がありえる。そのプロセスはどうであれ、必ず「外」と「内」が対面することである。「内」と「外」の間になんらかの形で、なんらかの関係が生じる。

西洋中心主義は近代国際システムを説明する際によく見られる。オリエンタリズムに関する書物は西洋中心主義に対する挑戦である。挑戦には西洋中心主義の代わりに他の中心主義を入れることが多い。国際システムの歴史を把握するのに、何らかの中心主義を避けることが不可能であるならば、ある程度まで認めるしかない。あるアプローチにアジアなり、ヨーロッパなりの中心主義が含まれていることを認識し、それを正直に認める限り、そのアプローチを許容することができるのではないか。

トルコの学界にはイギリス学派の国際関係論がある。イギリス学派はヨーロッパ中心主義であることを否定しない。否定するどころか、非ヨーロッパにおける多数の国際システムの存在、それらの相互関係を基礎としてその学説を作り出しているのである。イギリス学派はアーノルド・トインビーの著作『歴史の研究』までさかのぼる。トインビーは『歴史の研究』でかつて地球上に存在した多くの文明をあげている。彼が、あげている以外にも別の文明があったかどうかの問題は別にして、ここで主張したいのはトインビーのみならず、シュペングラーのアプローチにも見られる「文明の同時性」である。トインビーに影響されたイギリス学派の国際関係論においても、「文明の同時性」が観察できる。イギリス学派が国際関係論に提供した見解の一つは、〝近代国際システムは、西洋で誕生した国際システムが世界に存在していた他の国際システムと影響しあい、次第に非西洋のシステムを含めるように拡大し現在のグローバル国際システムを生み出した結果だ〟という説である。この説は西洋中心主義には違いない。確かに、イギリス学派は、国際システムの展開をヨーロッパにおける国際関係の歴史を中心に描いているが、非ヨーロッパの存在を無視しているわけではない。

イギリス学派の代表的な学者である、ヘドリー・ブルは、その著作『インターナショナル・アナーキー』において「国際システム」と「国際社会」という二つの概念を分けている。システムタイプの関係は、アクター（国家）が互いの存在を認識し、関係を保つ国際関係を指す。一方、社会タイプの関係では、相互認識のみならず、関係をもつことによって相互に利益が生じるという認識をもって相互関係を支配するノーム（基準）を共同で決定し保障する。従って、社会タイプの国際関係はシステムタイプより一層高い組織化を表す。

社会に参加するというのは、その組織及びその基準を公認しそれに参加するということになる。イギリス学派においてはその組織というのは、ディプロマシー（外交）や、多国籍組織や、約束を守るというルール等を指す。上記の組織や基準は近代西洋国際システムの中から生まれ、次第に全世界に拡大し、現代国際社会を生み出していった。イギリス学派の国際社会論は、国際社会の「文化」及び「方法」は西洋に由来するものだという説である。

イギリス学派は、このアプローチを分析の手段として使用することによって過去と現代のシステムの差を主張する。かつては、多数の異なったシステムが存在したことに対して次第に西洋システムの拡大によって現在の唯一の国際社会へと展開していった。この「拡大」説はまさに前述のヌードの絵の例と同じで「言語」あるいは組織の西洋化を物語っているのである。

イギリス学派のアプローチにおけるフレームや適用範囲の限界を問うことは可能である。しかし、それは現実派にしろユートピア派にしろマルクス派にしろ、あらゆる国際関係論においても同様である。どの論も全能ではない。つまり、問題にしたいのはフレームと内容の調和である。自ら提起した問題に関して答えを出しているかどうかである。イギリス学派は、非西洋はいつ、どのように、なぜ西洋の国際社会に参加するようになったのか、ということに関する研究を少なからず提供しているのである。しかし、私に言わせるならば、イギリス学派の弱点は、これらの研究では社会レベルに至ってからの問題を重視し詳細に検討されているが、それ以前のシステムのレベルは十分に扱われていないというところにある。

イギリス学派の研究によれば、日本が西洋国際システムに参加したのは開国以降であり、国際社会に参加したのは日英同盟以来である。また、トルコの場合システム参加は一八五六年パリ条約の後で、国際社会へ加わったのは一九二三年ローザンヌ条約以降である。イギリス学派にとって、開国以前の日本、あるいはパリ条約以前のトルコは西洋国際システム以外の国際システムのメンバーとして位置付けられている。

西洋国際システム外の近世日本とオランダの関係、その関係が西洋国際システム内でのオランダの位置付けに及ぼした影響をどう考えればよいのであろうか。あるいは、一八五六年以前数世紀にわたって戦争や貿易、様々な同盟への参加、文化交流等々の形で西洋と密接な関係をもち、かつ「他者」としてヨーロッパのアイデンティティーの形成に重要な役割を果たしたオスマン帝国は西洋国際システムに参加しなかったといえるのであろうか。システムレベルは、社会レベルにいつ、どんな形で移るのか。それらを把握せずに国際社会の拡大を理解できるわけはない。これらは、イギリス学派のフレームに対する批判というより、その方法を実際にどう使用してきたのかという点でイギリス学派の研究は不十分であるという批判である。

私はイギリス学派のみを取り上げたいのではない。国際関係の史的展開をいかなるかたちで考察すればよいのかに関して考えたいのである。経済史や政治史または外交史等々がある。それぞれに視点の問題もある。これはいわば、絵を描くことにも似ているのである。画家の立っている立場が、視点、フレームの中に入るモノ、その配置を決めるわけである。画家の立場を意識的に決めなければならない。遠近法の問題は、ヨーロッパ中心主義やアジア中心主義でもありえるが、それだけではない。これはまさに「方法論」そのものである。イギリス学派の例でいえば国際システム・国際社会といったドゥアリティー（二元性）自体がイギリス学派の遠近法ではないだろうか。

これは国際関係の歴史として何を描くのかに関わっている。だからこそ、議論を続ける価値がある。システム・社会にしろ、センター・ペリフェリー・セミ・ペリフェリーにしろ完全に独立した存在ではない。当たり前のことである。しかし、それぞれがお互いに及ぼす影響を明確に定義するのは簡単なことではない。ここで紹介したい概念は「Holon」（ホロン）あるいは「ホロニック構造」又は、「ホロニックシステム」である。ホロニックシステムズという概念は物理科学、特にロボティックスに使用される概念である。「ホロン」という単語はアーサー・ケストラーの著作 *The Ghost in the Machine* (1989) で初めて誕生する。Hol ＋ on で Hol は〝全体の〟〝完全な〟という意味、on は〝微分子（neutron や proton のような）〟という意味を表す。その二つを一つの単語で組み合わすことによって〝全体でありながら同時に部分でもあるもの〃、〃超システムでありながら同時にサブシステムでもあるもの〃を指す。私は、国際システム及び国際社会、又はそれぞれのユニットをこういった組み合わせの中で考える意味があるのではないかと思う。

例えば、トルコ族の歴史と世界経済史を共に考えてみよう。世界経済史においてアジアは生産の中心地であって、アジアから外に向いた物産の流れ、そして外からアジアに向いた金の流れといったパターンはすでに指摘されている。同様に、東インド会社などの例で見られるようにヨーロッパからアジアに向いた金の移動も指摘されている。一方、トルコ族の歴史的な移動を見ると、中央アジアから小アジアに至った西向き、いわば金の流れと逆方向の移動がある。その移動は物産の流れと同方向であるが、必ずしも物産の流れで説明しきれるわけでもない。トルコ族の移動に関しては遊牧性の重要な意味を無視できないからである。まさにその移動とその方向を決定したのはトルコの遊牧民性だという説もある。それゆえ、遊牧文化及び定住文化の移動に関する重要な特質を考えねばならない。AとBとの間の移動の例で考えてみよう。定住文化におけるA—Bの移動においてBは目的であり、AとBの間は単なるミチである。一方、遊牧文化の場合、目的はBよりもAとBの間を移動することそのものである。定住文化において生活の中心地はA及びBであるが、遊牧文化にとってAとBの間の道は生活の場そのものになるわけである。すなわち、世界史を遊牧文化の視点、定住文化の視点、どちらか片方の視点から一方的に考えるのはいずれも不十分であり、両方を組み合わせる方法を見つけなくてはならないということである。定住文化及び、遊牧文化には明白に異質性があるが、だからといってそれぞれをお互いから独立した、お互いに無縁の存在として考えるのも不十分である。異質な、様々なシステムを調和のとれた形で組み合わせると共に、それぞれの個性も失わないような形で扱う方法の一つとして「ホロン」は、議論する余地のある考え方ではないだろうか。

アフリカ史研究の「リオリエント」

北川勝彦

はじめに

現在の日本において、はたしてアフリカ史研究が成立する理論的および現実的契機は熟しているのであろうか。これはアフリカ史家の脳裏を常に離れない問題である。「グローバル・ヒストリー」の構築にむけて知的な営みをはじめようとするものには、アフリカは認識され、そこで描かれる「近代世界」には、アフリカに対して然るべき位置が与えられるのであろうか。アフリカは、これまでわれわれの思考の中では、かたすみに追いやられ「知のリンボー」(Limbo of the intellect) として語られることが多かった。しかし、新世紀のはじまりにあたって歴史を考えるものは、このような「リンボーの知」(Intellect of the Limbo) に陥ってはならないであろう。人々の中には、人生のすべての時期にわたって、さもなければ人生の一部の時間を拘束されたり、抑圧されるものがいる。そのとき、人は自らのおかれている状況に戦いを挑んだり、妥協したりあるいは逃れたりする。他方、人によっては、いつの日にか自らの境遇を規定している社会のあり方あるいは関係の構造を変革できる希望を失うことなく不安な境遇に耐えながら生き抜こうと考えているものもいる。「近代世界」という時空をわれわれと共有してきたアフリカの人たちの営みも実はそういうものではなかっただろうか（北川勝彦編『南から見た世界03　アフリカ――国民国家の矛盾を超えて共生へ』大月書店、一九九九年）。「問うものとしての自己がまた問われている」という意味において、この機会に、グローバル・ヒストリーの構築にむけて海洋アジアと日本から近代世界、わけてもアフリカを捉え返す方法的枠組について、近年の日本におけるアジア史研究から学んだことを踏まえて考えてみたい。

森首相のアジア・アフリカ訪問とムベキ大統領の来日

それに先立って、次の三つのエピソードをあげておきたい。第一に、二〇〇〇年八月、当時の森喜朗首相は、南西アジア四カ国（バングラデシュ、パキスタン、インド、ネパール）を歴訪した。これは、海部首相以来一〇年ぶりのことであった。同首相はインドでは、外交上の慣例を破りＩＴ産業の集積地バンガロール（カルナタカ州）を訪問し、日本―インド間のＩＴ分野の協力推進を打ち出している。この地域には、「南アジア地域協力機構（ＳＡＡＲＣ）」や「環インド洋地域協力連合（ＩＯＲ‐ＡＲＣ）」という地域協力機構が形成されている。この両機構のかなめの役割を演じているのがインドである。後者は、一九九〇年代半ばにインドが中心となり、国際社会に復帰した南アフリカ、それにアジアとの関係を強化しようとしていたオーストラリアが呼応して結成されたものであった。現在、加盟一九カ国、総人口一六億人である。日本は、エジプト、イギリス、フランス、中国と共に対話国としてこの機構に参加している。インド洋はタンカーと漁船が頻繁に行きかい、日本のライフラインにかかわる重要なシーレーンとなっている。

第二に、二〇〇一年一月、森首相は、日本の歴代首相のなかではじめてサハラ砂漠以南のアフリカ三カ国

（ケニア、ナイジェリア、南アフリカ）を訪問した。訪問中、森首相は、次のように語っている。「私が新世紀のはじまりにあたってアフリカ訪問を選択したのは、アフリカの大地に立って日本の人たちがアフリカの人たちとともにいることを表明し、アフリカが困難に打ち勝って明るい将来を建設する過程で手助けするために共に汗を流していきたいと胸襟を開いて直接表明したかったからである」（『朝日新聞』二〇〇一年一月一八日）。同首相は、「アフリカ問題の解決がなければ、二一世紀の世界に安定と繁栄はない」と明言している。これまで、日本政府は、一九九三年と一九九八年に「アフリカ開発会議」（ＴＩＣＡＤⅠ・Ⅱ）を二度にわたって開催し、南南協力のかなめとして国際社会に貢献する姿勢を示してきた。二〇〇一年一二月には、アフリカ諸国の閣僚を招き、二〇〇三年に東京で行なわれるＴＩＣＡＤⅢ開催にむけて準備会合を開くことが計画されている。（『外交フォーラム』二〇〇一年六月）。

第三に、二〇〇一年一〇月初旬に来日した南アフリカ共和国のターボ・ムベキ大統領は、国連大学の講演を次のようなエピソードから始めたことを付け加えておきたい。

「長年にわたって日本は、世界最古のアフリカ地図の故郷であった。中国人将軍チャン・ホによるアフリカへの航海を準備するために一四〇二年に描かれた地図は、京都の龍谷大学のコレクションの一部となってきたからである。南アフリカのフレーネ・ギンワラ博士は、アフリカ大陸の歴史およびアフリカとアフリカ以外の世界との関係におけるその歴史を正しく理解し評価するためにアフリカの地図の収集プロジェクトを実施している。アフリカはアジアの多くの国々と人々との実に長い関係の歴史をもっている。一〇世紀には、アフリカの東海岸（ケニア、タンザニア、モザンビーク、南アフリカ）は、多種多様な商品をあつかう商人活動の中心地であった。九〇〇年以上も前、南アフリカで繁栄を極めたマプングエ王国は、アジア諸国と広範な交易を行なっていた。後に、ジンバブエでムウェネ・ムタパ王国が現れたときも、アジア諸国との交易が持続していた。一四一四年、ケニアのマリンディ王国の特別使節が中国を訪れたとき、皇帝への贈り物としてアフリカ産のキリンを献上したと伝えられている。このようにバスコ・ダ・ガマによるインド洋交易路の『発見』以前にも、アジアとアフリカの人々の緊密な相互交流が繰り広げられていたのである。」(Speech by the President of South Africa, Mr. Thabo Mbeki at the United Nations University, Tokyo, 2 October 2001)

人によって物事を考える時間軸の長さは異なるであろう。たとえば戦後の五〇年をとって考えるとすれば、アジアにおけるアメリカの二国間安全保障プロジェクトを背景とする地域形成原理のもとで「日本とアジア」という方法的枠組があたかも自明のごとくとらえられてきたようである。しかし、一〇〇年というタイムスパンをとって考えると、一九世紀末から今日にいたる「長い二〇世紀」において、アジアにおけるイギリス帝国の「文明化のプロジェクト」がそれに重ねあわせられてくるであろう。さらに長い時間軸を想定してみると、世界史においてアジアとアフリカと日本の位置や役割は、また、ずいぶん異なって見えてくる。新しい世紀をむかえて、われわれは今あらためて「アジアと日本」あるいは「アジアにおける日本」という方法的枠組のいずれを選択すべきか、また「海」(シー)と「洋」(オーシャン)を含む実に刺激的な「アジア」という現象にどのような「内実」をみるべきかを問われているように思われる。

このような状況の中で、日本人(アジア人)アフリカニストの歴史家は、はたして意味のあるアフリカ史研究の方法的枠組を構想できるであろうか。それを考えるにあたって、これまですすめられてきた日本におけるアジア史研究の成果に何を学ぶことができるのか。また、アフリカ史にアクセスするにあたって、ヨーロッパ人アフリカニストの歴史家とは異なる視点や方法の形成にアジア史研究の成果をどのように生かすことができるのか。さらに、近年のアジア史研究とアフリカの人々によって最近試みられている知的営為の間には、何らかの通底するものがあるのかどうか。以下では、このような諸問題を考えてみたいと思う。

一九八〇年代半ば以降の日本史・アジア史研究の動向

この時期に日本でさまざまな立場から試みられたの

は、いわゆる「西洋中心史観をどのように相対化するか」であった。その知的営為は、少なくとも、それまでの「アジアは停滞し、発展するはずのないもの」という理解やアジアにおいて日本のキャッチアップは「例外的」であり、「日本は異質である」という理解と表裏をなしていたように思われる。

これに対して『西洋化の構造』(思文閣、一九九三年)を著した園田英弘氏の議論は明快であった。同氏は、日本のおかれている「異質性のジレンマ」から脱却するために、日本の知的伝統であった「欠如理論」を逆転させて日本と類似の現象を日本以外の社会にも見出す努力として「逆欠如理論」を提案したのである。「逆欠如理論」とは、「外国にあるものは日本にないから日本は異質だ」という発想から抜け出し、それとは反対に「日本にあるものは外国にもあるはずだ」という理解の方法をさす。この理論は、日本の現実を理論構築の基盤におきながら、同時に日本だけに適用範囲を限定しないような日本から発想される社会科学の可能性を模索すべきであるという問題を提起するものであった(園田英弘「日本文化論と逆欠如理論」濱口恵俊編著『日本型モデルとは何か——国際化時代におけるメリットとデメリット』新曜社、一九九三年)。この考え方は、われわれに「欧米にあって日本にないものを見出して日本の遅れや異質性を主張し、他方で日本にあってたとえばアフリカにないものを見出して安堵の息をつく」というような姿勢に根本的な反省を迫るものであった。

次いで、『日本文明と近代西洋』(日本放送出版協会、一九九一年)を著した川勝平太氏は、日本・アジア・ヨーロッパ(イギリス)の共時的な関連性について三者に通底する諸要因、すなわち物産複合の概念装置を用いて説明した。ヨーロッパ(この場合具体的にはイギリス)も日本も共に「アジア・コンプレックス」に挑戦し、それを克服していく「併行的脱亜の過程」が近代であり、アジア文明圏からの自立あるいはアジア物産の輸入代替化の方法が異なったことを主張した。前者は、大西洋経済圏という自給圏を形成することで輸入代替を達成し、後者は、鎖国という世界政策のもと自国内での輸入代替を実現したのである。その過程で前者は「産業革命」を、後者は「勤勉革命」を経験する。この議論は、近代世界システムがグローバルに拡大していくと考え、個別の社会は受動的ないし反応的であるとみる考え方に対して、アジアという変数を加えることで近代世界史の理解の仕方を変革する試みに一歩踏み出すものであった。

この近代世界史における「アジア」という現象ないし要因の内実を経済史の立場からより一層明確にしようとしたのは、『アジア間貿易の形成と構造』(ミネルヴァ書房、一九九六年)を著した杉原薫氏と『朝貢システムと近代アジア』(岩波書店、一九九七年)を著した浜下武志氏であった。まず、前者で試みられたアジア間貿易の統計的実証研究は、アジア経済史において、西洋の衝撃に対するアジアの相対的自立性を明らかにした。すなわち、一九世紀の資本主義の世界的展開の中で西洋の衝撃をうけたアジアでは、それ以前から存在していたアジア地域間の貿易が破壊されることなく、むしろ工業化型貿易へと発展する契機となり、他方、自由貿易圏アジアの制度的枠組は欧米列強による植民地支配と不平等条約のあり方を一面では規定した。この議論は、さらにすすめられ、果たして「工業化」という現象は、ひとり西洋の文化複合において生じるのではなく、アジアにおける物産複合・文化複合をも組み入れた複合的文化の背景の中で生じることを明らかにする方向に展開されようとしている。これはアジア出自の「グローバル工業化論」(globalizing industrialization)を構築する基盤となるであろう。

さらに、浜下氏は、近代アジアは、「西洋の衝撃」によるアジアの開放過程で形成されたと理解するよりもむしろ一五—一六世紀のアジア域内における多角的貿易ネットワークの継承的側面から理解するほうが歴史過程を正確に捉えることができると主張した。中国とインドを両軸として東南アジアを媒介とする朝貢貿易(官業)とジャンク貿易(民間)によって形成された関係の継承態としてとくに近代アジアは捉えられるというのである。アジアにおいて歴史的に機能する域圏(いくつかの中心周辺関係の結合)の内在的変化が近代アジアの内実である。すなわち、アジアを舞台とし、それを構成してきた諸地域の競合関係の歴史的展開という観点から近代アジア史を理解することが適当ではないかという論点が提示された。西洋は、古来アジアの海を舞台として展開されてきた交易ネットワークを決して破壊することなどできはしなかった。むしろそうしたネットワークの存在によって制約されるか、あるいはそれに適合するかでようやくアジアの交易に参入できたにすぎなかったのである。それほど海洋アジアの交易ネットワークは強固なものであった。

以上の議論に共通するものは、まさに西洋中心史観の相対化であり、一国分析のいかにむなしいものであるかを実証せんとした点である。これは、アジア史と世界史における時代区分と地域区分に反省を迫るものであった。これらの諸研究以後、陸を中心としたアジア理解から海を中心としたアジア理解へ、さらには、東アジアから東南アジアを経て、南アジアへと研究は展開されていった。これは、まさに「広域アジア史」の研究に道を開くことになり、ついにはアフリカ大陸のインド洋岸をも射程に入れた諸研究の深まりを容易に予想させるものである（川勝平太『文明の海洋史観』中央公論社、一九九七年。「南アジアの国家と国際関係」『国際政治』一二七号、二〇〇一年）。

アジア史・日本史研究をリファレンスとしたアフリカ史研究へ

これまでに述べてきた日本史およびアジア史研究の成果を踏まえるならば、どのようなアフリカ史研究への視角と方法を構想することができるであろうか。

まず、「逆欠如理論」は、外国観察のための発見的手法であり、日本を再発見するための概念枠組であった。そうした議論を意識して行なわれた試みのなかには、アフリカ史の理解にたとえば日本の資料を利用することで何らかの新機軸を開こうとするものがあった。その一つの例としては、「日本領事報告の研究」の末端を担った日本とアフリカの交流史ないし関係史の研究をあげることができる（角山榮『生活史の発見――フィールドワークで見る世界』中央公論新社、二〇〇一年）。アフリカ史を諸外国と日本との国際関係の中に位置づけることで「関係史は、アフリカ史の一部であり、また、日本史の一部を構成する」という意味において、日本と類似した現象を日本以外（この場合アフリカ）に見出す努力の一環を形成することになった。それと同時に、この研究から、何故にまたアフリカ大陸のどの特定地域に焦点をあてて日本人のアフリカ史家として研究することが適当なのかという理由づけをある程度与えることができるであろう（岡倉登志・北川勝彦『日本―アフリカ交流史――明治期から第二次世界大戦期まで』同文館、一九九三年。北川勝彦『日本―南アフリカ通商関係史研究』国際日本文化研究センター、一九九七年）。

そうした試みを通して、日本とアフリカの関係の構造やあり方に少なくない影響を及ぼした要因を見出すことができた。それは、アジア・アフリカ地域間の関係をつなぐ「帝国」の存在である。一九八九年以降、日本でもイギリス帝国史研究の成果が数多く問われるようになった。これに関連して、かつての日本植民地史研究とともに日本帝国史研究の成果も近い将来に現れることが期待される。近代日本とアフリカを結びつけたものとして、一九世紀後半から二〇世紀においてアジアとアフリカを包み込むように形成されたイギリス帝国の存在を抜きにした歴史を考えることはできないであろう。また、日本帝国史の立場から見れば、帝国の前哨としてアフリカ（とくに東南アフリカ）が位置づけられていたと考えることもできる。ヨーロッパの公式・非公式の帝国がアジアとアフリカの植民地の関係を抜きにして成立しなかったのと同様に、後発の日本帝国は、ヨーロッパ帝国の形成した国際関係あるいは国際秩序を前提としてしかその版図を形成することができなかったのである。つまり、「ヨーロッパ帝国主義の非ヨーロッパ的基礎」と「非ヨーロッパ帝国主義のヨーロッパ的基礎」が出会う一つの場がアフリカ大陸であったと考えられないだろうか。もちろん、この帝国間関係が相互に排他的であったのかあるいは補完的であったのかは、にわかには判断することはできない。（秋田茂・籠谷直人編『一九三〇年代のアジア国際秩序』渓水社、二〇〇一年。R. Robinson, "Non-European foundations of European Imperialism; sketch for a theory of collaboration", in R. Owen & B. Sutcliffe eds., *Studies in the theory of imperialism*, London, 1972.）

このような枠組を前提として資料を読み直してみると、たとえば、エチオピアには、日本を近代化のモデルとした時代があったことが知れる。明治日本の帝国憲法に準拠して一九三一年憲法を制定しようとした若きエチオピア人ジャパナイザーがこの地で近代化の担い手として生まれたのである (Bharu Zewde, "The Concept of Japanization in the Intellectual History of Modern Ethiopia", Proceedings of the fifth seminar of the Department of History, 3 July 1989.)。また、両大戦間期における日本の東アフリカ地域への貿易の拡大は、一八八四―八五年のベルリン西アフリカ会議の議定書および一九一九年のサンジェルマン・アン・レー条約にもある通り、ヨーロッパ列国間のアフリカにおける国際関係ないし国際秩序の形成過程で「結果として生じた自由貿易地域」に向かっていったという事実があることも忘れるわけにはいかないのである。

(外務省通商局『白耳義領コンゴー』一九二七年)

先に述べた「併行的脱亜」をはじめ「アジア間貿易」と「複合文化と工業化」および「近代アジアの流通ネットワーク」は、これからのアフリカ史研究にいくつかの課題を提起してくれているように思われる。これらの議論は、アジアという要因、もっといえば東アジアからインド洋岸アフリカにいたるまでの「海」と「洋」からなる「広域アジア」の収縮と膨張という運動の中で近代世界史を考えようとするものとして理解することができる。そうであるとすれば、アジア系人の移動した地域の一つとして「アジア系アフリカ」が十分視野に入ってくるはずである。考えてみれば、ヨーロッパ人によってアフリカが「脱亜」を余儀なくされる前、アフリカはインド洋アジアの「モンスーン帝国」の一角を形成していたのである。この「アジア系アフリカ」という地政学的概念によって、アフリカ史研究においてこれまでとは異なるアフリカ史研究の空間と時間の区割りを想定することができるのではないだろうか(富永智津子『ザンジバルの笛――東アフリカスワヒリ世界の歴史と文化』未来社、二〇〇一年)。それは、アフリカ大陸をサハラ砂漠の北と南で分断し、サハラ以南アフリカをさらに西、西‐中央、東、南という地域に区分すると共に、ヨーロッパ史に準拠して時代区分する立場とは異なるであろう。アジアという実に刺激的な現象を真剣に論じ、近代世界の歴史研究に新基軸を開くことができる立場にある人々がいるとすれば、それは、過去に何らかの理由で世界のいたるところに離散していった「アジア系人ディアスポラ」(Asian Diaspora) に他ならない。このようなアジア系人の歴史とそうした立場の人々の研究にもっと耳目を傾ける必要があるだろう（Crispin Bate, *Community, Empire and Migration : South Asians in Diaspora*, New York, 2001）。

一九八〇年代半ば以降のアフリカの知識人

ところで、アフリカの人々ほど自らの尊厳を回復するために努力を重ねてきたものはないであろう。世界的に評価の高いケニア人作家、グギ・ワ・ジオンゴは、「ヨーロッパ中心主義をどのように相対化するのか、奴隷貿易と植民地支配の遺産をどのように克服するのか、また、いわれなき人種差別主義をどのように払拭するのか」と力を込めて人々に訴え続けている。（Ngugi wa Thion'go, *Moving the Centre : The Struggle for Cultural Freedoms*, London, 1993.）この三重苦からの解放こそ、新世紀のアフリカの目標に他ならない。

また、アフリカの人々の間でよく知られている知識人、たとえばアーチー・マフェジェの著作を読めば、「失われたアイデンティティを取り戻し、自己の内面を確立する」（Archie Mafeje, *In Search of an Alternative*, Harare, 1992.）ためにアフリカの人々がどれほどの苦労を重ねてきたことか、察することができる。われわれが信じてきたか、あるいは信じ込まされてきた歴史は、「中心を動かす」（moving the centre）ことで発想の転換をはかり、「精神の非植民地化」（decolonizing mind）を達成することができるというのである。

この小論の冒頭で触れたように、先般来日し、東京の国連大学で講演を行なった南アフリカのムベキ大統領は、アフリカの「新しい千年」のための計画について熱っぽく語った。彼の主張は、「大陸の運命は一つ」（One Continent, One Destiny）、「新しいアフリカのイニシャティブ」（New African Initiative）のもとで「アフリカ・ルネサンス」（African Renaissance）を目指すというものであった。アフリカの人々は、独立後五〇年、植民地化以後一〇〇年、さらにその前の千年の後半にあたる五〇〇年をリファアレンスとして、アフリカの歴史とアジアの歴史に再び学ぼうとしている。これを別の言葉で表現すれば、植民地化の過程で「入欧」したアフリカが、「脱欧」し「入亜」しようとしていると解せないであろうか。アジア史とアフリカ史の研究は、西洋中心史観の相対化という点では共通して「リオリエント」をめざしているのかもしれない。今は、海洋アジアと日本から近代アフリカ史を捉え返す好機が訪れているのかもしれない。

中国におけるウォーラーステイン

三田剛史

一　ウォーラーステインの著作翻訳状況

一九八七年、イマニュエル・ウォーラーステイン[★1]は、中国社会科学院世界経済及び政治研究所の招請に応じて中国を訪問し、中国社会科学院、北京大学、南開大学、復旦大学などで学術報告と交流を行った。[★2]その後、ウォーラーステインの著作は、少なくとも三種五冊が中国語訳され、中華人民共和国で出版されている。それらを訳書の完結順に列挙する（〔　〕内は和訳の初版）。

（1）*Open the Social Sciences: Report of the Gulbenkian Commission on the Restructuring of the Social Sciences*, Stanford, Stanford University Press, 1996.〔『社会科学をひらく』山田鋭夫訳、藤原書店、一九九六年〕

華勒斯坦等著『開放社会科学：重建社会科学報告書』劉峰等訳、北京、生活・読書・新知三聯書店、一九九七年

（2）Historical Capitalism, London, Verso, 1983.〔『史的システムとしての資本主義』川北稔訳、岩波書店、一九八五年[★3]〕

伊曼努尔・華勒斯坦『歴史資本主義』路愛国、丁浩金訳、北京、社会科学文献出版社、一九九九年（一九九三年版原著に基づく翻訳）

なお本訳書には、中国語訳の後に、序言から結論までの原文が収録されている。

（3）

①*The Modern World-System. Vol. 1: Capitalist Agriculture and the Origins of the European World-Economy in the Sixteenth Century*, New York, Academic Press, 1974.〔『近代世界システム——農業資本主義と「ヨーロッパ世界経済」の成立』Ⅰ・Ⅱ、川北稔訳、岩波書店、一九八一年〕

伊曼紐尔・沃勒斯坦『現代世界体系　第一巻：十六世紀的資本主義農業与欧州世界経済体的起源』尤来寅、路愛国、朱青浦、鄭如濤、王加豊、馮棠、趙自勇、牛可、楊辰起訳、黄席群、宋蜀碧校閲、羅栄渠監修、北京、高等教育出版社、一九九八年

②*The Modern World-System. Vol. 2: Mercantilism and the Consolidation of the European World-Economy 1600-1750*, New York, Academic Press, 1980.〔『近代世界システム　1600-1750　重商主義と「ヨーロッパ世界経済」の凝集』川北稔訳、名古屋大学出版会、一九九三年〕

伊曼紐尔・沃勒斯坦『現代世界体系　第二巻：重商主義与欧州世界経済体的鞏固（一六〇〇—一七五〇）』呂丹、劉海竜、侯樹棟、王勇訳、龐卓恒主訳兼総監修、北京、高等教育出版社、一九九八年

③*The Modern World-System. Vol. 3: The Second Era of Great Expansion of the Capitalist World-Economy 1730-1840s*, New York, Academic Press, 1991.〔『近代世界システム　1730-1840s　大西洋革命の時代』川北稔訳、名古屋大学出版会、一九九七年〕

伊曼紐尔・沃勒斯坦『現代世界体系　第三巻：資本主義世界経済大拡張的第二個時代　一八世紀

三〇年代―一九世紀四〇年代』孫立田、丹擁軍、王崇興、張永勝、劉彊、李友東訳、龐卓恒、李節伝等校閲、龐卓恒主訳兼総監修、北京、高等教育出版社、二〇〇〇年

ここに挙げた全ての中国語訳は、原著に基づく全訳である。主著『近代世界システム』を含むこれらの訳業は、この四年間に集中しており、中国においてウォーラーステインと世界システム論への関心が高まったのも、比較的最近のことと思われる。では、中国におけるウォーラーステインへの関心がいかなるものであるか、訳本に付された序文などを通じて検証したい。

二 『歴史資本主義』と『現代世界体系』[★4]

『歴史資本主義』は、社会科学文献出版社の「資本主義研究叢書」の一冊として出版されている。社会科学文献出版社が、この叢書出版の意図について述べた『資本主義研究叢書』出版社的話」は、中国における社会科学の現況を端的に表している。

……マルクス主義の観点を堅持すれば、史的唯物論と弁証法的唯物論の原則を堅持することになり、実事求是[★5]を堅持しなければならないという基礎に帰結する。実事求是は中国共産党一一期三中全会[★6]以来堅持している基本路線であり鄧小平理論の核心かつ精髄である。中国の特色ある社会主義の実践は、我々に経験から教訓を総括することと、他国の経験に学びこれを戒めとすることを要求するが、その中には我々にとって有用な資本主義国家の一連の経験も含まれる。同時に、現代世界では、社会主義国家も資本主義世界経済システムの運動の範囲内に身を置いていることを直視しなければならない。社会主義国家と資本主義国家の間には意識形態、政治や社会生活などにおいて質的差異が存在しているとはいえ、今日全ての国家は資本主義世界経済システムの運動に参与しなければならないのである。資本主義世界経済に参与するために、どの参加者も資本家のようにこの市場の他の参加者に対峙し、協調と競争に参与するこ

とが求められる。このような客観的必要は、我々にも現代資本主義を真剣に研究し、期して〝己を知り相手を知らば、百戦危うからず〟の効用を得ることを要求する。……真正の学術上の民主を発揚し、異なる学派や観点との争鳴を唱道することは、他でもなく学術の発展と繁栄の基本条件を保障することである。このような精神に基づき、社会の切迫した求めに応じるため、我々はこの〝資本主義研究叢書〟を編集出版する。……

この中国語訳本『歴史資本主義』(『史的システムとしての資本主義』)には、訳者による前言があり、ウォーラーステインの世界システム論と同書の骨子を解説している。この中で特に訳者が重視しているのは、ウォーラーステインが社会主義とはいかなるものであるべきか、そしてその実現は可能かという問題に言及していることである。ウォーラーステインは、社会主義はいつか実現するかも知れない史的システムであり、平等や公正を高め、民主主義をすすめ、創造力を解放するような史的システムでなければならないと、同書の「結論」に述べている。同時に、資本主義文明が結局は非常な不平等を伴うものであり、今後五〇年のうちには人類がなんらかの別のシステムを選び取ることになるというウォーラーステインの主張に、訳者は注目している。つまり、訳者の問題意識は、現代資本主義の現状への懐疑にある。「資本主義研究叢書」の出版説明では、現実には全ての国家が資本主義世界経済に参与しなければならないとしているものの、資本主義が必然的に生み出す不平等などの問題点に対して、訳者ひいては中国学術界が批判的視点を保持していることがうかがえよう。

『現代世界体系』第一巻には、訳者龐卓恒が序文を寄せている。龐卓恒は、まず一九八七年のウォーラーステイン訪中にさかのぼる『現代世界体系』翻訳のいきさつを述べ、ウォーラーステインの経歴と業績を紹介した。そして“The Modern World-System”をなぜ『現代世界体系』と訳したのか、とりわけ“Modern”をなぜ「現代」と訳したのか説明している。龐卓恒は、英語の“Modern”は中国語の「近代」と「現代」両方を含むという。[★7] 中国の時代区分では、一般的に「近代」

は一八四〇年のアヘン戦争から一九一九年の五四運動まで、「現代」は一九一九年の五四運動から一九四九年の中華人民共和国成立までを指すことが多い。龐卓恒は、ウォーラーステインの執筆計画が一六世紀から現在までの歴史に及んでおり、また同書第四巻が予定では一九一七年以降資本主義世界システムの強化とそれが革命を引き起こす情況を論述することになっていたことに鑑み、「現代」と訳すことが、ウォーラーステインの意に沿うものであると結論した。

龐卓恒は、ウォーラーステインが著述の責任感と客観性を堅持していることが、多くの名高い大家の観点を広く参照していることにあらわれているとみる。ウォーラーステインの著作を、マルク・ブロック、リュシアン・フェーブル、ブローデル、クリストファー・ヒル、ホブズボウム、トンプソン、ポスタン、ル・ロワ・ラデュリなど名だたる学者を招いての「学術討論会」に喩えている。そしてウォーラーステインの著作中で「招請に応じ出席した」学者は、中国の学者にもよく知られた大家からまだ中国であまり知られていない者まで含めて一〇〇余名にのぼるが、このような高水準の「学術討論会」に中国の学者が「出席」することは実に難しく、これだけを考えても『現代世界体系』は詳細に読むに値する、と評価している。

龐卓恒は、アナール派の全体史の方法を更に発展させた、ウォーラーステインの「単一の学問として綜合された接近方法」を高く評価している。この方法による論断の例として、資本主義経済発展の動力は、私有財産制と政府の不干渉による自由競争市場に帰結すると少なからぬ西側学者が考えているのに対し、ウォーラーステインが異論を唱えていることに、龐卓恒は注目している。つまり、ウォーラーステインは、「長期的には近代を通じて国家権力は強化」され「資本主義的『世界経済』そのものが、少なくとも中核地域の諸国における中央集権化と国内支配の長期にわたる強化を必要としていた」と指摘している。

なお『現代世界体系』第一巻には、ウォーラーステインによる「中文版序言」が収録されている。ここでウォーラーステインは、自身の中国観の一端を披露している。資本主義の創立は名誉ではなくむしろ文化的な恥辱であり、歴史上大多数の文明、特に中国文明は資本主義の発展を一貫して阻止しようとしてきたが、西洋のキリスト教文明が、中国文明の最も虚弱なときに屈服させてしまったのであると述べた。そして、「人類の四分の一を占める中国人民は、人類共同の命運を決するに際し重大な作用をもたらすであろう」と、この序文を結んでいる。

中国は、「改革開放」政策を継続し、経済のグローバル化に対応しつつ、資本主義世界経済への参与を深めている。一方学術界では、これまで資本主義経済そのものに対する研究が十分になされていなかったという反省がある。ウォーラーステインの著作は、資本主義研究の一つの道筋として、なおかつ世界の学術水準に追いつくため中国に導入された。しかし、ウォーラーステインの著作を積極的に評価する中国の論者は、資本主義世界経済というシステムを是認しているのでは決してない。なぜなら、中国におけるウォーラーステインの著作は、資本主義史研究によって導き出された資本主義批判と位置づけられ、ウォーラーステインもまた資本主義世界経済に対する批判勢力となることを中国に期待していることがうかがわれるからである。

三 社会科学と中国――王正毅の分析

天津の南開大学教授王正毅（一九六五年―）は、一九九四年から九五年にかけてニューヨーク州立大学及びフランス高等社会科学院に留学し、ウォーラーステインの指導を受けた。現在は、政治地理学、国際政治学、国際システムと中国外交、中国社会科学史などを研究分野としている。

王正毅は、『世界体系論与中国（世界システム論と中国）』（商務印書館、二〇〇〇年）を著した。同書では、世界システム論の形成、世界システム論の理論と方法、世界システム論の影響と引き起こした論争などが解説されている。最後に、世界システム論と中国の関係が論じられている。王正毅は、最終章で中国の西洋社会科学受容と中国社会科学の変遷を、ウォーラーステインの社会科学論に立脚して、次のようにまとめている。

王正毅にとって、社会科学の現状に対して検討しなければならない二つの問題がある。第一は、「知識の分業」に合理性があるかどうかである。近代西洋の社会科学は、古代ギリシャ・古代ローマ以来の知識の分業の歴史上に築かれた。もともと一つであった哲学は自然哲学と道徳哲学に分かれ、一七世紀以後、自然哲学は自然科学、道徳哲学は社会科学とよばれるようになった。ニュートン以来自然界に存在する法則の追究が科学となり、このような科学が西洋では至上とされ、人類社会に関する知識も科学的知識として研究されるようになったのである。このような西洋学術界における知識の分業は、中国の知的伝統の中では発生したことのないものである。中国の伝統的な儒学では、「天人合一」、「天人感応」が一貫して強調され、自然と社会は分割できないものとされてきた。中国人がかなり長い間、西洋近代の社会科学を受容できなでいた理由は、ここにある。もし、一九世紀以後の政治的危機がなかったら、社会科学の導入はもっと遅れていたかも知れない。第二に、異文化間での知識の移転が可能であるかという問題である。中国は、一九世紀末から二〇世紀初めは日本、二〇世紀の二〇年代、三〇年代は欧米、五〇年代はソ連をモデルとして、社会科学の導入を図る教育を行ってきた。これは、一種の普遍的な知識が存在し、しかも中心的国家の社会科学的知識が、非西洋諸国にも適用できるという信念に基づいた試みであった。しかし、これらはいずれも失敗した。普遍的な知識、価値から自由である普遍的な社会科学というものは、決して存在しないということを承認しなければならない。あらゆる概念や範疇は、ある特定の社会の現実から生じ、その元となる社会の現実そのものを超越することは出来ないのである。では、なぜマルクス主義は中国社会に受容されたのか。それは、あらゆる社会に適用できる知識が存在しないとしても、知識転化の可能性は否認することが出来ないからである。中国社会科学の変遷は、中国の政治的選択と密接な関係を有する。中国の学者が西洋社会科学を受容するにあたり、その仮定を中国社会の現実に対する「普遍的知識」の一種の適用を行った。これは実際上中国が帝国を解体し政治、経済、文化の上で周辺地区となるに際し、中国が中心国家に対して起こした一種の学術的反応である。西洋の社会科学が中国に広く伝播し主導的地位を占めるようになるにつれ、中国は西洋の知識の消費者となり、中国政府が政治上西洋の中心国家に従属している時期には、この現状に対する抵抗はことごとく失敗した。中国共産党が政権を執ってからは、中国の社会科学は西洋と決別しソ連モデルを取り入れたが、これは中国の政治上経済上のソ連従属が学術上に体現されているということであった。文化大革命期には、中国の社会科学はいかなる中心国家からも離脱し、一種の政治イデオロギーへと変質した。このような中国社会科学の変遷が示しているように、知識の転化は一種の価値の選択である。この意味で、価値から自由である史的社会科学はありえず、観念構造に対するあらゆる選択は政治的選択であるというウォーラーステインの考え方は、合理的なものである。中国文明がどこへ向かうかという日程表を示すことは出来ないが、中国社会科学一五〇年の発展の歴史が示すように、中国社会科学の未来における発展も中国人の政治的選択にかかっているのである。

以上、王正毅による中国社会科学への現状認識をまとめてみた。いうまでもなく、王正毅の認識は、ウォーラーステインの強い影響を受けている。ウォーラーステインが『脱=社会科学』で示したような、近代西洋の社会科学に対する批判は、西洋と違う知識体系を堅持して来た歴史を有する中国にとって、そもそも受容の下地があったのかも知れない。

現在、マルクス主義関連の学科は中国の大学で依然として必修科目の地位を保っているものの、学生のマルクス主義に対する関心の低さは覆いえない。中国の大都市の書店では、サミュエルソン、スティグリッツ、マンキュー等の「西方経済学」[★8]の原書や中国語訳が平積みにされている。だが、マルクス主義も「西方経済学」も、中国にとっては外来の知識であり、ウォーラーステインを評価する中国の論者は、新たな知の体系を構築する必要性を悟っている。青年知識人の経済学上の関心がマルクス経済学から「西方経済学」へ移っていることと、「西方経済学」を含む近代西洋社会科学に対する総合的批判への共鳴は、中国において平行して起こっているのである。現代中国知識人の社会科学に対する態度は、WTO加盟を果し、世界経済への参与を深める国家としての中国の政治的選択と、どう関わっていくのであろうか。

★注

★1　中国語表記は以下の二通りある。
伊曼努尓・華勒斯坦
伊曼紐尓・沃勒斯坦

★2　『歴史資本主義』中訳版前言による。

★3　一九九六年の原著増補第二版を底本として、『新版　史的システムとしての資本主義』（川北稔訳、岩波書店、一九九七年）が出版されている。

★4　『開放社会科学』には、訳者序文などはない。

★5　事実に基づいて真理を追求するという考え。

★6　中国共産党第一一期中央委員会第三回全体会議の略。一九七八年一二月に開催され、思想解放、経済改革、一九七六年の天安門事件関係者の名誉回復、文革中の失脚者の名誉回復などが採択された。毛沢東路線からの転換点、鄧小平時代の開幕、改革・開放の出発点とされる。（天児慧他編『岩波現代中国事典』一九九九年参照）

★7　中国語の「現代」の意味は、日本語の「近代」に近い。例えば「四個現代化」は「四つの近代化」と訳される。日本語の「現代」に近い中国語は、「当代」となる。

★8　もともとは、西側資本主義国の経済学という意味。日本の「近代経済学」に相当する。

※なお『現代世界体系』の入手に際しては、北京滞在中の滝田豪氏（京都大学大学院）の助力をえた。記してここに感謝の意を表する。

II

海洋アジア・太平洋世界からの考察

人・モノ・情報・ネットワーク

スコットランド・コネクション
【インパクトとレスポンス】

北政巳

一　近代アジアへの西欧からのネットワークは誰が作ったのか、またアジア独自のレスポンスはどのように形成されたかの追求

イギリス（イングランド）は一八世紀後半から一九世紀中葉にかけて古典的産業革命を完成させ再生産構造の自立化に成功し、そして自らの経済圏の拡大をヨーロッパから北アメリカ、次いでアフリカからアジア・南アメリカへと図る。そして「世界の七つ海を結ぶ大英帝国」を形成した。時期的には、他方、Ａ・Ｇ・フランク教授が言う「一五世紀に始まり四世紀も続いたアジア経済の長期サイクルの拡大面が終わり、衰微を始める一八五〇年から七〇年代」（『朝日新聞』平成一三年八月一四日）に符合する。

今田秀作は、ヨーロッパとアジアの絡み合いの結果を追求し、そのアジア・ヨーロッパ両方に亘る影響を見いだし「ヨーロッパがアジアを作り、アジアがヨー

ロッパをつくる」（『パクス・ブリタニカと植民地インド』京都大学学術出版会、二〇〇〇年）と表現したが、具体的な「どのようなかたちでヨーロッパからのインパクトが行われ、またどのようなかたちでアジアがレスポンスしたか」については述べられていない。

結論から言えば、英国のスコットランドを研究してきた私から観れば、スコットランド人外交官・ジャーナリスト・技師・商人達の近代ビジネス・ネットワークが、このイギリス・ヨーロッパからのアジア進出の端緒を形成して参考例を供し、そしてまたアジアからヨーロッパへのレスポンスの萌芽を助長したのである。つまりヨーロッパ・アジアの相互規定の機軸に、スコットランド人ネットワークが貢献したと観るのが私の主張である。

二　スコットランド人ネットワークの形成と移民論

古来、国や地域共同体を越えて影響を与えたものとして宗教・軍隊・情報（知識）が挙げられ、特に近代で顕著なものとして技術・資本・労働力が挙げられる。それは「移民運動」を通じて伝播・伝達され、新天地に吸収された。

なお「移民」が大きな関心事となるのは、古代ヨーロッパ大陸へのゲルマン民族の大移動による中世ヨーロッパ社会の形成と、近世ヨーロッパから新大陸アメリカへの移民によるアメリカ社会の形成である。

先ずヨーロッパの中にあって、西北の辺境に位置するスコットランドは古くから固有の文化を育んできた。同じブリテン島に位置しながらも、北のスコットランド地域は、ゲルマン民族の移動の過程で、ローマ軍のハドリアヌス、アントニウス両皇帝が築いた防壁により、南のイングランドとは異なりケルト的伝統の色濃い民族・宗教の国となった。そして同じブリテン島に位置しながらもイングランドの社会・経済的劣位に置かれ、そのインパクトを受けながら、スコットランドは対抗と妥協の歴史を歩み、そして一七〇七年には「合併」を受け入れた。そしてJ・ノックスの宗教改革を基に、カルヴィン主義の流れをくみ宗教的には厳格ながら極めて実学的に対応する思想を作り上げ、ヨーロッパ最初の義務教育や実用重視の高等教育を実現し、一八世紀中葉には所謂「スコットランド・ルネッサンス」の華をさかせた。

実学の伝統が「手を汚して働くエンジニアは専門職」の思想を生み、スコットランドは数多くの発明・技術家を輩出し、文字通りのイギリス産業革命のリーダー達を養成した。彼らがイギリス国内の工業・産業・都市化に貢献すると、次の息子世代がヨーロッパやアメリカ、さらに孫世代がアジア・アフリカ等へと技術を伝播したのである。

ケンブリッジ大学のハンフリー教授はスコットランド人の民族の特徴を多くの要素の混成的生成として「スコットランド人は地球上で最良の民族であり、頑健な身体、冷静で明晰な頭脳、強い意志と道徳を持ち地球上で何処でも繁栄していける」（C・W・トムソン編『スコットランドの業績と評価、初期から二〇世紀に至る物語、大英帝国の興隆と世界の発展における戦争と平和におけるスコットランド人の貢献』一九〇九年）と述べる。また『国富論』の著者でもあるグラスゴウ大学教授スミス（A・スミス）は「神はスコットランドをスコットランド的にしたのであり、私達を近隣〔イングランドの意〕の誤りや盲従的な写しから救ってくれた」（L・ホント他著『富と徳――スコットランド啓蒙主義の社会経済の形成』一九八三年）と述べる。さらにスコットランド人の科学世界への貢献を追求したC・ロバートソンは「一二世紀のローマ法王からのアイルランド大司教職を断り、フレデリックⅡ世からの天文学者任命を選んだマイケル・スコットが典型的なスコットランド人であり、古典ギリシア・イタリアにおける学問体系を背景に自己の経験を時代の先駆者として顕現しゆく思想性に国際的視野を含む」（『スコットランドの科学遺産』一九六一年）と述べた。

そしてイングランドに対抗し、固有の封建主義的遺制さえも活用して、社会全般的には劣位ながら、一部の優秀なスコットランド人脈を形成しゆく。

イギリス経済史では、出移民論はマルサスの『人口論』に刺激されブームとなったが、『進化論』のC・R・ダーウィンやA・R・ウォレス等によって先天性か後天性か、また個体的か種族的かの「気候順化」の問題として、生理学・医学的見地からの移民論が論ぜられた。その後、K・マルクス、F・リヒトホーフェン、ツガン＝バラノフスキー、L・アルマン、A・R・ウオレス、W・リプティ、H・スペンサー、W・ヘルバッハが移民論争に参画したが、歴史的事実としてスコットランド人移民の優秀性が浮き彫りとされた。

常にイングランドの影響下に劣位に置かれてきたスコットランド人が気候不順・資源希少・諸部族混交の環境の中から移民運動に向かった時、「優れた実用学思想や技術を携えてイングランド次いでヨーロッパ大陸・新大陸アメリカへと流入したが、極めて外向的な近代スコットランド人像を形成した」（拙著『近代スコットランド移民史研究』御茶の水書房、一九九八年）のである。

興味深いのは、スコットランドの長老会派（プレスビィテリアン）牧師はアメリカでは同系統のオランダ改革教会の牧師職に就職し、またアジア・アフリカでも新天地に溶け込み、国際結婚を通じて馴化したことである。これは幕末明治の日本でも、長崎のT・B・グラバー、神戸のE・H・ハンター、函館でのJ・ミルン等に見られる。つまりスコットランド人の思考・哲学は、ヨーロッパ民族の中でも最もアジア・アフリカに浸透しやすい特徴をもっていた。

三　スコットランド人脈と海外ネットワーク

イングランド経済の後塵を拝していたスコットランドにとって、先ず一六五一年のクロムウェルが定めた航海条例が一七〇七年の合併により撤廃され、友邦国としてイングランド並びにイングランドの保有する広大な海外市場に進出できる機会を得た。

ただ歴史的に貧しかったスコットランドは、中世でも人口増加を吸収する就業機会はなく、南下してイングランド、また北海を渡って北西ヨーロッパに出稼ぎに出かけた。当然、手を汚して働く仕事が中心で、最も金儲けになるのは外国軍隊の傭兵で、一六世紀のロシアやノルウェー等で部族単位で従軍した。それが平和な時代では河川工事や土木事業・建築業、また軍事武器産業への従事となった。

近世ではヨーロッパ各地と通商網をめぐらせ、例えばイングランドがフランスと戦争を起こしフランス製のワインが輸入できなくなると、大陸からスコットランドを経由して持ち込む手段を成功させた。

そして合併すると、グラスゴウ煙草商人はアメリカ・バージニアから「青田狩り」方法を用いて効率的にタバコ葉を輸入し、加工してヨーロッパへ販売するネットワークを作り上げた。また亜麻（リンネル）業も、大陸から原料を輸入して加工して販売するビジネスを展開した。アメリカ独立戦争でタバコ貿易が壊滅的な打撃を受けると、「先ず西インドの砂糖貿易やダリエン会社を発起した他、グラスゴウの商工会議所を作り地元への工業投資を図った」（拙著『近代スコットランド社会経済史研究』同文舘、一九八五年）のである。

一九世紀中葉には、スコットランド・グラスゴウの鉄工業は著しい発展を遂げて英国一となり世界最大の銑鉄輸出市場を形成した。特に「アメリカ・世界各地への鉄道レール輸出の中心となった。スコットランドは大英帝国の心臓部となり蒸気機関車ビジネス、造船業のメッカとなった」（拙著『近代スコットランド鉄道・海運業史――「機械の都」グラスゴウ』御茶ノ水書房、一九九九年）のである。

この国際的ビジネスの拡大は、国境を越える時に、スコットランド固有の優れた銀行業ビジネス・ネットワークが効率・相乗的に発展した。その中心はスコットランド人商人・技師であり、彼らは一方では中央政府に働く同郷出身の外交官、銀行家や海運業者、他方では母国と新天地での同郷出身の代理人との「絆」を保っており、それが同時に大英帝国の幹線として機能した。

四　スコットランド商人とアジア・ネットワーク

一六〇〇年のエリザベスI世の勅許状により設立されたイギリス東インド会社は、ロンドンのシティの金融一族によって経営を握られたが、二世紀にわたりイギリスとインド・東洋間の貿易を独占した。スコットランド商人はイングランド勢力の独占打破を目指し、ヨーロッパ各地に散在するスコットランド人商業社会の資本と人を動員してスウェーデンやデンマークの東インド会社設立に協力した他、スコットランド人の参加を容認した新東インド会社に入り、インド以東のアジア・極東との通商を目指した。

特に一七九三年、一八一二年の特許状更新時に、次第にイングランド東インド会社貿易独占に挑戦し、最終的に一八三三年に同社の中国貿易独占を撤廃させた。彼らスコットランド出身の自由貿易商人がアジア各地に活躍する。インドのカルカッタ在のパルマー家、マッキントッシュ家、ボンベイ在のフィンレイ家、さらにアジア・極東へのジャーディン・マセソン会社のようなスコットランド人企業家が活躍した。

スコットランド人商人は、インドにおける黄麻・紅茶製造ビジネス、銀行・海運・鉄道業においてもスコットランドから技術と経験を持ち込み成功した。そこにはアメリカ植民地で成功した経営技術・組織運営も生かされていた。彼らはネットワークを通じて、当時のグラスゴウの作り出した世界最新の鉄道・造船ビジネスを背景に銀行・金融業も加え、さらに新発明の電信技術を用いての情報ネットワークも生かして、新天地に「近代工業社会」を輸出・移植したのである。

一八七〇年代のアジア・極東地域では、スコットランド出自の数多くの海運・航海業社（ペニンシュラ・オリエンタル航行会社やジャーディン・マセソン社等）が大英帝国の通商ネットワークの幹線を形成すると、支線にはカルカッタ在のR・マッケンジーがグラスゴウのW・マッキンノンとパートナーを組みビルマ蒸気航行会社を設立した。さらにマッケンジーはベンガル湾からビルマ間のイギリス・インド蒸気船航行会社も設立した。その他のスコットランド系の海運社にはグレン、キャッスル、ベン航海社等があり、アメリカ経由の（元祖スコットランド出自）にブルー・ファンネル（青い煙突マークの）社、スワイア社が活躍した。興味深いのはイギリスで開始された産業革命の世界的波動は電信ネットワークの三つのルート、北ヨーロッパからロシア経由の北方ルート、アメリカ・大西洋経由ルートさらにインド・中国経由を通して、全てイギリスの裏側に位置する日本で完結されたことである。

イギリスがインドから中国に関心を移行させ、中国政府に要求して、一八四二年に香港、四三年に厦門・上海、四四年に福州・寧波、五八年に瓊州や南京、さらに台湾・淡水を開港させた。そして日本にアプローチする。

一八五〇年代からのヨーロッパからの外圧を受け、封建日本は動乱期を迎えたが、一八五八年にスコットランド人外交官エルギン卿が派遣され、アメリカに次いでイギリスとの間に日英通商条約が締結された。フランス・イギリス等の影響を受けながらも、よりイギリスに傾注した薩摩・長州等の西南雄藩が明治維新を遂行する。「そこにはT・B・グラバーやマセソン社のW・ケズウィックがスコットランド・ネットワークから来日し、スコットランドから技術・教育・社会制度の導入、殊に綿紡績・織布業、製鉄・機械・鉄道業、さらに燈台港湾建設の他、造船・海運業、また銀行業等が日本へ導入された」（拙著『国際日本を拓いた人々——日本とスコットランドの絆』同文舘、昭和五九年）のである。そして『エンジニアの思想』を受容した日本は、著しい社会進展を遂げ、一九世紀末には『東洋のイギリス』と言われるほどのアジア随一の工業国として、世界史上に登場した」（拙著『スコットランドと近代日本——グラスゴウ大学の「東洋のイギリス」創出への貢献』丸善プラネット社、平成一三年）のである。

日本との条約締結後、イギリスはさらに一八六〇年に中国の九龍・汕頭・天津、六一年には揚子江内陸へ目を向け鎮江・九江・漢口、六二年には芝罘、六四年には牛荘を開港させ、より広範な通商ネットワークを作り上げた。つまりイギリス資本主義の世界市場との連結ネットワークは、対イングランドで培われたスコットランド商人の長年のビジネス体験から生まれ、さらに対ヨーロッパや新大陸アメリカでの経験を積み、一九世紀後半の対アジア・極東で文字通り最大の成果を上げたことになる。

五　アジアからの西欧に向けてのレスポンス・ネットワーク

ヨーロッパが到来する以前のアジア間貿易では、あくまでも地域固有の経済圏を尊重した形での通商であった。一七世紀にはオランダやスペインがヨーロッパ固有の収奪様式、つまり植民地主義をアジアに持ち込み、さらに近代資本主義の誕生と共に、イギリスとフランスがより高度な搾取形態を導入した。その先頭に立ってヨーロッパとアジアの通商ネットワークを形成したのが、スコットランド人ネットワークであった。

次にヨーロッパからのインパクト（影響）を受けての

レスポンス（対応）が始まることは推論できよう。海外に出たスコットランド人は技術と知識を持ち、官僚的なイングランドと異なり、現地社会に上手に溶け込み、現地で有力者となり本国とのビジネス・ネットワークの核たる人材に成長し、さらにネットワークを拡大していく。事実、彼らスコットランド人は現地有力者とのビジネス・パートナーシップも頻繁に行い、国際結婚して現地に順化した例も多い。その他、現地での西欧技術受容の近代技術カレッジや海技学校の教師、病院医師に定着した者も多かった。

イギリス資本主義の進出を受けて、先ずインドのボンベイやカルカッタにスコットランド商人の下請け現地商人が誕生する。彼ら現地人エリートを育成したのが、本国のスコットランドの諸大学やイングランドの工業都市にできたマンチェスターやリーズ、リバプール等の「植民地用大学」である。さらに現地人師弟で英国で高等教育を受けた新しいエリート層が本国に戻り、ビジネスを継承・発展させることになる。特にイギリス資本主義がアフリカに進出した時、彼らの実務補助に抜擢されたのが新インド人エリートであった。そしてイギリスが対中国の貿易を阿片を中心に拡大を図る時にも、彼ら新インド人エリートがスコットランド商人と組んで活躍する。そして日本がアジアの強国となり日清戦争で中国を破る過程で生まれてきたアジア・ナショナリズムの中で、イギリス人補佐役での知識と経験を生かして、インド人通商ネットワークを形成・拡大していく。それが現在も続く印橋ネットワークである。

中国においても、長年の歴史と文化、経済慣行が存在した。特に一八四〇年代から中国南部の広州・福州から、シンガポール・マラヤ地域でのイギリス資本主義を支える労働力（「苦力」）として入り込み、スコットランド商人を手伝いながら自らも学習して、タイ・インドネシアも包摂する東南アジア各地に拠点を築き、イギリス人ネットワークのサブ・ネットワークを作り上げる。ビルマ・フィリピン等にも進出した。彼らが一八六〇年代に、イギリスが北中国に進出する時に、補助機能を果たすことになる。興味深いことは、彼ら中国人が二世をイギリスの高等機関に送るのは、ずっと後の二〇世紀に入ってからのことである。しかしイギリスで高等教育を受けた新中国人商人が、二〇世紀には各地の中国人商人を糾合して中国人通商ネットワークを機能させることになる。

日本も幕末・明治期に、薩摩・長州藩士達は、スコットランド商人のネットワークを通して密航してイギリスへ渡り、近代市民社会を学習した。また徳川幕府もヨーロッパに使節団を送る際に、同じくスコットランド人ネットワークに頼った。このネットワークは明治維新以降に日本へ送る技師と資材の搬入通路となり、また日本が技術習得に海外に学生を派遣した時にも機能した。例えば岩倉使節団に随行し海外に残され西欧近代知識・技術を習得した青少年学生が置いていかれた大学・企業や、工部大学や大学南校等の優等生を派遣した際に、彼らが受け入れられたのもネットワークの諸機関であった。

その後、日本が西欧の影響下に工業化を開始し、海外への進出を図った際にも、三菱汽船や共同汽船を合併しての日本郵船がペニンシュラ・オリエンタル航海社等のスコットランド商人航路を借りて営業を開始し、次第に自前の航路を拡大して行ったのである。つまりアジアにおけるインド、中国、日本の経済ネットワーク形成においても、スコットランド商人ネットワークは、大きな助力となったのである。

ネットワーク論と組織間関係論の射程

中村宗悦

一　はじめに

第I部で川勝平太氏も指摘しているように、A・G・フランクの『リオリエント』が示している多くの事実は既知のものであり、そこで提起されている「脱西欧中心主義」のテーゼももはや耳目を驚かせるものではないだろう。したがって、われわれがそこから汲み上げていくべき今後の課題は、フランクの提示する大きな枠組みはそれとして了解しながらも、どのようにして総体としての近代世界を捉え返すことができるのかを探ることにある。

その点で、山下範久氏が『リオリエント』が提起するもの」で指摘しているように、ネーション・ステートという枠組みを超えるものとしてのネットワークを措定し、そこを軸としてアジアという地域概念の内容を豊富化していくという方向は突き詰めて考えていく価値のあるものだと思われる。

ここでは、「近代アジアと日本」をネットワークというキーワードで考えた場合の論点を整理したあと、具体的な事例について触れ、最後に今後の課題を示しておきたい。

二　ネットワーク論

一九九九年に上梓された杉山伸也氏とリンダ・グローブ氏による『近代アジアの流通ネットワーク』(創文社)は、近代アジアにおけるさまざまなネットワークのあり方に迫った論稿を収録しており、経済史研究者の間でのネットワークへの問題関心の高まりをうかがわせるものであった。

同書の序章「近代アジアの流通ネットワーク」では、ネットワークという概念を「ハード」なネットワークと「ソフト」なネットワークに分け、「ハード」を、交通・情報・金融ネットワークなど大規模かつ公共的で、しかも制度化された貿易のインフラを意味するものとし、さらにそれらを個人には依存しない「公的ネットワーク」と位置づけている。

「ハード」なネットワークを一方の極に位置づけるとすれば、アジア商人間のビジネス慣行において見られるような、公式の制度的・法律的保護によらない信用関係に基づく「非公式ネットワーク」(「合股」や「幇」)はまさに「ソフト」なネットワークであり、「中心」「周縁」という階層構造というよりも、支配という言葉からはほど遠い複数の水平的な中心地が同時に併存する構造をもつものとして特徴づけることができるとしている。

一方、いずれの極にも属さないネットワークとして、日本の同業組合などにみられるような、ある程度地域的広がりと排他的性格をもった中間組織としてのネットワークや、同書所収の北川勝彦氏の論文に示されている、政府、海運、商社、個人店などが一体化していたアフリカの貿易ネットワーク(そこでは経済活動の制度的フレームワークが関税や入国管理に象徴されるように主権国によって規定されているのであるが)のような国家の役割が非常に大きなウェイトを占めるネットワークも、同様にネットワークとして論じられている。

「ソフト」なネットワークが、「非公式ネットワーク」

とほぼ対応していると考えられるのに対して、中間組織としてのネットワークや、国家と一体化したようなネットワークもネットワークとして捉えようとしているところにネットワーク論の射程の広さが看取できると同時に、「意地悪くいえば、『ネットワーク』概念のインフレ現象が起きている」（末廣昭氏による同書書評：『創文』一九九九年一二月号所収）との感もまた否定できない。

浜下武志氏も「これまでネットワークという場合には、縦のネットワークも横のネットワークもあるいは制度も組織も、あるいは地縁や血縁もほとんどすべてネットワークという形で説明されていた。これではネットワークが持っている脆さとか、弱さというものを十分説明できない場合がある。ネットワーク議論がもう少し限定されて、考えられなければならないということになろう」（『沖縄入門』ちくま新書、二〇〇〇年）と、指摘している。

あるいは、籠谷直人氏は『アジア国際通商秩序と近代日本』（名古屋大学出版会、二〇〇〇年）のなかで、中間組織としてのネットワークとして指摘されている同業組合について、近代日本が「国民経済」自立上の要件を欠いていたがために、それを補完しながら農商務省が主体的に推進した「産業政策」のなかに位置づけられるとしている。籠谷氏がネットワークという言葉を慎重に避けていることからもわかるように、同業組合という中間組織と政府の関わりをこうした視点から見た場合に、ネットワークという概念がはたしてどれほど有効なのかという疑問が生じてくる。

さらに「ソフト」なネットワークの代表とされているアジア商人間「非公式ネットワーク」に関しても、上海ネットワーク研究を手がけてきた古田和子氏は、ネットワークは「空間支配の関係」として考えられると明確に述べている（「アジアにおける交易・交流のネットワーク」平野健一郎編『講座現代アジア4　地域システムと国際関係』東京大学出版会、一九九四年）。『近代アジアの流通ネットワーク』で示された、〈階層構造＝支配・被支配の関係、水平構造＝支配のない関係〉という捉え方は不十分かつ誤解を招く捉え方かもしれない。

三　組織間関係論と在外公館ネットワーク

数年前、近代日本における工業化と対アジア貿易における企業間、あるいは政府―企業間の関係を明らかにしようという問題意識を持ちながら事例分析を行った共同研究が公刊された（松本貴典編『戦前期日本の貿易と組織間関係――情報・調整・協調』新評論、一九九六年。このなかには戦間期日本の東南アジア市場における在外公館の活動を扱った拙稿も収められている）。

同書では、ネットワークという言葉につきまといがちな曖昧さを排除しつつ、関係性の実態を扱うためにあえてやや生硬な「組織間関係」という概念が用いられた（詳しくは、同書第一章、松本貴典「戦前期日本の貿易促進の基礎的条件としての組織間関係」を参照）。そして拙稿は、角山榮氏を中心とする研究グループがつとに明らかにしてきた日本の在外公館の制度的な実態からさらに一歩進めて総合的な機能の分析を行ったものであった。

「在外公館ネットワーク」、これをあえて「ネットワーク」という概念で説明するとすれば、それは「公共的で、しかも制度化された貿易のインフラ」として考えることも可能だが、しかし、それは「ハード」では決してなく、いわば「ハード」を使いこなす「ソフト」としての性格をもつ。さらにそれは「空間を支配する関係」という性格をもつものであったし、政府組織という点に着目すれば、垂直的な構造も備えたものであった。

しかし、より適確に「在外公館ネットワーク」を位置づけようとするならば、人材・資金・原材料・情報を媒介とする組織と組織の間の資源および情報交換を調整する組織だと言えるであろう。

在外公館という政府組織が調整や介入をおこなうのは、基本的には「市場の失敗」（情報の不完全性、公共財提供、外部経済・不経済、収穫逓増、破壊的競争や自然独占、所得分配上の配慮や安全保障）が発生した場合である。これらに加えて、組織間の相互依存や対立が複雑である場合、あるいは組織間の関係調整コストが個々の組織ではあまりにも重すぎる場合にも調整や介入はおこなわれる。つまり、組織が「組織間関係」の調整を行うに際し、相互依存関係を当事者間で直接的に調整するのではなく、上位レベルにある組織が間接的に調整することがあるのである。さらにその際の方法は二つある。一つは、法的規制によってであり、もう一つは、新しい組織を組織することによってである。

この組織間関係の調整というキー概念によって、ネットワーク論ではなかなか見えにくい組織間の関係性が持っている経済的な意味合いを分析することが可能になった。

四　第一次世界大戦前後の通商政策と在外公館

「組織間関係論」の視角から拙稿が具体的に扱ったのは、とくに第一次大戦以降の日本にとって未開拓市場であった東南アジア方面(インドを含む)の在外公館の活動はいかなるものであり、在外公館が現地の日本人商工業者をどう組織化していったのかということであった。そこで得られた結論を要約しておこう。

(1)第一次大戦後の通商政策の重点は、東南アジア市場を筆頭とする新市場への積極的展開をいかにして行うかにあった。当該期の在外公館数・在外公館職員数の顕著な増加から明らかなように、在外公館は、そうした通商政策の最前線を担う重要機関として位置づけられていた。

(2)当初在外公館は、通商情報を探索・収集・処理するという役割を期待されていた。また実際、在外公館職員には通商上の専門知識をもつ人材が登用されており、商務担当官として特に東南アジア方面に配置された。在外公館の情報は、新市場での取引コストを引き下げる効果が期待されたのである。

(3)しかし、その情報内容をみていくと、初期においては「環境情報」的なものに重点があったのに対して、次第に現地での取引希望者の紹介情報が増加していった。それにともない在外公館の機能も、単なる情報提供から「通商交渉機能」「現地邦人組織化機能」へと重点を移していった。通商交渉については日常業務としての商取引上の紛議処理機能が重要であり、一九三〇年代本格化する現地邦人組織化の動きについても、現地での実情に応じて在外公館がそのつどサポートを行っていた。

組織間関係形成の観点からみた在外公館の一般的機能はおおよそ次の四項目に整理できる。まず第一に、駐在地の商況調査・報告、取引業者の紹介・斡旋などの情報提供機能、第二に、商工省・本国商工会議所など他機関との連絡調整機能、第三に、現地の官民とのネゴシエーション・商業取引上の紛議の処理など広義の交渉・調停機能、第四に、駐在地邦人商工会議所などの組織化機能、である。

ここでは紙幅の関係で、第四の機能に関わる在外公館の活動を具体的な事例（ボンベイ、マニラ、香港）を取り上げて、簡単に見ておきたい。

海外において日本人商工業者の組織形成が活発化してくるのは、一九一〇年代以降のことである。東南アジア方面においてもこの時期、シャム、蘭領東インド、フィリピン、シンガポール、と次々に邦人会組織が形成された。しかし、これらはいずれも何らかの経済的目的を実現するための組織化活動というよりも、親睦を目的としたゆるやかな連携組織であった。しかし、これらの組織は一九三〇年代には商工会議所として対現地政府交渉活動を主目的とした組織に改編されていくのである。

(1) ボンベイの事例

ボンベイにはすでに日本人会の「水曜会」が存在していたが、通商活動上有効な組織であるとはいえなかった。本省サイドが現地領事に邦人組織化の可能性を聴取してきたことに対して、石川実領事（一九二〇年早稲田大学政治経済科卒、一九三五年より孟買領事）は、「従来当地在留ノ本邦貿易業者間ニ於テ此種機関ノ設立計画アリタルモ経費其他ノ事情ニ依リ今日迄実現ヲ見ルニ至ラサル処若シ外務省ヨリ此種補助金ノ交付有之於テハ之ヲ絶好ノ機会トシ是非共本年度中ニ本計画ノ実現ヲ計リ当業者側多年ノ希望ヲ達成セシム可キ」（外務省記録 E.2.6.0.1.(22) 以下、外交史料館蔵外務省記録からの引用は単に文書番号のみを付す）と回答している。この結果、外務省側から商工会議所設立資金が交付された。しかし、ボンベイ商工会議所の会頭もしくは副会頭に就任する予定であった三井物産支店長が三井物産本店からの指示により役職辞退の方向に動き、結局ボンベイ商工会議所は当初委員制の合議組織とすることに決定した。そしてこのことは商工会議所を実効力ある組織にするにあたって不十分な対処方法であった。とくに一九三六年は第二次日印会商を控え、当地本邦銀行商社の代表機関たるべき交渉団体の必要が痛感されたために、石川領事は外務省に三井物産・日本郵船に現地在住の社員の商工会議所役職就任斡旋の依頼を行っている。

石川領事はまず「最近改メテ曩ニ会頭及副会頭ニ推薦セラレタル中井三井物産支店長及矢島日本郵船支店長ト会談シ右ニ就任方熱心ニ勧説シタル処両氏共本社ニ於テ許可スルニ於テハ就任スヘキ旨承諾ノ意ヲ表スルニ至リタリ」と述べ、「就テハ右事情ニモ照シ三井物産及日本郵船本社ニ対シ出先支店長ニ於テ本件会頭及副会頭ニ就任シ差支ナキ旨指令有之様御折衝御斡旋相煩度其結果何分ノ儀電報ヲ以テ御回示相仰度シ」と打電している（E. 2.6.0.1. (22)）。栗栖通商局長は、ただちに日本郵船社長の大谷登、三井物産代表取締役の田島繁二に宛てその旨を伝え、両者の了承を得るに至っている（E. 2.6.0.1. (22)）。

このようにしてボンベイ商工会議所は一九三六年度から活動を開始した。初年度の活動の主な内容は、人絹等の輸入税引上げ法案反対の議会陳情活動、東京商工奨励館に委嘱しての人絹絹織物等貿易状況調査、大阪府立貿易館に委嘱しての雑貨品の貿易状況調査、それに日印会商代表との協議・打合せ等である。このうち最も重要な活動は日印会商関連の活動であると思われるが、それ以外にもインド議会での関税引上げに対する陳情活動を独自におこなっており注目される（E. 2.6.0.1.）。

(2) マニラの事例

在マニラ総領事の木村惇（一九一五年京都帝国大学法科大学政治科卒、一九三一年よりマニラ総領事）は、一九三二年のフイリピン議会における関税引上げ問題に対して「本邦商側トシテ其対応策ヲ講スル必要ニ迫ラレタル結果不取敢日本商業組合（Japanese Trader Association）ヲ組織シ其名儀ノ下ニ各種運動ヲ続ケ相当ノ効果ヲ収メタ」と述べ、更に「議会終了後モ本邦商間ニ商業会議所設置運動起リ」、同年末に商業会議所を設立するに至ったと報告している。しかし、この商業会議所は「其設立ノ動機カ普通ノ商議ト異リタル関係上別段定款等ヲ規定セス会費モ徴収セス横浜正金太宰支店長采配ノ下ニ会員三十四名ヲ有シ実業団其他ノ関係者来馬ノ際之カ歓迎斡旋等ヲモナシ来レル」にすぎないものであった(E. 2.6.0.1. (23))。つまり、設立動機こそ保護関税反対の圧力行動の実践にあったのだが、その後具体的活動が行われていたわけではなかったのである。

これが一九三六年には、「1：商工業ノ状況及ヒ統計ノ調査編纂　2：商工業ニ関スル通報ノ発行　3：商工業ノ利害ニ関スル意見ノ発表　4：商工業ニ関スル仲介及ヒ斡旋」などをおもな事業とし、「其他商工業ノ改善発達ヲ図ルニ必要ナル事業ヲ遂行スルノ目的ヲ以テ会員数ヲ九十名位ニ増加シ事務所並ニ有給専門書記ヲモ雇入レ」るまでの組織に発展した(E. 2.6.0.1. (23))。

また内山清総領事(一九〇七年横浜商業学校卒、一九三五年よりマニラ総領事)は、「現ニ開会中ノ議会ニ於テハ外人関係ノ法案ノ提出多数ニ上リ夫々対策ヲ講スルノ要アルニ付去ル七月二十二日各法案別ニ小委員会ヲ設ケ当館ト連携シ目下折角対議会策ヲ講ジ居レル」ので、その活動費用として「当地商業会議所ニ対シテモ相当額御計上方御配慮相煩度此段申進ス」と、外務省に依頼をしている(同右)。マニラ商工会議所の主要な活動の一つに、在外公館と連係してのフィリピン議会対策があったことがわかる。

実際にマニラ商工会議所に交付された活動助成金の使途は、一九三七年度において、(1)米比共同準備委、第二回公聴会速記録入手費、(2)米比通商会議の予備会談、ケソン大統領に対する議会・公聴会を通じての事前工作費など具体的細目にわたっており、その他にも、市令案対策(ライセンス料引上反対)、中国人ボイコット問題対策などおもに通商上の交渉費用で占められていた(同右)。

(3) 香港の事例

次の資料は一九三七年の香港の商工会議所設立にかんする趣意書を水澤孝策総領事(一九一七年東京帝国大学法科大学政治科卒、一九三四年より香港総領事)が報告したものの一部である。ここではより一般的な「統制経済」への移行という観点からその設立動機が述べられている。「当地ニ於テ商工会議所ノ如キ機関設置ノ要ハ多年唱導セラレタルニ不拘時熟セズシテ其実現ヲ見ルニ到ラス今日ニ及ビタルガ今ヤ世界一般経済界ノ情勢ハ正ニ統制時代ヲ現出シ各国競テ経済ブロックノ結成ニ腐心シツツアル現状ニ鑑ミ小異ヲ捨テ大同ヲ取リ統制団結共同ノ利益ヲ擁護シ相協力以テ我貿易ノ伸長ヲ謀ルヲ最モ緊要ナルコトト信ス。故ニ吾等在留邦人商工業者ハ以テ一団ヲ結成シ内地ハ勿論各地ノ商工業団体トノ交渉連絡ヲ緊密ニシ各地ノ商状変遷ヲ知ルト同時ニ当地方面市場ノ動向及経済情勢又ハ外国市場ノ趨向ヲ探究シ当業者相互ノ利便ヲ計リ以テ対日貿易ノ発展ヲ期セントス。」(E. 2.6.0.1. (19))

一九三〇年代の現地邦人組織化の動きは、現地政府の保護化の動きに対する対応という側面と、時代潮流としての「統制」の動きに呼応した動きとに大別できよう。前者の場合は、有力な現地邦人の組織への参加が組織活動の実効力を高めるのに絶対的な条件であったが、そうした有力邦人の参加説得に在外公館が積極的に動いていた。また、在外公館は現地邦人組織と連携しつつ現地政府当局やその他各方面への交渉を支援していたのである。

四　今後の課題

以上はほんの一例にすぎないが、アジア市場において日本の在外公館が現地商工業者をいかに組織化しようとしたのかについて見てみた。組織間関係の形成には時代に応じていくつかの局面があり、また地域ごとの事情にも関連してその具体的なあり方は一様ではない。そして、具体的な事例を一つ一つ積み上げていくことが、アジアといういささか大ざっぱな地域概念の内容を豊富化していくためには、今後とも必要不可欠な作業であるだろうと思われる。

また、現在の筆者自身の問題関心に引きつけて言えば、外部との関係が国内の生産・流通・消費の関係にいかなる影響を与えてきたのか、あるいはまた逆に、国内の生産・流通・消費の関係の変化に応じた外部との関係の組み替えがいかにして起こったのかが重要な視点であると思われる。「地域」が国境を越えた重層的なネットワーク(関係性の網の目)によって示されるとしても、現実の国境の「内と外」という視点も常に意識しておく必要があるだろう。

最後に誤解のないように付け加えておきたい。ネットワークという概念がネーション・ステートという枠組みを超えた「関係性」を剔出するのに有効な概念の一つだということに異論を差し挟むわけでは決してない。もともと欧米世界の否定概念として出発したアジアという空間への第一次的接近をおこなっていく際には、ネットワークという概念が有効であることは、様々な論者も指摘するところである。

しかし、一方で近代アジアのダイナミズムには、そうしたネットワークをネーション・ステートに再編成していこうとするベクトルも存在した。ネットワークとネーション・ステートをともに射程に入れた組織間関係論の視角を、ここであえて強調したゆえんである。

海洋アジアの中の日本

【木綿と砂糖を事例に】

久米高史

二〇〇〇年より、新たなる全体像の構築を目指して、東京大学出版会から『日本経済史』(全六巻)の刊行が始まったが、その第一巻巻頭の「『日本経済史』(全六巻)の刊行にあたって」において、次のような指摘がある。

この三五年間に、日本経済史の個別研究の対象領域は第二次世界大戦以降にまで及び、日本経済の現状分析と重なり合う時点にまで拡大した。方法的には経営史や労働運動史、社会史あるいは数量経済史などと交流した多面的アプローチが試みられ、最近では比較制度分析や取引コスト論などいわゆる近代経済学の手法の影響も見られるようになった。実証的には政府統計や刊行史料の利用の段階を越えて、個別経営史料や統制経済関係文書、GHQ関係などの海外文書の発掘と利用が進み、個別テーマについての実証水準はかつてない高まりを見せた。しかし、そのことは、反面において、新たに研究を始める者にとっては高い障壁となり、若手研究者は狭い研究・史料空間に閉じこもる傾向が生まれた。かつての諸研究者が目指した「ダイナミックな全体像の構築」への努力が学界全体として弱まったことは否定し難い。

この指摘のように、日本経済史研究における最近の研究関心は、第二次世界大戦後、とりわけ高度成長期の個別産業分析に移っており、そこには「なぜ日本が非ヨーロッパ圏で最初の工業国家となったのか」というような、日本経済史研究史上の本質的テーマともいうべき視点が脱落しており、また広域的にしてダイナミックな議論が見られない。また、日本経済史と、西洋経済史、アジア経済史、国際政治、国際関係論や地域研究といった分野との交流も少なくなっている。このような日本の学界の現状が、「アジアの中での日本」ないしは「グローバルな視点から見た日本」という分析視角を喪失させている。

私の専門は、幕末維新期から両大戦間期にかけての綿業・糖業であるが、綿業についての日本経済史上の永遠のテーマは、「幕末開港後の自由貿易によりイギリス製の安価な機械製綿布の輸入圧力にさらされた日本綿業は、いかにしてこの圧力をはねのけ、輸出産業にまで発展したか」ということであろう。

一九六〇～七〇年代の古島敏雄・高村直助・中村哲氏らの研究によれば、一八七〇～八〇年代に進んだ国内綿織物業の再編成は、輸入綿布による「外圧」を契機とし、原料糸を在来手紡糸から安価な輸入機械製綿糸に転換することによって進められたということであった。これに対し、早くも一九七〇年代に川勝平太氏は、使用価値の側面から、輸入綿布は国内絹織物の下級代替財であり、在来綿布とは競合しなかったという議論を提示した。また一九八〇年代に入ると、阿部武司氏も、使用価値の違いから、国産綿布と輸入綿布との競合に否定的な見解を示した。この川勝氏の在来綿布との競合完全否定説に対しては、谷本雅之氏をはじめとして多くの反論が生じた。

これらの議論の中では、当該期の輸入綿布が直接的に在来綿布と競合したのか、また競合が存在したとすれば、具体的にどのように競合したのかが、明確に示

表1　泉州木綿と輸入生金巾，一反あたりの価格（単位：銭）

	泉州木綿	生金巾
明治1年	14.7	26.6
2年	24.9	39.3
3年	23.6	24.0
4年	23.7	21.6
5年	25.7	20.5
6年	26.5	26.8
7年	25.7	26.5
8年	26.0	26.4
9年	26.0	25.7
10年	27.0	25.0
11年	28.0	25.2
12年	33.0	24.6
13年	39.0	24.8
14年	45.0	24.4
15年	39.0	24.5

注）価格は『横浜市史』資料編二のデータより、f.o.b.→c.i.f.などの処理を行った上での金巾全体の平均価格である。

されているとはいい難い。そこで、明治一二年大阪商法会議所の「海関税改正に関する答申書」の記述を手掛かりに、通説では品質が似ていたために激烈な競合関係にあったと言われる輸入生金巾と泉州木綿との関係を吟味してみたところ、次のような結果を得た。（詳細なデータについては、拙稿「幕末維新期『外圧』と和泉木綿」国際日本文化研究センター『日本研究』第二五集、二〇〇二年三月刊予定を参照）

大阪商法会議所の明治一二年「海関税改正に関する答申書」の「下等金巾」の項目によれば、当時一反当たり二〇～二三銭の相場であった下等金巾は、洋銀相場の変動により、その価格が二八～三二銭になるまでは売行不変で、それ以上になると泉州木綿一反当たり三五銭物に販路の一部を奪われるというのである。すなわちこれは、両者の価格差が八～九銭以下に縮まらない限りは、伝統的嗜好よりは安価さの方が優先されるということを意味している。ここに、岸和田市郷土資料室（市史編纂室）蔵の前田家文書、および岡田光代「幕末～明治前期における一農家の木綿生産」（大阪府立大学『歴史研究』第三四号、一九九六年）から得られる泉州木綿の価格データをあてはめてみると、**表1**に示したように、国内市場に対して輸入綿布の圧力の最も強かった明治初年代においては、輸入生金巾と泉州木綿との価格差は、泉州木綿の方が生金巾よりも安価であるか、前述の価格差の範囲内である。逆に輸入綿布の圧力が弱まる明治一〇年代に、泉州木綿の価格の方が高くなってその価格差が拡大し、二〇銭以上の差が開くことも見られる。生金巾の上等・中等・下等品別の輸入比率はわからないが、一八七五年の英国領事報告によれば、一八七〇年代に神戸にもたらされた金巾の大部分は上海からの再輸出品であり、かつ下等品である。この点は、古田和子氏によっても、「上海ネットワークの中の神戸――外国綿製品を運ぶ中国商人」(近代日本研究会編『年報・近代日本研究・一四　明治維新の革新と連続』山川出版社、一九九二年)の中で、神戸港における輸入綿布の大部分が、イギリスから直接持ち込まれたものではなく、中国商人による上海からの再輸出品であったことが明らかにされている。

このように下等品が大量に輸入されている中で、通説では直接の競合関係にあると言われてきた泉州木綿の方が全体として価格が安いわけであるから、輸入綿布が圧倒的な価格差でもって国内市場を席巻したという通説は否定されねばならないだろう。また品質についても、使用されている糸の番手、および織物内の糸の打ち込み本数を比較してみれば、泉州木綿のうち、裏地に用いるものは緯糸・経糸共に二〇番手の綿糸を一寸の間に七〇本前後打ち込んだものであるのに対し、金巾の方は、上等・中等・下等の区別は判明しないが、緯・経糸共に二八～四〇番手の綿糸を一寸の間に八四～一〇八本程度打込んだものであり、薄手の木綿だからといって品質や用途が必ずしも同じであったとは言えない。

「外圧」の実態は、日本国内の綿業の動向を論じるだけではなく、東アジア全体の綿織物の需要動向、またその流通過程を論じることで、より鮮明になるであろう。それゆえ、「アジアの中の日本」という視角は不可欠なのである。史料的な制約もあり、東アジア全体の綿織物の需要動向と日本国内の綿織物の需要動向を比較することはなかなか困難ではあるが、日本の領事報告書や「英国議会資料」(British Parliamentary Papers)などのアジア全体にかかわる史料を丹念に読み込んでいくことが、今後の課題であろう。

綿業だけではない、糖業についても同様のことが言えるだろう。砂糖は、日本人の食生活において、幕末開港以後に急速に消費の増えた商品であり、台湾領有までは輸入糖に押され、日清戦争の勝利で台湾を領有した後、ようやく国内自給を実現し、輸出に転じるのは一九一〇年代に入ってからである。

この間、日本糖業は、国内市場でも、輸出市場でも、香港のジャーディン・マセソン商会系列の中華糖局とスワイア商会系列の太古糖房が生産する車糖（精製白糖）や、ジャワの白双糖（耕地白糖）と中双・黄双糖（原料粗糖）の圧力にさらされた。その間の経緯についての研究としては、杉山伸也氏の「一九世紀後半期における東アジア精糖市場の構造――香港精糖業の発展と日本市場」（速水融・斎藤修・杉山伸也編『徳川社会からの展望――発展・構造・国際関係』同文館、一九八九年）および「スワイア商会の販売ネットワーク」（杉山伸也＋リンダ・グローブ編『近代アジアの流通ネットワーク』創文社、一九九九年）による一連の研究や、クリスチャン・ダニエルズ氏の「中国砂糖の国際的位置――清末における在来砂糖市場について」（『社会経済史学』第五〇巻四号、一九八五年）がある。これらの一連の研究に見られるように、一九世紀末に日本精糖業が国内市場において香港精糖業を駆逐し、両大戦間期に中国市場に進出していく過程は、川勝氏の言う「アジア間競争」として捉えることができよう。

特にこの中国市場への進出においては、日本精糖業は二つの大きな課題に直面していた。一つは原料粗糖の価格の問題であり、もう一つは中国市場からのジャワ糖の駆逐である。

当時、日本は原料粗糖生産を行っていた台湾糖業を守るべく、ジャワなどからの輸入粗糖に対して関税障壁を設けていたが、そのことが割高の台湾糖を原料としなければならないという足かせになっていた。そこで政府は輸出向け精糖については戻税措置（原料ジャワ糖についての輸入関税を相殺する措置）をとり、安価なジャワ糖を原料に使用できるようにしたが、今度はジャワ糖の品質が、製糖技術の発展で、オランダ標本色相一一号～一五号未満の黄双から一六号～二一号未満の中双にシフトして高品質化（砂糖の品質についてはオランダ標本色相によって分類し、数字が大きくなるほど、高品質化していることを表す）したために、品質が上がるにつれて関税も上昇する仕組みの従来の関税政策では、再び原料粗糖が割高になる事態が生じた。

こうした状況下に、糖業連合会は政府に対して関税の再改正を求め、政府もこれに応じた。かくして、一九二七（昭和二）年四月一日に新しい関税定率法が施行され、オランダ標本色相一五号未満の第二種糖と一八号未満の第三種糖の輸入税が一本化されて、従来の輸入原料粗糖の中心であった黄双の輸入税率が大幅な引

表2　1927年の関税改正の要点

明治44(1911)年7月		昭和2(1927)年4月		差額
第1種(第11号未満)	2円50銭	第1種	2円50銭	
第2種(第15号未満)	3円10銭	第2種	3円95銭	＋85銭
第3種(第18号未満)	3円35銭	第3種	3円35銭	＋60銭
第4種(第21号未満)	4円25銭	第4種	3円95銭	−30銭
第5種(第21号以上)	4円65銭	第5種	5円30銭	＋65銭
氷砂糖その他	7円40銭	氷砂糖その他	7円40銭	

内外製糖調査所調査部編纂『砂糖取引年鑑』1924年，390頁，昭和3年版『日本糖業年鑑』236頁より作成

き上げられるとともに、二一号未満の第四種糖、つまり新たに輸入原料粗糖の中心となった中双の税率が若干引き下げられて、両者の税率が一本化し、一〇〇斤当たり三円九五銭と同額となった。

この一九二七年の関税改正の結果、輸出精糖業が保護される一方、台湾産原料粗糖の内地市場における地位が好転し、国内向け精糖業では台湾産粗糖の利用が促進されたのである。もっとも、台湾産粗糖だけでは原料が不足したので、ジャワ中双糖も原料粗糖に利用された。

かくして、政府の台湾糖業を保護しつつ、ジャワ糖もあわせて利用しうるという産業政策により、日本精糖業は香港精糖業を凌駕することができた。しかしながら二つめの課題であるジャワの耕地白糖を中国市場から駆逐することはできず、日本の産業政策の限界を露呈した。このように両大戦間期の中国砂糖市場においては、ジャワ糖が白糖市場を独占し、赤糖市場にもかなり食い込む状況があり、そのかたわらで、日本精製糖と香港車糖とが精糖市場をめぐってやはり激しい「アジア間競争」が見られたのである。

幕末維新期の日本綿業のみならず、両大戦間期の日本糖業の動向や政府の産業政策を論じる場合にも、「アジアの中での日本」という分析視角が必要となってくる。川勝平太氏が『文明の海洋史観』(中央公論社、一九九七年)でも述べているように、日本は「海洋国家」であるがゆえに、近代以降の日本経済の発展を論じるには、「海洋アジアの中の日本」という視点が必要不可欠であろう。

日本経済史研究に「海洋アジア」という視点を盛り込もうという動きは、一九八四年の社会経済史学会の

共通論題に「近代アジア貿易圏の形成と構造」が取り上げられたことに始まり、また一九八九年の社会経済史学会のパネル・ディスカッションでは「アジア域内交易（一六〜一九世紀）と日本の工業化」が取り上げられ、学界の注目を浴びた。このパネル・ディスカッションは、一九九一年にリブロポートから川勝平太・浜下武志編『アジア交易圏と日本工業化　一五〇〇—一九〇〇』として出版されたが（その後、二〇〇一年藤原書店より再版）、その他にも角山榮編『日本領事報告の研究』（同文館、一九八六年）をはじめ、松本貴典編『戦前期日本の貿易と組織関係——情報・調整・協調』（新評論、一九九六年）、籠谷直人『アジア国際通商秩序と近代日本』（名古屋大学出版会、二〇〇〇年）、同編『一九三〇年代のアジア国際秩序』（溪水社、二〇〇一年）など徐々にではあるが、「アジアの中での日本」という視点に基づいた研究が生まれつつある。

日本とアジアとの関係を論じるには、史料的な制約も多い。だが、一九九八年に大阪の国立民族学博物館・地域研究企画交流センターに所蔵された、ほぼ完全な形での『英国議会資料（British Parliamentary Papers）』や、大阪商業大学所蔵の *The Board of Trade Journal* などの史料が、未だ十分に活用されてはいない。これらの史料を活用することで、日本とアジアとの関係が徐々に明らかになることだろう。『英国議会資料』の復刻編集に携わっている私は、これらの史料を駆使するなかで、「アジアの中での日本」という分析視角の重要性を痛感している。

綿製品・原綿から見た近代世界

辻 智佐子

はじめに

本稿では、「東洋の没落と西洋の勃興」という近代世界における歴史転換によって、われわれの日用品にどのような変化が起こったのかについて、綿製品とその原綿を例にみていきたいとおもう。

『リオリエント』が書かれた目的は、従来の西洋中心的歴史理解への反省に立つ歴史の読み直しにある。同書は、この作業に必要な歴史認識の基本的考えとして、一つに人間の歴史を世界全体として長期的にとらえること、二つにその歴史は連続的・循環的であり、多様性を含みながらも世界経済として統一を保っていることを提示し、一四〇〇年から一八〇〇年の「東洋の没落と西洋の勃興」の理由をアジアとヨーロッパの双方から再考する。このようなグローバルな視野に立って歴史を読み直すことは重要なテーマであり、また本論集全体の主題に従えば、海洋アジアあるいは日本という「場」から近代世界を読み直すことが問われよう。しかし、本稿の問題関心はむしろ、長い人間の歴史のなかで東洋から西洋へと歴史の重心が移ったという、看過できないこの出来事をわれわれはどう具体的に受け止めればいいのか、言い換えれば、われわれはこの変化を日々の生活のなかにどのように見出すことができるのか、ということにある。

一つの方法は、モノに着目することである。モノは人間の生活に不可欠であり、とくに日用品はそうである。日用品は衣食住にかかわるすべてのモノを含み、人々の習慣のなかにある。そのため日用品は地域の文化と密接に関連しており、外的影響によっては容易に変化しない。しかし、長い歴史においては、日用品も変化してきた。ここでは、一つの典型として、衣料のうちの綿製品と原綿をとり上げる。その理由は、イギリスにはじまる西洋の工業化は元来アジアの専売品であった綿業部門を中心に起こり、近代世界をとおして、アジアにおける人々の衣料のあり方に変化をもたらしたからである。たとえば、現在われわれが身につけている綿製品と江戸時代のそれとは違うように、である。

以下では、アジアの綿製品と原綿においてどのような変化がいかにして起こったのかを、おもにインドと日本の工業化に照らして鳥瞰する。

イギリス人が憧れたインド製綿布

インドは綿業の発祥地としてその歴史は世界でもっとも古く、薄手綿布から厚地綿布まで幅広い質の綿布を産した。イギリスのインド製綿布の輸入は、一六一三年にイギリスのスパイス船がロンドンへ持ち帰ったのが最初とされ、低廉な価格を背景に、まずは家庭で使用される装飾用の布などに用いられた。一六四三年にはイギリス人向けに生産される綿布の色、柄などについての注文がインド業者に発せられ、綿布を衣服として普及させる努力が払われた。イギリス人がインド製綿布を衣服に用いるようになるのは、一六六〇年以降である。[★1] 衣服としての利用を機にインド製綿布の輸入は激増し、一六六〇年から一七六〇年のイギリスにおける輸入総額の首位をつねに独占した。イギリスで綿布が急速に広がった理由は、一つにインド綿布が安価であったこと、二つに保温性が高く洗濯も容易であるなど機能性に富んでいたことである。ここで留意したいのは、イギリス人はどんなインド製綿布に憧れ、それを輸入したかである。当時のイギリスの様子を表す言葉に「キャリコ熱」とか「キャリコ論争」があるように、それはキャリコという薄手平織綿布であった。イギリス人が綿業部門で工業化を達成するのも、この薄手綿布の輸入代替が目的であった。

イギリス綿業によるキャリコの輸入代替生産は、一七七九年のミュール機の発明と一七九〇年以降のアメリカ大陸で栽培されたアメリカ綿（アップランド綿）輸入を待ってはじまる。ミュール機は経糸にも細糸を使用した薄手綿布の生産をはじめて成功させた技術であり、アメリカ北部のアメリカ綿は薄手綿布生産に適した中・長繊維綿で、大量生産に足る原料の獲得を可能にさせたのである。

イギリス綿業は、国内市場からインド製綿製品を駆逐したのち、ヨーロッパ、アフリカ、西インド諸島などへ自国産の綿製品を輸出して生産を拡大していった。そして一八六〇年以降のイギリス製綿製品のアジアへの輸出は、イギリス綿業の発展をさらに加速させた。とくに、インドはイギリス綿業最大の市場となったのである。インド国内の綿布需要におけるイギリス製綿布の市場占有率を例にとると、一八三一―三五年には三・九％だったものが、一八五六―六〇年には三五・三％、一八八〇―八一年には五八・四％に増加しており、[★2]その普及の大きさが窺える。しかし、イギリス製綿製品の大量輸入は、インドの在来綿業のすべてに打撃を与えたわけではなかった。上述のように、イギリス製綿製品は薄手綿布であり、これと同質の製品を生産するインド手工業者に影響を与えたのであり、具体的には、都市の中・上流階級向けの普段着、とくに細糸からできた男性用腰布を生産する手工業者への影響がもっとも大きかった。一方、農村の下層階級向けの厚地綿布と儀式などに着用する高級綿布を生産する手工業者への影響はあまりみられなかった。[★3]その結果、インド手工業者の多くは厚地綿布の生産に移行していった。ここに潜在的な太糸市場が顕在化し、この太糸需要を満たすためにインドにおける機械制紡績業が誕生したのである。

インド紡績業の発展とアジア市場への進出

インドでの機械制紡績業の操業開始は、一八五四年である。ボンベイを中心として一八六一年には一二工場が設立され、原綿には国内の短繊維綿が使用された。この年、機械製インド綿糸の対中国輸出が開始されたが、一八六一年のアメリカ南北戦争によるアメリカ綿供給不足によって大量のインド綿が海外に流出したため、綿糸の生産は一時落ち込む。その後、インド綿糸は安価でかつ太糸ということもあって中国の在来綿織業者の間で売れ行きを伸ばし、一八七九年には工場数五八、錘数一四三万と順調に規模を拡大させていった。[★4]そして日本への直輸出もはじまり、一八八〇年までにはインド紡績業のアジア、とくに東アジアへの積極的輸出が確立したとみてよい。

インド紡績業が太糸生産によってアジア市場に参入できた要因として、二つのことが考えられる。一つは、アジアでは太糸厚地綿布の綿製品が人々の衣生活になじみ深いものであり、自給自足に近いかたちで生産・消費をおこなっていたこと、二つはこれを前提として、一八六〇年以降増加したイギリス製綿製品の輸入がアジアの自給自足体制に動揺を与え、在来綿織業の再編を余儀なくし、そこへ安価なインド綿糸が原糸として比較的抵抗なく受容されたことである。

こうして一九世紀のイギリス製綿製品のアジアへの流入は、(1)もっとも打撃が大きかったインドにおいて機械制紡績業を誕生させ、(2)これがアジアの太糸市場に進出することで中国および日本の在来綿織業を刺激し、(3)のちの、日本と中国の機械制紡績業の台頭を導いた。つまり、この時点でのアジアの綿製品および原綿にはあまり変化はみられなかったが、従来の地域内自給自足体制が崩され、綿糸と綿織の分業が促進されたことは、インドをはじめとする衣料生産のあり方に変化を生じさせた。

インド綿糸の流入と日本紡績業の興隆

日本の綿糸輸入は開港後すぐにはじまり、一八八八年の一五万八〇〇〇梱をピークとして、一八九〇年まで国内の綿糸供給量の過半が輸入綿糸によって占められた。輸入綿糸のうちインド綿糸の大部分は、外国商館が輸入した綿糸を問屋が買い取る間接取引によって国内に流通した。一八八八年に神戸港が入荷規模においてトップに躍り出るまで輸入綿糸の流通は、横浜から東京、東日本へ、横浜から大阪、西日本へがおもなルートであった。二つのルートの違いは、東京ではイギリス綿糸の取扱いが半分以上であったのに対し、大阪ではインド綿糸が七〇%を占めていた点である。日本の綿業が西日本においてより発達していたことに鑑みると、在来綿織物産地へのインド綿糸普及の様子が窺える。たとえば、泉州では一八六八年に輸入綿糸の経糸使用が開始され、一八七五には経糸に二〇番手のインド綿糸を用いた「半唐木綿」が流布するようになった。在来綿織業者が安価なインド綿糸を比較的容易に用いた理由は、日本でも開港後のイギリス製綿製品の輸入による在来綿織業への影響があり、綿織業の産地間競争が激しくなるにつれてより安い原糸の利用を必要としたからである。[★5]

日本の太糸市場がインド綿糸に独占された直後の日本の対応は素早かった。一八八二年設立の大阪紡績会社をはじめとする大規模機械制紡績業が、インド綿糸輸入阻止を目的に生産を拡大し、一八九〇年には輸入代替を完了した。一八九七年になると国内市場からインド綿糸を駆逐した。この背景には、日本紡績業が原綿に日本の在来(短繊維)綿の使用をやめて、より低廉な中国綿とインド綿を導入したことがある。この影響を受けて日本の綿作は一八八七年のピークを境に急速に廃れていき、日本国内における自給自足体制は完全に崩壊していった。

中国市場をめぐる日本とインドの闘い

日本紡績業は、インド綿糸の国内からの追放と同時に、中国市場への綿糸輸出をおこなった。きっかけは一八九〇年の恐慌である。しかし、中国市場はインド綿糸の独擅場であり、とくに八・一〇・一一番手の太糸において勝ち目はなかった。そこで日本紡績業は、インドの主力綿糸よりもやや高番手の一六・二〇番手綿糸を生産することによって中国市場での販路を開拓した。従来一八番手以下の生産に特化していた日本紡績業は、これを機に原綿としてアメリカ綿の使用を継続的におこなった。自国綿花と同質の中国綿とインド綿を原綿に使用していた日本紡績業は、二〇番手綿糸の生産には短繊維のアジア綿よりも長い繊維をもつ綿花の投入が不可欠だったからである。『日本貿易統計』によると、一八九一年の日本の国別綿花輸入割合は、インド綿五三%、中国綿三六%、アメリカ綿一一%であり、これ以降アメリカ綿輸入は徐々に増加していく。このようなさまざまな種類の綿花を使って綿糸を生産する混綿技術は、日本紡績業の発展を支えつづけた。加えて、アジアでいち早いアメリカ綿の本格的導入は、日本が工業化を達成していくうえで重要な要素となっていった。

日本紡績業は、一八九四年の綿糸輸出税撤廃、一八九五年の下関条約による中国・朝鮮市場拡大、一八九六年の綿花輸入関税撤廃施行を経て、同一八九六年には中国市場において日本綿糸がイギリス綿糸を凌駕した。そして一八九七年の日本の貿易で綿糸輸出高が綿糸輸入高を上回った。一九〇四年の日露戦争後朝鮮において日本のアメリカ綿栽培がはじまり、アメリカ本国からの輸入も含めて、いよいよアメリカ綿利用が本格化していき、同時に、日本紡績業の高番手化も進んだ。そして、一九一四年の第一次大戦は、日本にさらなる好機をもたらしたのである。戦争によってイギリス製綿製品のアジアへの輸入が減少し、その代用品として日本綿糸が売り上げを伸ばしていった。イギリス綿糸はおもに三二番手以上の高番手綿糸だったが、この頃日本紡績業はすでに三二番手綿糸を生産しており、一九一四年には中国市場において日本綿糸がインド綿糸を追い抜いた。工場数、錘数ともインドが日本を大幅に上回っていたにもかかわらずである。そして翌年、日本綿糸の中国向け輸出がピークをむかえるとともに、四二番手綿糸の生産もおこなわれるようになった。

中国市場においてインド綿糸より日本綿糸の方が好まれたおもな理由は、(1)価格が安価であったこと、(2)糸撚りが中国人の好む右撚りであったこと、そして(3)混綿技術を使うことで糸の質が優れていたこと、などである。さらに重要なのは、日本紡績業がアジアでもっともはやく綿糸の高番手化に着手した一方で、インド紡績業は一貫して八番手から一六番手を中心とする低番手綿糸を生産しつづけたことである。これは、インド綿糸は最初のうち中国や日本の在来綿織業の原糸として売り上げを伸ばしていったが、間もなく日本が機械制紡績業を設立してインド綿糸の輸入代替を成し遂げ、遅れて中国も機械制紡績業を操業して自国で低番手綿糸を生産することで、アジア市場における太糸市場が狭隘化していったことが要因である。

日本紡績業のさらなる成長とアメリカ綿

既述のように、日本紡績業の高番手化は、アメリカ綿の導入によって原綿の質的転換をともなった。綿糸の高番手化は、アジアの短繊維綿よりも長い繊維をもつアメリカ綿の利用によって実現可能だったからである。日本は明治初期に国内でアメリカ綿栽培をこころみているが、これは日本に輸入されたイギリス製薄手綿布の模造品をつくることが先決と考えた当時の明治政府の判断と、日本への移植機械がアメリカ綿を原綿とするイギリス製であったことから実施された。しかし、イギリス製綿布の生産は技術的にも国内の綿製品需要においても非現実的であり、輸入代替すべき綿製品は低番手のインド綿糸にあったことはみてきたとおりである。よって国内でのアメリカ綿栽培は失敗に帰した。その後、日本紡績業の高番手化とともにアメリカ綿需要が現実のものとなった日露戦争後において、朝鮮でおこなわれたアメリカ綿栽培は第二次大戦まで順調に拡大していった。この拡大は、朝鮮で以前から栽培されていた短繊維綿栽培を駆逐することによって成し遂げられたものである。一方インド紡績業は、一八八〇年代にイギリスがダルワールで栽培したアメリカ綿の使用をおこなうなど、部分的にアメリカ綿の使用はみられるものの、[★6] 生産綿糸の重点を低番手に置いていたため、自国で産出する短繊維綿の使用が九割以上を占めた。また、アジアをはじめとして大量のインド綿需要が絶えずあったことからも、インド綿作においてインド綿がアメリカ綿にとって代わることはなかった。

アジアの綿業における工業化は、以上のように綿糸部門からはじまった。これは、アジアが以前から綿製品を自給自足に近いかたちで生産しており、工業化に関しては後発国ゆえに綿糸と綿織を分業によっておこなう方が技術的にも、また消費構造においてもより効率的であったことが要因であろう。しかし、綿織工程の機械化も綿糸に遅れて進行し、日本の場合では一九一七年には綿製品輸出量のうち綿布が綿糸を上回り、この頃には綿糸から綿布の一貫生産が確立したと考えられ、綿布における質的変化も綿糸と同様にみられるようになった。

インド紡績業の後退とインド市場

日本紡績業は中国市場を手中におさめたのち、一九一〇年にはインドへ綿糸輸出を開始した。インドの綿糸輸入の多くは、三〇番手から四〇番手以上の高番手綿糸であり、第一次大戦以前は九割以上がイギリス製によって占められた。しかし戦争によってイギリス製品の輸入が減少し、日本綿糸はその代用品としてインド市場に浸透していった。そして、一九一八年に日本の綿糸輸入がイギリス綿糸輸入を凌駕したのである。

一九一九年から一九二四年のインド国内の番手別消費割合は、一〜一〇番手が六割、二〇〜三〇番手が三割、三一〜四〇番手が〇・六割、四〇番手以上が〇・一割である。いまだ太糸に対する需要が根強く、中国市場から締め出されたインド紡績業は自国内の綿糸供給をおこなったが、三〇番手以上の綿糸については輸入綿糸に依拠していた。

綿布については、綿糸と同様、第一次大戦前はイギリス製綿布の輸入が九割以上であったが、戦争をはさんで日本製綿布の進出が目立ちはじめた。日本製綿布は一九一一年頃にはほんの少量しか輸入されていなかったが、一九一八年から一九一九年には綿布輸入の約四割を占めるようになった。輸入綿布は生金巾か晒金巾であり、そのほとんどが男性用腰布か女性用更紗に使用された。

このように第一次大戦前後のインド市場は、高番手綿糸と薄手綿布の供給をイギリスと日本が占有し、低番手綿糸と厚地綿布の生産をインド国内の紡績と在来綿織業が担うという特徴を呈した。一九二〇—一九二一年のインドの国別綿花消費割合をみると、インド綿が九五％、アメリカ綿が三％、その他が二％で、短繊維綿の使用が圧倒的に多いことがわかる。[★7]第二次大戦までには、インド紡績業の細糸薄手綿布の輸入代替に向けた生産がようやく開始され、インドでも原綿に使用されるアメリカ綿の割合が増加した。そして戦後、在来綿織業がなおも存続する一方で、綿業の大部分が機械化されて長繊維綿が本格的に使用されるとともに、インド綿作の約七割がアメリカ綿栽培に当てられるようになった。

まとめ

本稿では、アジアの綿製品および原綿での変化を、イギリスの工業化へのアジアの対応、とくに日本とインドの工業化という側面から概観した。その結果、今回の考察からいえることは、（1）アジアの綿製品と原綿の変化は、アジアの太糸厚地綿布市場において、とくに日本とインドが互いに競争するなかで徐々に生じたこと、（2）この変化は日本の工業化が牽引したこと、（3）具体的には、綿製品の生産は太糸厚地綿布から細糸薄手綿布へ、原綿の需要はアジア綿（短繊維綿）からアメリカ綿（中・長繊維綿）へ変化したことである。

日用品としての普段着に変化がみられるのは、アジア全体をとおして第二次大戦以降であり、日本でも「洋服」が人々の普段着になるのは戦後のことである。アジアの多くの地域で「洋服」が浸透し、これに押された土着の衣服が「民族衣裳」として後退していった事実そのものが、「東洋の没落と西洋の勃興」を物語るものである。もちろん地域によっては宗教的あるいは機能的に在来のものが残存する場合もあり、またこのような形による変化には生活様式の変化など他の要因も考慮されねばならないが、現在世界で商業用として栽培されている綿花の九割がアメリカ綿であることを考えれば、素材における西洋化は間違いなく起こった。そして普段着もその素材に適合するように変わってきたのである。

しかしなお疑問なのは、なぜ人々は西洋化を受け入れたのか。衣料の西洋化によって、われわれ庶民がもっとも恩恵を得たものはなにかを考えると、それは多くの人が「持たざる者から持てる者へ」平等に変化したことだとおもう。日本を例にとると、日本は江戸時代から綿作をおこない、人々の生活に綿製品が定着してきたといわれるが、それはごく限られた地域と数量でしかなかった。綿作が不可能だった東北地方のなかでは、二〇世紀に入るまで綿布は正月の袂付の着物でしか着用できず、普段着はおもに麻であった。西洋化は、このような人たちにも綿製品を日用品として普及させていったのである。つまり、西洋化がもたらしたものは衣料の質的転換だけでなく、工業化による量的転換をともなうことで、人々の衣生活が豊かになった。これが、多くの人に西洋化が受容された一つの要因ではないだろうか。一七世紀イギリス人がインド製の薄手綿布に憧れてから、西洋の人々に衣生活における改善と自由をもたらしたように。

注

★1　W. H. Moreland, *From Akbar to Aurangzeb ; A Study in Indian Economic History*, Macmillan and Co. Limited, London, 1923, p. 123.

★2　Thomas Ellison, *The Cotton Trade of Great Britain*, A. M. Kelley, 1968, p. 63.

★3　柳沢悠「植民地期南インド手織業の変容と消費構造」『アジアの文化と社会Ⅲ』東京大学東洋文化研究所、一九九二年、六六頁。

★4　「英領印度の綿業」経済資料第一二巻第五号、東亜経済調査局、一九二六年五月二五日、四頁。

★5　阿部武司『日本における産地綿織物業の展開』東京大学出版会、一九八九年。

★6　小池賢治「インド綿業と市場問題——一九世紀後半期のボンベイを中心に」『アジア経済』一六巻九号、一九七五年、四三頁。

★7　International Institute of Agriculture, *The Cotton Growing Countries Present and Potential:Production, Trade, Consumption*, P. S. King & Son. Ltd., 1926, p. 272.

海洋アジアの地域間競争と世界市場

【近代における日本・中国・インドの蚕糸業を中心に】

金子晋右

はじめに

従来、近代におけるアジア各国の経済史は、欧米各国との関係を主軸に据えて考察されてきた。[1] しかし近年におけるアジア交易圏論・経済圏論[2]の研究の進展によって、アジア域内の関係がより重視されるようになってきた。

西欧で生まれた近代世界システム[3]は、一九世紀中葉に全世界を包摂した。中国は一八四二年、日本は一八五九年に開港し、それまでの海禁政策・鎖国政策に強制的に終止符が打たれ、全世界が自由貿易圏となった。しかし欧米との文化・物産複合[4]の相違が一種の非関税障壁となり、アジア経済圏は近代世界システムから一定の自立を保ちつつ、他地域よりも高い成長率を誇ることとなった。[5] アジアは、「最終需要連関効果」の大部分が、アジア内部に落ちる構造連関を持っており、欧米への一次産品輸出が増大すればするほど、アジア商品の輸入が増大した。[6] 近代日本はこうしたアジア経済圏の中で、工業品の輸出を巡って、インド、中国と激しい競争、すなわちアジア間競争[7]を繰り広げた。その競争に打ち勝った日本は、アジア経済圏の中核となり、その他の地域を半辺境・辺境として従属せしめ、アジア最初（非ヨーロッパ圏で最初）の工業国家となった。

欧米経済圏の需要に大きく牽引されて発展し、日本の工業化過程において最も重要な役割を果たした産業の一つが、蚕糸業であった。生糸は日中の対欧米貿易の筆頭[8]に挙げられる商品であり、日本の工業化に多大な貢献を為した。一九世紀半ばより始まった生糸世界市場におけるインド・中国・日本による激しいアジア間競争で生き残り、当時拡大しつつあり、後に世界生糸消費量の大半を占めることになる米国生糸市場[9]を確保したことが、日本の工業化成功の一因であった。本稿は、近代における欧米経済圏とアジア経済圏の関係を重層的に捉え返すために、海洋アジア[10]における蚕糸業のアジア地域間競争を、以下に検討していくこととする。

一　生糸世界市場におけるアジア間競争

生糸世界市場[11]に供給されたアジア産生糸の主流は、既に明らかにされているように、[12] 一九世紀前半がインド糸、後半が中国糸、二〇世紀前半は日本糸という変遷をたどった。これをアジア間競争という視点から捉え直すと、次のように時期区分することができる。まず、中国と日本の開港後から一八八〇年代までは、インド、中国、日本の生糸が欧州市場[13]で激しく競争した「アジア間競争期」であった。その結果インドと日本は脱落し、インドでは蚕糸業が衰退して生糸輸入国へと転落、[14] 一方日本蚕糸業は主要な輸出先を新興の米国市場に変更[15]し、同市場の中国糸を駆逐[16]して優位を確立した。一八九〇年代から一九二〇年代までは、欧州市場で中国糸が、米国市場では日本糸が優位に立つ[17]という「棲み分け安定期」であった。この時期は米国市場の拡大とともに日本蚕糸業が発展[18]したのに対し、欧州市場は停滞傾向[19]であったため、それが中国蚕糸業の相対的停滞[20]の一因となり、日本の生糸輸出量は二〇世紀初頭[21]に中国の輸出量を上回った。世界恐慌後の一九三〇年代は、中国蚕糸業が衰退して日本糸による世界市場の独占状態[★22]が出現した「棲み分け崩壊期」であった。

このような生糸世界市場におけるアジア間競争のマクロ的動向は、各生糸生産地域の使用蚕種の化性（孵化から成虫となって産卵するまでの蚕の一世代のサイクルが、一年間に何回あるかを示す用語）の相異によって説明が可能である。[★23] 蚕の化性は一化性、二化性、多化性の三種類があるが、それらの蚕種を使用した生糸は、その順に生糸品質に最も大きな影響を与える小類《らい》（セリシンの小さな固まり）の数が増加し、国際価格は低下した。欧米生糸市場に、インド輸入生糸市場とオーストラリア生糸市場をも加えて分析した結果、上等糸の使用蚕種は一化性蚕種、中等糸は二化性蚕種／一代交雑種、下等糸は多化性蚕種というように、生糸品質と蚕の生物学的種類は対応していた。各国生糸の使用蚕種の化性は、主要な輸出用インド糸は一化性のカシミール糸と多化性のベンガル糸、中国糸は一化性の華中糸[★24]と多化性の華南糸[★25]であった。日本糸は開港後に二化性蚕種を主として用いる夏秋蚕が急速に普及したため、ほぼ同じ気候である華中地域と比較すると相対的に二化性の比率が高く、第一次大戦後は急速に一代交雑種が普及した。[★26] 一方欧州糸の使用蚕種は一化性のみであった。米国と豪州の生糸市場は中等糸市場が大きな比重を占め、逆に欧州とインドの生糸市場は高級志向が強く、中等糸市場が極めて貧弱であった。[★27] ゆえに二化性蚕種／一代交雑種を使用した中等糸である日本糸は米国と豪州生糸市場で優位に立ち、一方、一化性上等糸である華中糸と多化性下等糸である華南糸からなる中国糸は、欧州とインド生糸市場において優位に立ったのであった。

二　日中絹体系の相異

日中生糸の世界市場の棲み分けは、化性の違いから生じる生糸品質の差に基づくものであった。製糸業は養蚕業からこのように大きな制約を受けるが、その養蚕業の性格は自然環境及び国内絹織物業の性格、さらには絹織物の市場構造に強く規定されていた。これらの間には一つの有機的な連関が存在し、本稿ではこれを絹体系[★28]と呼ぶこととする。棲み分けの背景には日中絹体系の相異が存在した。

中国の絹体系は、一化性蚕種使用地域の華中と多化性蚕種使用地域の華南とに二分できたが、華中絹体系は「高級絹織物[★29]（奢侈品）―上等糸―一化性良質繭」、華南絹体系は「実用絹織物[★30]（必需品）―下等糸―多化性劣等繭」という連関を有し、一方の日本絹体系は両者の中間に相当する「大衆絹織物[★31]（必須品）―中等糸―二化性／一代交雑種中等繭」という連関であった。

多化性蚕種は熱帯地域に分布し、一化性と二化性蚕種は温帯地域に分布する。[★32]したがって熱帯である華南養蚕業の使用蚕種は気候によって規定されたものであった。一方ほぼ同じ気候である日本と華中において、前者は明治期に二化性が、続いて大正期より一代交雑種が急速に普及したのに対し、後者は一化性が主流を占め続けた理由は、国内織物市場に関して、前者は社会の大衆化に伴い絹織物の大衆化が進行[★33]したのに対し、後者は比較的身分社会ないしはエリート社会が維持されたため、絹織物の特権的階級的性格が比較的強く維持されたからであった。[★34]日本では幕末開港後、国内綿布市場とともに、国内生糸市場も拡大した。[★35]繊維製品の国内市場拡大の一因は、生糸輸出による養蚕製糸農家の収入増大であった。幕末維新期においては、養蚕業と製糸業による一人当たりの利益は、それぞれ約三両と一・五両であった。[★36]つまり生糸輸出の増大が、養蚕製糸農家の収入増大をもたらし、それが伝統的需要構造[★37]もしくは文化・物産複合の存在によって、在来繊維製品の国内市場拡大[★38]をもたらした。特に下級絹織物の代替品である新絹綿交織物[★39]の生産量は急速に拡大し、一時的には絹織物の生産量と同規模にまで達した。[★40]それに伴い下級絹織物・新絹綿交織物用の低級繭・生糸の需要が高まり、開港後急速に主として二化性蚕種を用いる夏秋蚕が普及した。[★41]この国内生糸市場向けの二化性蚕種の普及が、日本の輸出用生糸の品質を欧州市場に不適合にさせ、同時に米国市場には適合させたのであった。[★42]

一方中国では、一九三〇年代に入ってから、民国政府の近代化政策の一環として一代交雑種の導入を強制的に進めたものの、浙江省では暴動が生じるなど、強い抵抗が生じた。[★43]加えてこの蚕種変更によって、中国糸は欧州市場と米国上等糸市場を喪失し、中国蚕糸業

は急速に衰退してしまった。[★44]

このように、日中両国の主要輸出市場は、両国の絹体系によって規定されていたため、それを無視した輸出市場の変更は多大な困難を伴った。一八九〇年代から一九二〇年代までの世界市場における日中生糸の棲み分けは安定的であったが、それは絹体系による制約のため、生糸品質の大幅な変更が事実上不可能だったからであった。

結びにかえて

以上より、一九世紀末から一九二〇年代までの生糸世界市場は、中国糸が欧州とインドという旧大陸の市場で優位に立った。対して日本糸は米国で優位に立ったのに加えて豪州生糸市場をほぼ独占して新大陸の市場で優位に立った。この時期における世界の生糸輸出国と輸入国の関係は、中国―欧州・インドと、日本―米国・豪州とに二分された。それは中・欧・印と日・米・豪の生糸と絹織物の市場構造が、前者のグループは相対的に階級間格差の大きな社会が維持されたために高級志向が強く、一方後者のグループは大衆消費社会の成立に伴い絹織物の大衆化[★45]が進んだがゆえに中級指向が強い[★46]というように、それぞれ相対的に類似していたからであった。全世界規模での日中生糸の棲み分けは、このような市場構造の相対的類似性に基づいていた。生糸のアジア間競争[★47]における日本の勝利の背景には、内在的要因として日本社会の大衆化が、外在的要因として日本国内市場と米国市場の相対的類似性があった。[★48]

このように蚕糸業のアジア地域間競争という視点から近代世界を捉え返すと、欧米対アジアという構図だけでなく、両経済圏をまたぐ形で形成された、大衆消費社会対階級文化社会という構図が浮き彫りになるのである。

注

★1　例えば、石井・関口（1982）など。

★2　代表的な研究に、浜下・川勝（1991）、杉原（1996）など。

★3　詳しくは、ウォーラーステイン（1981）。

★4　詳しくは、川勝（1991）。

★5　詳しくは、杉原（1996）。

★6　杉原（1996）、三〇頁。

★7　詳しくは、浜下・川勝（1991）。

★8　日中の総輸出額に占める主要輸出品とその比率は、一八六八―七二年は、日本が生糸三六・一%、茶一九・八%で、中国は茶五三・七%、生糸三四・〇%であった。一八八八―九二年は、日本が生糸三六・四%、茶九・一%で、中国は茶二九・六%、生糸二七・九%であった（芝原（1985）、一七二頁）。その後中国では茶と生糸の比率が逆転し、一八九八年は生糸二七・九九%、茶一八・一五%、一九一三年は生糸一九・八八%、茶八・四一%と、中国でも生糸が筆頭商品となった（レイサム（1987）、八七頁）。

★9　一九二七／三一年の世界各国の年平均生糸輸入量は五万二四七五トンで、その内米国は三万五七六八トンと六八・二%を占めた（東亜研究所（1942）、八～一一頁）。

★10　近代において世界市場に輸出された生糸の中で、四川糸やマイソール糸などの中国・インドの内陸部（大陸アジア）産の生糸の比重は小さかった。中国生糸輸出量（家蚕糸）に占める四川糸を中心とした黄糸の比率は、一八六八／一九一一年が一二・五%（顧他（1994）、三九五頁）、一九一二／四九年が一八・四%であった（濱崎他（1995）、一三頁）。マイソール糸については、拙稿（2002）を参照。

★11　生糸の世界市場に関わる代表的な研究としては、石井（1972）、杉山（1979）（1983）、上山（1983）、Sugiyama（1988）など。近年の研究としては、井川（1992）、顧他（1993）、中林（1994）（2001）、根岸（1998）、Federico（1997）など。

★12　生糸世界市場における各アジア産生糸の占有率（量）は、一八二五／三〇年はインド糸一八・一%、中国糸一一・七%、一八七三／七七年は中国糸五四・〇%、日本糸一〇・七%、インド糸三・二%、一九二六／二九年は日本糸六六・五%、中国糸二一・七%、インド糸〇・二%であった（Federico（1997）, p. 200.）。

★13　フランス絹織物業に関する代表的研究に、服部（1971）。

★14　詳しくは、拙稿（2002）。

★15　日本の全生糸輸出量に占める米国向け生糸の比率は、一八八四年に五〇・五%となり半数を超えた（横浜市（1980）、一八一頁）。

★16 米国市場の中国糸と日本糸の占有率（量）は、一八七六／八〇年にそれぞれ五三・七％と二九・二％であったが、一八八六／九〇年には二一・七％と五二・八％になり逆転した（Sugiyama (1988), p. 104.）。

★17 一九二五／二九年におけるフランス生糸市場の中国糸占有率は五三・九％で日本糸占有率は七・九％、米国市場は日本糸が八一・五％で中国糸は一五・一％であった（Federico (1997), pp. 214, 216.）。

★18 日本の生糸輸出量は一八六〇年に四八五〇キンタル（一キンタル＝一〇〇キログラム）であったが、一九〇九年には八万八二〇キンタルと、約一六倍に急増した（Federico (1997), pp. 197-198.）。

★19 一八八四／八八年のフランスと米国の生糸消費量は、それぞれ三五八六トンと一九二三トンであった。しかしその後前者は停滞したが後者は急速に拡大し、一九二五／二九年には三七七二トンと三万三二八九トンとなり、米国生糸消費量はフランスの九倍近くとなった（Federico (1997), p. 213.）。

★20 一九世紀後半から二〇世紀初頭の中国生糸輸出は年平均成長率が二・四五％と、日本の七・〇八％より遙かに低く、相対的に停滞していた（顧他（1995）一二一頁）。また、中国蚕糸業の技術的停滞を指摘した研究に、清川（1975）。日中養蚕業を比較し、中国蚕糸業の停滞を指摘した研究に、井川（1998）。しかし中国の生糸輸出量も一八六〇年の三万八一四二キンタルから一九〇九年には七万九三一一キンタル（Federico (1997), pp. 197-198.）へと絶対量では約二倍に増加していた。量的拡大から、中国蚕糸業の発展を肯定的に捉える代表的な研究に、Li (1981)。

★21 山田（1934）は一九〇九年（四一頁）に、清川（1975）は一九〇六年（二四一頁）に逆転したとする。なお、一九二九年における両国の生糸輸出量は、日本は三四万四九一〇キンタル、中国は一一万五六三七キンタル（Federico (1997), p. 199.）となり、両国の差は拡大した。

★22 一九三四年の世界生糸生産量（アジア諸国は輸出量のみ）のうち、日本が八二・三％、中国は七・五％を占めた（東亜研究所（1942）、二頁）。

★23 詳しくは、拙稿（2002）。

★24 本稿の華中糸とは、江蘇省・浙江省で生産された家蚕糸の白糸である上海糸や七里糸などを主として指し、四川糸等の黄糸や柞蚕糸は除外する。一八六八／一九一一年の中国生糸総輸出量に占める柞蚕糸の比率は一六・一％、家蚕糸に占める黄糸の比率は一二・五％であった（顧他（1994）、三九四〜三九五頁）。一九一二／四九年の中国生糸総輸出量に占める比率は、柞蚕糸が一六・二％、家蚕糸の黄糸が一五・二％であった（濱崎他（1995）、一五頁）。

★25 華南地域で生産された生糸のほぼ全ては広東糸であるが、本稿では地域内の市場構造との連関を視野に入れているので、華南糸と呼ぶこととする。

★26 詳しくは、清川（1995）。

★27 欧州の絹織物は、強度が強い上等糸を用いてリヨン市内で手織機や力織機によって織られた高級品と、強度の弱い下等糸を用いて農村で農家副業として手織機で生産された下級品とに二極分化していた（大野（1984）、五～一〇頁）。ゆえに欧州市場では、上等糸のみならず、広東糸やベンガル糸などの多化性下等糸の需要も多かった。

★28 綿業では、東アジアと西欧が異なる綿体系を有していた。詳しくは、川勝（1977）。

★29 浙江・江蘇の絹織物は官服として用いられるなど、同地域の絹織物業は高級指向が強かった。詳しくは、東亜研究所（1943）、一六五～一六七頁、農商務省（1899）、二二一～二三三頁、など。

★30 華南では、苦力に至るまで使用する油布という絹製の雨具を生産するなど、絹織物の実用度が高かった。詳しくは、蚕糸業同業組合（1929）、二四頁。

★31 日本では、外出着には縮緬やお召、普段着には銘仙や紬などの絹織物が用いられており、職業婦人や中産階級の婦人は絹織物を含めた数十点の衣服を所持するほどであった（矢木（1978）、一〇三頁）。

★32 化性の地域分布は、「二化性のカイコはヨーロッパ種の全部、日本種・シナ種の一部を含み、二化性のものはシナ種・日本種にあり、多化性は中国南部より南方諸国に分布する。」（八杉他編（1996）、二一九頁）。

★33 高級絹織物産地であった西陣の絹織物の中級化を指摘した研究に、内田（1997）。

★34 国内綿布市場の拡大については、詳しくは谷本（1998）。

★35 内田推計では、生糸国内消費量（及び国内消費率）は一八七四年が二四六七トン（八一％）、一九〇〇年が六八八八トン（七一％）、一九二九年が一万四五八六トン（三〇％）であった（内田（1995）、三六頁）。

★36 斉藤・谷本（1989）、235頁。

★37 詳しくは、正田（1971）、一五八～一六八頁。なお、正田（1992）では伝統的消費類型という用語が用いられている（三〇四頁）。また、中村（1993）は、伝統的消費財の消費拡大が在来産業の発展、ひいては日本の急速な経済成長をもたらした、とする（八〇～八六頁）。

★38 人口増加も国内市場拡大の重要な要因である。詳しくは、正田（1971）、一六四～一六七頁、など。

★39　絹綿交織物は、開港前後で全く品質が異なっていた。よって開港前のものを旧絹綿交織物、開港後を新絹綿交織物と区分できる。また絹織物は、使用生糸の種類によって、上級・普通・下級・最下級絹織物の四つに区分できる。詳しくは、拙稿（1999）。

★40　絹綿交織物の生産量（反物のみ）は一八八四年七五万一三〇反、一八九〇年三三四万八〇九反、一九〇〇年五九六万五六四四反、一九一〇年一三二一万六四九四反と拡大していた。また絹織物と絹綿交織物の生産量は、一八八七年にそれぞれ三四九万五七一二反と三二三万九七〇反に、一九一〇年に一三六二万一九七九反と一三二一万六四九四反となり、両者の生産量は接近した（各年度『農商務統計表』）。

★41　夏秋蚕比率は一八八六年に二八・八％であったが、一九一三年に四三・五％、二九年には五〇・四％にまで達した（農林省（1961）、八〜一一頁の表から計算）。

★42　大部分の長野県の製糸家は劣悪な関東繭や夏秋繭に制約されていたために優等糸ではなく中等糸生産を目指した。詳しくは、上山（1988）。

★43　詳しくは、弁納（1993）。

★44　中国糸の占有率（量）は、フランス市場では一九二五年の五五・四％から一九三六年には三五・〇％に、米国市場でも一九二九年の一六・三％から一九三四年には二・〇％に減少した（東亜研究所（1943）、四〇四〜四〇七頁）。また中国の生糸輸出量は一九二九年の一六万四六一担から一九三四年には五万二七三八担へと激減した（東亜研究所（1943）、五五頁）。

★45　戦前期のある調査では、男女平均の一人当たり衣服所持数は、英国四着、米国七着、日本二四着であった。また大阪の中産階級一〇〇戸の女性（一六〜五〇歳）の衣服所持数は、平均四〇着であり、昭和一〇年頃の日本のある職業婦人の衣服所持点数は五〇点で、この内半分近くが絹織物であった。これは月額被服費一二〜二三円と推定され、月収七〇〜八〇円の自活独身女性、もしくは親と同居の月収四〇〜五〇円の未婚女性の一般的な水準であった（矢木（1978）、一〇三〜一〇五頁）。

★46　米国では既製服が一般的となった（高島（1924）、八七頁、など。）が、これが米国生糸市場の中等糸嗜好の強さの一因と推測される。なお欧米の衣料文化に関して、オーダーメイド（注文服）の欧州対レディーメイド（既製服）の米国といった対比が可能である。

★47　日本の生糸輸出量が中国を凌駕したのが二〇世紀初頭の「棲み分け安定期」であったがゆえに、棲み分けは同時に競争としての側面を有していた。

★48　従来、日本の国内市場について狭隘説と拡大説が対立してきたが、今後は量的側面だけでなく、質的側面がより一層重視されねばならない。近年において両説を簡潔にまとめたものに、萩山・山口（2000）。

引用文献

石井寛治（1972）『日本蚕糸業史分析』東京大学出版会。

石井寛治・関口尚志編（1982）『世界市場と幕末開港』東京大学出版会。

井川克彦（1992）「製糸業とアメリカ市場」高村直助編『企業勃興――日本資本主義の形成』ミネルヴァ書房。

――（1998）『近代日本製糸業と繭生産』東京経済情報出版。

上山和雄（1983）「第一次大戦前における日本生糸の対米進出」『城西経済学会誌』第一九巻第一号。

――（1988）「蚕糸業における中等糸生産体制の形成」高村直助編『日露戦後の日本経済』塙書房。

I・ウォーラーステイン（1981）川北稔訳『近代世界システム』I・II、岩波書店。

内田金生（1995）「戦前期日本の生糸国内市場――生糸国内消費量の推計及び長期需給の考察」『経営史学』第二九巻第四号。

――（1997）「在来産業と伝統市場――明治前期の西陣絹織物原料糸市場をめぐって」中村隆英編『日本の経済発展と在来産業』山川出版社。

大野彰（1984）「欧州絹業と米国絹業の比較考察」『関西学院経済学研究』一七号。

金子晋右（1999）「開港後の青梅における輸入綿布の防遏」『地方史研究』第二七九号。

――（2002）「戦前期の世界生糸市場を巡るアジア間競争――インドの蚕糸業と輸入生糸市場を中心に」『アジア研究』第四八巻第一号（二〇〇二年一月刊行予定）。

川勝平太（1977）「明治前期における内外綿関係品の品質」『早稲田政治経済学雑誌』第二五〇・二五一合併号。

――（1991）『日本文明と近代西洋』日本放送出版協会。

清川雪彦（1975）「戦前中国の蚕糸業に関する若干の考察（一）」『経済学研究』（一橋大学）第二六巻第三号。

――（1995）『日本の経済発展と技術普及』東洋経済新報社。

顧国達・濱崎實・宇山満（1993）「近代生糸世界市場の成立要因とその需給関係（一八四二～七二年）」『日本蚕糸学雑誌』第六二巻第五号。

顧国達・宇山満・濱崎實（1994）「清末期における中国輸出生糸の産地分布の推計（一八六八～一九一一）」『日本

蚕糸学雑誌』第六三巻第五号。

顧国達・濱崎實・宇山満（1995）「清末期における中国生糸輸出量変動の要因分析（一八六八〜一九一一）」『日本蚕糸学雑誌』第六四巻第二号。

斉藤修・谷本雅之（1989）「在来産業の再編成」梅村又次・山本有造編『日本経済史三・開港と維新』岩波書店。

蚕糸業同業組合中央会編纂（1929）『支那蚕糸業大観』岡田日榮堂。

芝原拓自（1985）「日中両国の綿製品・生糸貿易（一八六八―九一二）とその背景」『オイコノミカ』第二一巻第二・三・四合併号、名古屋市立大学経済学部。

正田健一郎（1971）『日本資本主義と近代化』日本評論社。

――（1992）『日本における近代社会の成立』中巻、三嶺書房。

杉原薫（1996）『アジア間貿易の形成と構造』ミネルヴァ書房。

杉山伸也（1979）「幕末、明治初期における生糸輸出の数量的再検討」『社会経済史学』第四五巻第三号。

――（1983）「日本製糸業の発展と海外市場」『三田学会雑誌』第七六巻第二号。

高鳥容孝編（1924）「欧州の絹業と生糸の消費」『蚕糸業同業組合中央会報告号外』。

谷本雅之（1998）『日本における在来的経済発展と織物業』名古屋大学出版会。

東亜研究所（1942）『支那生糸の世界的地位』。

――（1943）『支那蚕糸業研究』大阪屋号書店。

中林真幸（1994）「養蚕業の再編と国際市場――一八八二―一八八六年」『土地制度史学』第一四五号。

――（2001）「大規模製糸工場の成立とアメリカ市場」『社会経済史学』第六六巻第六号。

中村隆英（1993）『日本経済――その成長と構造』第三版、東京大学出版会。

根岸秀行（1998）「近代移行期の日本生糸とヨーロッパ市場」『朝日大学経営論集』第一三巻第一号。

農商務省商工局商事課（1899）『清国染織業視察復命書』有隣堂。

農林省農林経済局統計調査部（1961）『養蚕累年統計表』農林統計協会。

萩山正浩・山口由等（2000）「国内市場＝生活水準」石井寛治・原朗・武田晴人編『日本経済史二・産業革命期』、東京大学出版会。

服部春彦（1971）「一九世紀フランス絹工業の発達と世界市場」『史林』第五四巻第三号。

濱崎實・顧国達・宇山満（1995）「民国期（一九一二〜一九四九）における中国生糸輸出の研究――輸出量変動の

要因及び輸出生糸の産地構成」『京都工芸繊維大学繊維学部学術報告』第一九巻。

浜下武志・川勝平太編（1991）『アジア交易圏と日本工業化　一五〇〇—一九〇〇』リブロポート（新版、藤原書店、二〇〇一年）。

弁納才一（1993）「中国の農業近代化に対する抵抗——一九二〇～三〇年代浙江省の蚕種改良事業に見る」『社会経済史学』第五九巻第一号。

矢木明夫（1978）『生活経済史』大正・昭和篇、評論社。

八杉龍一・小関治男・古谷雅樹・日高敏隆編集（1996）『岩波生物学辞典』第四版、岩波書店。

山田盛太郎（1934）「日本資本主義分析」『山田盛太郎著作集』第二巻、岩波書店、一九八四年。（ただし初版は一九三四年。）

横浜市（1980）『横浜市史』資料編二（増訂版）。

A・J・H・レイサム（1987）川勝平太・菊池紘一訳『アジア・アフリカと国際経済一八六五—一九一四年』日本評論社。

Federico, Giovanni (1997), *An economic history of the silk industry, 1830-1930*, Cambridge University Press.

Lillian M. Li (1981), *China's Silk Trade : Traditional Industry in the Morern World 1842-1937*, Cambridge, Mass.: Harvard University Press.

Sugiyama, Shinya (1988), *Japan's Industralization in the World Economy 1859-1899*, The Athlone Press, 1988.

近代アジア域内市場のなかの朝鮮

石川亮太

一　はじめに

朝鮮は、長らく中国との朝貢関係を軸として国際関係を処理してきたが、一八七六年に、日本との間で日朝修好条規を締結した。これは、日朝関係における画期をなしたのと同時に、朝鮮がアジアの自由貿易体制へと参加してゆく端緒ともなった。それゆえ、一八七六年以後の朝鮮の対外経済関係は、アジア域内市場の全体構造の中において理解されるべきであるし、そのような視点に立つことで、近代の日朝関係の意義を再確認することもできるであろう。しかし現在までのところ、日本の学界では、日朝の二国間関係については多くの研究が蓄積されているにも関わらず、それをアジア域内市場における一環節として位置づけ直す試みは、必ずしも十分には行われていないように思われる。[★1]

一方大韓民国では、[★2]一九九〇年代に入り、アジアを儒教や小農社会などによって特徴づけられる同質的な空間として捉え、自国をその中に位置づけようとする議論が見られるようになった。このような視角は、おそらくは自国を含むアジアＮＩＥＳの目覚ましい経済成長を直接の契機として現れたものであるが、時論的な性格が強く、歴史学とくに経済史の側面において、そのような視角が本格的に取り入れられるには至っていない。[★3]

このように、開港後の朝鮮をアジア域内市場の中に位置づけて理解するという視角は、日韓いずれにおいても定着するには至っていないというのが現状であろう。本稿では、今後そのような視角からの議論が展開されるにあたり、どのような論点が問題となるのか、朝鮮における華商の活動を例にとって、考えてみることにしたい。よく知られているように、華商は、近代のアジア域内流通における実際の担い手として、重要な役割を負っていた。朝鮮の華僑についても、以下紹介するように、近年いくつかの論考が現れている。なお本稿では、朝鮮の開港から一九一〇年の植民地化までを一応の対象とし、植民地化以後の時期については、別に考える機会を作ることとしたい。

二　朝鮮をめぐる華商通商網の広がり

朝鮮に多くの華僑が来住するようになったのは、一八八二年に朝中商民水陸貿易章程が締結されてからのことである。来住した人数を確定することはできないが、日清戦争直前の一八九三年に二〇〇〇人強、朝鮮が植民地化された一九一〇年には一万人を越えていたようである。黄海を挟んで対岸の山東省出身者が最も多く、浙江、広東などの出身者が続いていた。生業としては、商業が最も多かった点で日本華僑と類似していたものの、工業や農業に従事する者もあり、とくに日露戦争後は都市近郊で蔬菜《そさい》栽培に従事する山東出身者が増加したことが知られている。[★4]

従来の日本における研究で注目されてきたのは、華僑の商業活動、とくに貿易活動の側面である。具体的には、ソウルの外港である仁川の華商によって一八八〇年代半ばから始められた、上海を通じてのイギリス製綿製品の再輸入活動が注目されてきた。しかしそれは、華商の活動それ自体を分析したものとはいえず、朝鮮における日本人商人の商権把握を阻む存在としての華商、さらにいえば、日本製綿製品＝日本産業資本の朝鮮市場の制圧を阻む存在としての華商が描かれてきたに過ぎなかった。[★5]

しかし近年では、視点を華商の側に置き、朝鮮における華商の活動を、アジアの華商通商網の一部として、より広い空間の中で捉え直そうという試みが現れている。そのような視点を打ち出した論者を代表するのは、古田和子である。[★6] 古田は、自由貿易体制に移行した一九世紀末の東アジアにおいて、上海を中心としたイギリス製綿製品の流通を実現した担い手が、開港場間の華商ネットワーク＝「上海ネットワーク」であったことを示してきた。そして開港後の朝鮮に関しても、先に挙げた上海から仁川への綿製品輸入や、開港直後に上海から長崎経由で行われた綿製品輸入が、この「上海ネットワーク」の一環節として捉えうると位置づけている。

日本の開港がアジア域内市場への開港という一面を持ち、そのかなりの部分が華商を通じて実現されていたことは、古田や籠谷直人らの業績を通じて、既によく知られている。右に紹介したような、朝鮮と華商との関係についての新たな理解は、開港後の日本と朝鮮とが、いずれも華商を担い手とする広域流通網の平面上に存在していたことを示している。このことは、日朝の二国間関係を、より多角的な流通環節からなるアジア域内市場の中で理解する上でも、有効な視角を提供するものであろう。

三　近代朝鮮の市場をめぐる二つのイメージ

さて、先に紹介した朝鮮の場合も含めて、近年の華商通商網に関する議論では一般に、個別の開港場間流通の連鎖によって形成される流通網に注目している。そのような視点に立てば、華商だけではなく、その他の商人によって形成された流通網についても、国境によっては区切ることができない広がりを持つ場合があったことが判明する。

朝鮮についていえば、例えば木村健二は、一九世紀末から二〇世紀初頭にかけての開港場日本人商人の事例を取り上げ、その取引関係が、朝鮮内の他の開港場をはじめ長崎・大阪、満洲にまで広がっていたことを示した。[★7]また、活動の場が国内商業に限定されていたと考えられがちな朝鮮人商人についても、梶村秀樹は、二〇世紀初頭の朝鮮東北部を例にとって、その流通網が国境を越えた広がりを持っていたことを示した。[★8]

そして、それらの流通網の間の関係は、必ずしも排除し合うものではなく、むしろ開放的・流動的性格の強いものであった。例えば、朝鮮における「商権」をめぐって排他的な関係にあったと考えられがちな日本人商人と華商の間でも、市況のいかんによっては、お互いの長所を利用し合う関係に立つことがあった。[★9]また、梶村が取り上げた朝鮮東北部における朝鮮人商人の場合も、上海を中心とした華商の流通網と接続することによってその活動が維持されているという側面があった。[★10]

このように、商人が形成する流通網に着目するならば、アジア域内市場の中の朝鮮は、開放的で、国境とは必ずしも一致しない広がりを持つ、さまざまな流通網の重なり合いとしてイメージすることができるであろう。開港場の貿易統計は、このようなイメージを数量的に裏付けているように見える。朝鮮では、一八七六年から一九一〇年までに一〇ヶ所の開港場が設けられたが、それらの開港場は、おのおの特徴的な、時には全国レベルの合計値とは大きく異なる貿易商品・相手先構成を持っていた。[★11]開港場とその後背地をなす地域が、それぞれに異なった形でアジア域内市場に接続していたことが窺われるのである。

アジア域内市場への朝鮮の接続のしかたを、右のようにイメージすると、そもそも「朝鮮」という一国的な枠組みを前提とした検討には意味がないようにさえ思えてくる。そのような見方に対しては、まず、開港後の朝鮮において、国内的な流通の規模が、対外貿易と並行して急速な拡大を見せていたという事実が一定の反証となるかもしれない。しかしより根本的には、朝鮮が一九世紀末まで、相対的に閉鎖的な環境の下で、独自の制度的枠組みを持つ市場経済を育んできたこと、そして、そのような制度的枠組みの連続性が、開港によって直ちに断ち切られた訳ではないということに注意すべきであろう。

従来の研究でも、開港後における市場経済の特徴が、多くの場合、開港前から引き継がれたものであったという点は論じられてきた。しかしそれらの研究では、関心の重点が、発展段階モデル上への朝鮮の位置づけにあったために、開港後に現れる多様な現象に対しては、それぞれが異なった発展段階の指標をなすものとして捉える傾向があったように思われる。しかし近年の韓国では、混乱や分裂と見える現象も含めて理解できるような、朝鮮独自の市場経済のパターンとは何か、という関心からの研究が現れている。[★12]

このような、揺らぎつつも一体性を失わない朝鮮の市場経済というイメージを、先に述べたような、国境とは一致しない広がりを持つ開放的な流通網の重なりあいとしての朝鮮のイメージと、整合的に理解する努力が必要とされているように思われる。前節では、華商通商網の広がりに着目することによって、朝鮮をアジア域内市場の一部分として理解しうることを指摘したのだが、そのことは前提とした上で、アジア域内市場の中における朝鮮の独自の位置づけが探られるべきであろう。

四　朝鮮の植民地化と華商通商網

本稿ではここまで、開港後の朝鮮がアジア域内市場に参入してゆく過程について、華商の活動を手がかりに考えてきた。それでは、日清・日露戦争を経て、朝鮮が日本の植民地へ転落してゆく過程において、華商通商網と朝鮮との関係はいかに変化したのであろうか。

ここで再び日本における研究史を振り返ってみると、朝鮮の華商についての論及は、おおむね日清戦争までで終わっていることに気が付く。清朝は、最後の朝貢国である朝鮮に対する政治的影響力を保持しようという政治的思惑から、朝鮮の華商を支援しており、日清戦争による清朝の敗北が、実際に朝鮮華商の勢力を弱めた可能性もないとはいえない。とはいえ、日清戦争によって朝鮮華商の活動が全く断絶したわけではなく、日本の植民地支配の時期においても、その活動を継続していた。

それではなぜ、日清戦争後の朝鮮の華商については、ほとんど触れられることがなかったのであろうか。それは、従来の朝鮮華商に対する関心が、日本産業資本の朝鮮市場の制圧を阻む存在としての関心に止まっていたことに原因があるように思われる。日清戦争後、日本製綿製品の朝鮮への輸出は急増し、並行して朝鮮産穀物の対日輸出も増加した。生産の側面に主な関心を持つ視点からすれば、右のような分業の体制がいったん確立してしまえば、それ以後の華商はもはや研究上の関心の対象とはなり得なかったであろう。

朝鮮をめぐる国際分業の構造に関しては、日清戦争以後の時期についても、とくに日本の帝国（ないし勢力圏）の中における朝鮮の位置づけという視角から、研究が積み重ねられている。[★13] それらの研究から、日本内地を中心とした、政治権力と工業化の外延的波及が、とくに第一次世界大戦を画期として、従来のアジア域内市場の構造を大きく変化させたことが窺われる。しかしそこでも、そのような分業関係を実現させた流通の担い手についての検討は深められていない。[★14]

植民地化後の朝鮮内における流通システムをみると、それは日本の支配下で大きく変化したものの、その過程は、通常漠然と想像されているような、朝鮮総督府の意向が一方的に貫徹する過程であったとはいえず、在来の流通システムからの規定も無視できなかったことが明らかとなっている。[★15] 同じように、アジア域内市場と朝鮮との関係においても、在来の重層的・開放的な流通網が、日本の植民地支配によって一方的に切断され、日本の構想する国際分業の型に沿って再編成されたと考えるのは不自然であろう。むしろ、植民地朝鮮をめぐる国際分業は、それまでに機能していた流通網と日本の諸施策とが、相互に規定しあった結果として形成されたと見る方がよいのではなかろうか。そのような視点から見れば、従来ほとんど等閑に付されてきた、植民地下における朝鮮華商の活動は、改めて分析の対象とされなければならないように思われる。そのような作業によって逆に、日本による朝鮮植民地化がアジア域内市場に与えた衝撃の内容も、より鮮明に理解することができよう。

五　おわりに

本稿では、開港後の朝鮮をアジア域内市場の中に位置づけて理解するための手がかりとして、華商通商網を取り上げた。一九世紀末の開港が、アジアの華商通商網への接続であったという視角は、もともと日本についての発想であった。同様の視角から朝鮮の開港を検討してみることで、朝鮮史に対して新たな視点が導入されるばかりではなく、日本に視点を置いて構築された華商通商網のイメージも再検証することができるであろう。

たとえば本稿の第三節では、日本の華僑通商網論の援用によって得られる、開放的・無定型的な朝鮮市場のイメージを、市場経済の朝鮮的なあり方を総体的に理解しようとする韓国の研究動向と対比してみた。実証研究によって両者を統合してゆく努力はもとより不可欠であろう。しかしその一方で、こうした対比から、両国の研究上の問題意識・視角そのものが、同時代状況への認識にも規定されて、異なっていることが再確認できる。

韓国の研究成果との対話を重ねつつ、近代アジアの全体構造のなかに朝鮮を位置付けなおしてみるという試みは、逆に、自らが拠っている「近代アジア」という枠組みに内在する、日本からのまなざしを相対化するためにも、有益なのではないだろうか。

★注

★1　本稿では、一八七六年以後の朝鮮をめぐる国際関係について、経済史的な側面に絞って検討するが、政治史・思想史的な側面については、別に多くの成果が存在する。

★2　本稿では朝鮮民主主義人民共和国の研究動向については遺憾ながら参照しえなかった。

★3　現代韓国における東アジア論については、尹健次『現代韓国の思想』岩波書店、二六二〜二八七頁。ただし、歴史学においても、現代韓国の経済成長の起源を求めるという視点から、他のアジア社会との同質性が議論されることがない訳ではない。安秉直の小農社会論はその一例といえよう。近年の成果として、＊安秉直・李栄薫『マッチルの農民たち』一潮閣、二〇〇一年。また日本における「アジア交易圏」論についても、批判をふくめた紹介がなされている。例えば、＊河世鳳「韓国学界の東アジア創造」『釜大史学』二三輯、釜山大学校史学会、一九九九年。なお以下、文献冒頭の＊印は、大韓民国で刊行された朝鮮語文献であることを示す。表題は筆者による日本語訳である。

★4　以上の叙述は、楊昭全・孫玉梅『朝鮮華僑史』中国華僑出版公司、一九九一年による。

★5　一九三〇年代から、日清戦争の性格を、日本の発展段階に照らして規定するという関心から、朝鮮市場をめぐる日清商人の競争が注目された。初期の例を挙げれば、北川修〔幼方直吉〕「日清戦争までの日鮮貿易」『歴史科学』創刊号、一九三二年。

★6　古田和子『上海ネットワークと近代東アジア』東京大学出版会、二〇〇〇年、第三章（初出一九九七年）、第四章（初出一九九九年）。また浜下武志も同様の視角を示している。浜下武志「一九世紀後半の朝鮮をめぐる華僑の金融ネットワーク」『近代アジアの通商ネットワーク』（杉山伸也・リンダ＝グローブ編、創文社、一九九九年）所収。

★7　木村健二「朝鮮進出日本人の営業ネットワーク」前掲『近代アジアの通商ネットワーク』所収。

★8　梶村秀樹「旧韓末北関地域経済と内外交易」『商経論叢』二六巻一号、神奈川大学経済学会、一九九〇年。

★9　筆者は以前、朝鮮産海産物の対中国輸出に従事する、一九世紀末の長崎華商と釜山の日本人商人の間で、そのような関係が成立していたことを論じた（石川亮太「一九世紀末東アジアにおける国際流通構造と朝鮮」『史学雑誌』一〇九編二号、二〇〇〇年）また、古田前掲『上海ネットワークと近代東アジア』においても、華商・朝鮮人商人・日本人商人間の資金循環を通じての依存関係の存在したことが触れられている（一一三頁）。

★10　石川亮太「二〇世紀初、朝鮮東北部のルーブル紙幣流通」『待兼山論叢』三五号史学篇、大阪大学文学研究科、近刊。なお、開港場の外商（特に日本人商人）と朝鮮人商人との間は、資金の前貸し等を通じた支配・従属関係にあったと見られることが多いが、史料上では、信用を供与する側の日本人商人がモニタリング・コストの高さに耐えきれず撤退してしまう例も散見される。持続的な支配・従属関係の有無は再検討を要しよう。

★11　＊李憲昶「韓国開港場の商品流通と市場圏」『経済史学』九号、一九八五年。

★12　そのようなアプローチからの研究は登場したばかりで、統一的な見解と言えるものはないが、国家の再分配機能が市場経済の拡大と密接な関係を持っていたことを強調する点で、共通するように思われる。例えば、皇室（王室）財政の形態・運用に着目した金載昊の研究を挙げることができる（＊金載昊「甲午改革以後、近代的財政制度の形成過程に関する研究」ソウル大学博士論文、一九九七年）。

★13　代表的な研究として、松野周治「一九一〇年代東北アジアの経済関係と日本の対満洲通貨金融政策」『経済論叢』一二一巻一・二号、京都大学経済学会、一九七八年。山本有造『日本植民地経済史研究』名古屋大学出版会、一九九二年。

★14　古田和子も同様の問題を提起している。古田和子「境域の経済秩序」『岩波講座世界歴史二三　アジアとヨーロッパ』（岩波書店、一九九九年）所収。

★15　＊『歴史問題研究』二号（一九九七年）の特集「日帝強占と植民地流通構造」参照。

世界市場とタイ産・高級米の輸出

【ジャスミン・ライスとガーデン・ライス】

宮田敏之

現代タイの高級米
カーオ・ホーム・マリ(ジャスミン・ライス)

タイ語でカーオ・ホーム・マリと呼ばれる高級インディカ米がある。ジャポニカ米を主食とする日本ではタイ料理やエスニック料理を愛好する人々以外にはほとんど知られていない米である。しかし、インディカ米を食する人々の間、言い換えれば日本や一部の東アジア諸国以外の世界では、このカーオ・ホーム・マリという米の評判はすこぶる高い。一種の米の「ブランド品」となっている。そのため、香港、シンガポールなどのアジア地域はもとより欧州やアメリカなどでの需要も高く、タイから盛んに輸出されている。その輸出量は二〇〇〇年の統計で一二〇万トン、タイの全輸出量六〇〇万トンのおよそ二〇パーセントを占めるに至っている。その評判もさることながら、値段の方も高い。カーオ・ホーム・マリは一トンあたりおよそ五〇〇アメリカドルで取引されており、通常のタイ白米価格の二倍が相場だと言われる。タイ版の「コシヒカリ」や「あきたこまち」と言えばよいだろうか。このカーオ・ホーム・マリという米は、通常、英語でジャスミン・ライス（Jasmine Rice）と称される。普通はこの英語名が世界的なタイ産高級インディカ米の名前として通用している。この米を知る日本人の間では、単に「香り米」と呼ばれることもある。タイ語でカーオは米、ホームは匂う、マリはジャスミンという意味で、直訳すればジャスミンの香り漂う米という意である。無論、ジャスミンの香りはしない。炊き立てのこの米が豊潤な独特の匂いを漂わせることからこうした呼び名が冠せられる事となった。

このカーオ・ホーム・マリという米は、一九六〇年代「緑の革命」が実施される中で、たまたま日の目を見たタイの在来種である。世界各地の食料不足を補うため、「緑の革命」の中では生育が速く収量の多い在来種の発掘と研究開発に力が注がれ、世界的な米生産・輸出国であったタイにおいてもそのプロジェクトがすすめられた。一九六〇年代、タイでは在来種の発掘のため全国で三〇人のローカルスタッフが採用された。その中で、伝統的な米生産地チャチュンサオ県とチョンブリ県を担当したのがスントーン・シーハナーンという人物であった。彼によれば、カーオ・ホーム・マリはチャチュンサオ県バーンクラー地区でたまたま見つけた在来種でしかなく、危うく在来種としての登録もされないままになる可能性があったという。プロジェクトに提出すべき在来種のノルマは二五種でよかったため、あまり広い地域で栽培されていなかったカーオ・ホーム・マリを彼は当初そのリストに入れていなかった。しかし、比較的高地栽培に適しており、しかも砂地のような土壌でも栽培がおこなえるという特性があったため、二六番目の在来種としてたまたま選んだのだと彼は回想する（*Bangkok Post*, 16 April 2001）。こうしてチャチュンサオ県の稲田で地味に植えられていた稲が、二〇〇〇年には輸出額二〇〇億バーツを稼ぎ出すタイのトップ・ブランド米への道を歩み始めたのである。

カーオ・ホーム・マリは比較的高地で、砂地のように水はけのよい場所であればあるほどよく生育するという。そのため、アユタヤやランシットなど、タイの代表的な穀倉地帯チャオプラヤー川デルタ周辺での栽培には不向きであった。チャオプラヤー川の氾濫で運ばれてくる肥沃な土は粘土質だったためである。カーオ・ホーム・マリの栽培地が急速に広まったのは、むしろ、稲作には不向きとされてきた、乾燥と灼熱の高地タイ東北部であった。中でも、特にスリン県、ブリラム県、マハーサラカム県に広がる「トゥング・クラー・ローングハイ(東北タイへ移住してきたクラー人達の涙の大地)」とタイ人が呼ぶ乾燥の厳しい平原地帯がカーオ・ホーム・マリの産地として最も名声を博することになった。砂地のような水はけのよい土壌だったからである。これはまさにタイ稲作の逆説であった。このスントーン氏が目をつけたカーオ・ホーム・マリの特性は、タイの輸出拡大に大きく寄与しただけではなく、タイ東北地方の農業生産を増大させ、農民の所得向上に一役買ったわけである。

しかしながら、タイ産カーオ・ホーム・マリを取り巻く国際環境は、必ずしも順風満帆とは言い難い。第一に、国際的な米価格の変動の影響を大きく受けるという点である。一九九九年以降、世界的な米の増産と豊作により、米の国際価格は低落傾向にあり、カーオ・ホーム・マリもその流れに抗することは極めて困難であった。カーオ・ホーム・マリの一トンあたりの年平均価格は一九九六年にはおよそ五八〇〇バーツであったものが、一九九七年には九〇〇〇バーツにまで上昇した (*Bangkok Post*, 7 July 1997)。しかし、一九九九年以降の国際米価格の低落を受けて、二〇〇〇年には五三〇〇バーツから五七〇〇バーツの間に下落した (*Bangkok Post*, 2 November 2001)。

第二に、世界的なブランド力を持つカーオ・ホーム・マリのブランド・イメージや商標の問題である。二〇〇一年一一月ドーハで開催されたWTOで、タイ商業大臣のアディサイ・ポーターラミックは、カーオ・ホーム・マリのブランドを維持し、その価格を低下させないために、知的所有権に関する貿易関係条項(TRIPS)による世界的規模でのカーオ・ホーム・マリの商標保護を求めた。つまり、スコッチウィスキー、シャンパンあるいはメキシコのテキーラなどのように産地が商標の一部となっている産品の場合、WTOの規定ではその知的所有権が保護されうる。これを活用して、カーオ・ホーム・マリのジャスミン・ライスという英語名称を第三者がタイ以外の地域で栽培した米に勝手に付することができないように要求したわけである。その背景には、一九九七年アメリカのテキサスにあるライス・テック社が「ジャスマティク・ライス（Jasmatic Rice）」という紛らわしい米を販売したという事例があった。また、アメリカ農務省の援助を受けてフロリダのクリス・デーレンという遺伝学者がジャスミン・ライスをもとにアメリカで大量に栽培可能な品種を新たに開発しているという情報がタイにもたらされた。この開発のニュースは二〇〇一年前半タイでは大きく取り上げられ、カーオ・ホーム・マリの商標を確保し、タイの農業と農民を守れという要求が高まった。そうしたタイ国内の動きを受けて、二〇〇一年秋アディサイ商業大臣はアメリカ通商代表部のロバート・ゼーリック代表に対して、上海のＡＰＥＣやＷＴＯの場でカーオ・ホーム・マリの商標についての要請をおこなった（*Bangkok Post*, 12 November 2001）。

他方、国内的にもカーオ・ホーム・マリに関わる問題は山積している。特に問題となっているのは低級米の混入である。カーオ・ホーム・マリのいわば生みの親である七八歳になるスントーン氏は、カーオ・ホーム・マリは炊いた後もおよそ二時間は芳香が残るはずであるという。しかし、市販のものは数分後には香りが全くなってしまうと嘆く。つまり、小売りのカーオ・ホーム・マリの大部分には、すでに大量の低級白米が混入されているということである。消費者保護局は内容と異なるラベルを付した製品を生産するメーカーやそうした製品を販売する業者に対する罰金の引き上げや禁固の長期化を訴えている。しかし、いつそれが完全に実施されるかははっきりしていない（*Bangkok Post*, 16 April 2001）。こうした内外の問題を抱えつつも、ＷＴＯでの保護を訴えざるをえないほどカーオ・ホーム・マリは世界的な、一種のブランドを確立している。低級な米やもち米なども含めて多様な米がタイからは輸出されているが、現代のタイ米輸出の大きな特徴はカーオ・ホーム・マリに代表される高級米の比重が高まっているという点にあるといえよう。

実は、高級な米の輸出という点では、第二次世界大戦前も似通った状況が確認できる。当時、高級な米として輸出されていたのは、カーオ・ナー・スアンと呼ばれる米である。英語ではガーデン・ライス（Garden Rice）、当時の日本語資料では園産米と訳されている。以下、このカーオ・ナー・スアンを中心に戦前期のタイ米輸出の特徴を概観したい。

第二次世界大戦前の高級米
カーオ・ナー・スアン（ガーデン・ライス）

戦前期タイには七〇〇種から八〇〇種の在来種があったという。そうした多くの種類の米がある中で、バンコクにおける米の取引で重要な分類基準とされたのは、移植か直播きかという米の植え付け方法であった。直接的には、一定程度成長した苗を移植して栽培する米と直播きのまま栽培する米との違いを意味しているのであるが、これはつまり、そうした植え付けに対応した稲の違いをあらわしていた。実際の取り引きの場においては、米の品質の違いを示す重要な指標として認識されていた。当時、移植米は、タイ語でカーオ・ナー・スアンと呼ばれた。直播き米はタイ語でカーオ・ナー・ムアンと呼ばれ、英語ではフィールド・ライス（Field Rice）と称され、当時の日本語資料では野産米と訳されていた。カーオ・ナー・スアンは、籾を撒き苗を育てた後、いわゆる田植をした米、あるいはそうした移植栽培に適した米を意味していた。そのため、現代の高級米カーオ・ホーム・マリとは異なって、現時点でそれがどのような栽培品種であったかを農学的に特定することは困難である。しかし、この米はバンコクの米取り引きの現場においては明らかにカーオ・ナー・ムアンに比べて上質の米として扱われた。たとえば、一八九八年当時バンコクで取り引きされた米に関して日本領事館報告は次のように伝えている。「園産ト称シ苗代ヲ作リ更ニ幼苗ヲ稲田ニ移植スルモノニシテ籾黄金色ヲ帯ビ美麗且品質モ甚優等價額随ヒテ貴シ。他ハ野産ト称シ稲田ニ籾種ヲ播キ漸ク長スルニ及ヒテ草頭ヲ刈ルモノニシテ其籾赤色ヲ帯米質脆弱粉米ヲ出タス頗ル多量其味園産ニ劣ル」（「暹羅米況」一八九八年）。さらに、海外米市場、特にタイの米が大量に輸出された香港やシンガポールを中心とする東アジアおよび東南アジアにおいては、移植米のカーオ・ナー・スアンの価格は直播き米のカーオ・ナー・ムアンに比べて相対的に高く、しかもラングーン白米やサイゴンの白米に対しても高値で取り引きされていた。在シンガポール日本領事館は一八八九年一二月時点の月平均のシンガポール米相場を次のように報告している。カーオ・ナー・スワンのシャム白米一等が一ピクルあたり二・九三海峡ドル、シャム野産精米一・八〇海峡ドル、サイゴン一等白米二・六八海峡ドル、ラングーン白米は二・七〇海峡ドルであった（「新嘉坡商況」一八九〇年）。

しかしながら、一九世紀末の時点では欧州に輸出されたタイ米の大部分は直播き米のカーオ・ナー・ムアンであった。たとえば、一八九一年在リヴァープール日本領事報告は英国米市場においてタイ米が「粗悪ナルヲ常トス其質モ柔軟砕ケ易キコト此米ノ如ク甚シキハナシト云フ……暹羅米〔シャム米〕ハ精米業者ニ取リ大ニ勘定悪シキ米ナリト云フ」と評価している（「英國米穀市況」一八九一年）。こうした英国でのタイ米の特徴は先に紹介した直播き米の「米質脆弱」という特徴と見事に合致している。欧州向けに、当時の高級米カーオ・ナー・スアンの白米の輸出が拡大するのは一九一〇年代に入ってからであった。

一九三〇年代以降になるとカーオ・ナー・スアンの輸出はアジア域内だけではなく、欧州、中東、北米、中南米さらにはアフリカなどにも拡大する。その当時のカーオ・ナー・スアンについて、タイ政府の発行した商業年鑑は次のように解説している。「タイ米について少なくともいえることは、議論の余地のない米の質である。その質の良さは、一九三一年リジャイナ（Regina）で開かれた世界穀物博覧会で一等の栄誉を勝ち取って以降、世界中のいたるところに知れ渡っている。専門家であれば、一目見ただけでタイ米を認識することができる。米粒は美しく細長く、真珠のように透明で、きちんと料理すれば粘り気が強すぎるわけでもなく、他の産地のいかなる米とも完全に異なる。このようにタイ米は第一等の米であり、その名は世界中の国々でよく知られている。シンガポール、ジャワ、中国そして日本をはじめとして、ヨーロッパやアメリカばかりではなく、キューバ、南米諸国、そして遠く離れたチュニスやアレキサンドリアなどのアフリカ各地にまでタイの米は知られている」(*Commercial Directory*, p. 21)。自国の輸出品の優秀さを国の内外に知らしめんがために、ここには幾分誇張が含まれていたかもしれない。しかし、タイ政府だけではなく、一九三〇年代末にタイの経済や産業を紹介した満鉄調査部の報告も、タイ米、特にカーオ・ナー・スアンの質の高さに関する同様の指摘をおこなっている。「カナダのレジーナ〔リジャイナRegina〕市に開催された世界穀類品評會に於て、タイ米は一等より三等迄の榮冠を獨占したのみでなく、入賞二〇等中十一等を獲得した。米の短小と粘りを好む邦人には、光澤及乾燥は良好ながら長大堅質で淡白なタイ米が、右榮冠を勝ち得た事實は奇異に感ぜられるが、歐米人及支那人等に頗る嗜好され、サイゴン米及ラングーン米よりも良質として一般に上値に取引される」(中島宗一　四五三〜四五四頁)。このように一九三〇年代には、カーオ・ナー・スアンはアジア域内市場を中心としつつ、欧州、北米、中南米やアフリカの市場にまで輸出されるようになった。

しかし、このタイプの米が各市場で相対的に高値で取り引きされたため、現在カーオ・ホーム・マリが直面しているように、低級米の混入が頻発することになった。特に、一九二〇年代は世界的な米需要の拡大でタイ米の年平均輸出額がおよそ一億五〇〇〇万バーツに達し、一九〇〇年から一九一〇年の七〇〇〇万バーツに対し、わずか一〇年あまりで二倍に急増した時期であった。いわば第二次世界大戦前におけるタイ米輸出の最盛期を迎えたわけである。国際価格も上昇傾向にあり、一九二〇年代の平均輸出価格は概算で一ピクルあたり七バーツとなり、第一次世界大戦後の一時期を除き、第二次世界大戦前期では最高の価格水準となった。こうした米価格の全般的な上昇に乗じて、地方からバンコクへ籾を運ぶ仲買商人達が、カーオ・ナー・スアンに直播き米のカーオ・ナー・ムアンを混入しつづけ、カーオ・ナー・スアンとしてバンコクの米輸出商に売り渡すケースが増えた。一九二〇年代末のタイ商務省の報告書は、「二つの種類の米は精米所に搬入される前に籾商人がボートの上で見境なく混ぜ合わせている。現在、ガーデンライスとフィールドライスの値段を別々につけることはできない」(*The Record*, p. 233)と指摘した。

結局、タイ政府はこうした動きを十分取り締まることができず、問題は一九三〇年代にまで持ち越された。この間の事情を満鉄調査部の報告は次のように解説している。「出廻期による品質の相違は免れぬ。例へば、出廻初期二ヶ月の新米は乾燥届かず、爾後漸次良質となるが、雨季〔五月から一〇月〕に近づけば、夾雑物を混ずる奥地及劣質米が出廻り、需給関係なき限り市價も通常之に連れて上下する。然し一般に良質であるのみでなく、政府は毎年選種に努力しつつあって品質は引續き向上の傾向にあるにも拘らず、海外市場に出現したタイ米がその實價を認められず、兎角品質低下の不評を買ひ勝であるのは、國内に於ては米の商品化を獨選する華商、海外に於ては主として仲繼市場の華商の背徳心より劣質品と混合され、又は生産より消費への配給が敏速を缺く為實質を損傷することによることが多い。飯米として邦人が嗜好しない所以も、唯にその粒形の細長及風味の淡泊さにある丈でなく、斯してその本来の風味を著しく損傷されてゐる點にあることも閑却されない」(中島 四五四頁)。低級品と混合されることによってタイ米全体の評判に少なからぬ影響が及んだわけである。しかし、カーオ・ナー・スアンなどタイ米自体の品質が劣化したわけではないことも確かであった。カーオ・ナー・スアンは現代のカーオ・ホーム・マリのように栽培種を特定することは困難であるが、低級米の混入によってそのブランドを利用しようとする業者が跡を絶たないという点では極めて似通っている。品種が同じとは言えないが、こうした混入問題はタイ産高級米としての連続性を逆に浮かび上がらせてくるようだ。

おわりに

一九世紀後半から第二次世界大戦後にかけて、タイ経済の大きな特徴は、米、錫、チーク、ゴム、砂糖などの一次産品の生産と輸出であった。その中で一九八〇年代初頭まで輸出の首位を占めたのは米である。その米経済は、しばしば、いわゆるモノカルチャー(単一作物栽培)型の「従属的」生産であったとみなされる。しかしながら、米自体に着目すれば、その中味は極めて多様であり、その中にはタイ国内はもとより海外においても高い評価を受ける品種もあった。むしろ、現在のカーオ・ホーム・マリや第二次世界大戦前のカーオ・ナー・スアンなどアジア域内市場はもとより、世界的な高級インディカ米として位置づけられるものがあった。確かに、カーオ・ナー・スアンはこの米を特定する品種が判然としないが、精米や輸出段階では確かにこのブランドの米が高級米として取り引きされていた。海外の市場でビルマやコーチシナの白米と競合しつつも、価格的に見れば高い水準で取引され、需要地での評判も概ね高かった。

「アジア間貿易」の議論は、アジア域内の生産・流通・貿易の連関や構造を解明する上で魅力的な手がかりを与えてくれる。しかし、その連関や構造の中で具体的に動いていた物産や人に関する個別的な事実の掘り起こしは、依然として研究の余地が大いに残されているといえよう。タイの米に則していえば、単なる近代における人の移動の従属変数としてだけではなく、タイの米自体にも海外で需要される大きな理由があったということである。

参考文献

Bangkok Post, 7 July 1997, 16 April 2001, 2 November 2001, 12 November 2001.
Commercial Directory for Thailand B. E. 2485, Department of Commerce, Ministry of Economic Affairs, Bangkok, 1943.
"The Present Position of the Rice Export Trade of Siam," *The Record* (The Board of Commercial Development), No. 34, 1929, pp. 232-234.
中島宗一『南洋叢書第四巻シャム』満鉄東亜経済調査局、一九四三年。
「新嘉坡商況」『通商報告』一八九〇年。
「英國米穀市況」『通商報告』第二三三七号、一八九一年。
「暹羅米況」『通商彙纂』第九〇号、一八九八年。

北太平洋地域の毛皮交易と近代世界

髙橋 周

はじめに

近年、海上交通を重視した歴史研究の成果が数多く出されている。その中の一つで網野善彦氏は海を「太く安定した交通路」とするとともに、アジアの東辺の内海を五つ挙げ、その中央に位置する日本列島を「アジア大陸の北方と南方を結ぶ巨大な懸け橋の一部」としている。[★1]五つの内海とは北からベーリング海・オホーツク海・日本海・東シナ海・南シナ海である。このうち東シナ海と南シナ海は近代世界との関係について多く論じられてきた。この二つの内海が近代世界と大きくかかわったことは間違いないであろう。しかし、オホーツク海やベーリング海といった北の内海も近代世界とまったく無関係ではなかった。東シナ海や南シナ海については他稿にお任せし、ここでは北の内海やそれに接する北太平洋地域と近代世界の関係について論じていきたい。

五つの内海は〝東アジア内海群〟として一体のものとして考えることもできるであろう。カムチャッカ半島、カラフト、朝鮮半島と壱岐・対馬、それに台湾が〝東アジア内海群〟をところどころで区切っているにすぎないのである。この〝東アジア内海群〟の周縁の島々（アリューシャン列島・千島列島・日本列島・南西諸島・フィリピン諸島）はそれぞれ孤立していたわけではない。たとえばカムチャッカ半島―千島列島―北海道の間では先住民による〝千島交易〟が古くから行われていた。近代以前の北太平洋地域での海上交通は、東南アジアなどでのものと比較すればわずかかもしれない。しかし、そこに住む先住民たちが外界から隔離されていたわけではなかった。欧米諸国が一七世紀以降に接触した北太平洋地域は、すでに交易を伴う社会だったのである。

北太平洋地域には毛皮をまとった海獣が多く生息していた。そのことが北太平洋地域の特色であるので、本稿では毛皮の交易に着目していく。以下では北東アジアの毛皮交易について①近代以前の概要②欧米諸国の参入③日本による毛皮交易の変化、を論じアジアの毛皮交易と「近代」の関係をみていく。

近代以前における北東アジアの毛皮交易

毛皮のなかでも、貂《てん》皮は古くから北東アジアの諸民族によって中国の朝廷に貢納されていた。漢代にはすでに貂皮の貢納が行われていた。[★2] 一五世紀末ころには、風俗の奢侈化にともなって明や朝鮮で毛皮需要が拡大した。[★3] 明代の末[★4]には、貂皮は皇帝から臣下に下賜する重要な毛皮であった。冬の寒さから耳を守るのに使われ、宮廷では毎年一万張の貂皮が使用されていた。中国の各王朝は北方諸民族との交易によってこれらの毛皮を入手した。たとえば、明代において女真人は貂皮を持っていなければ入朝が許されないこともあった。その女真人が建てた清朝も、他の北方諸民族に毛皮を貢納させて絹織物を与えていた。[★5] 北方諸民族にとって毛皮は貢納品としてだけではなく交易品の中心でもあり、彼らにとって毛皮は中国との関係において不可欠なものであった。また、毛皮の流行は中国の朝廷だけのことではなかった。一五世紀には朝鮮の李朝でも貂皮の流行が起きた。女真人との交易によって朝鮮へも貂皮は送られていたのである。
北方諸民族のうち、日本の北隣に住むアイヌも毛皮を交易品としていた。毛皮は日本との交易品であると同時に、中国へとつながるルートでも取引されていた。そのルートは、千島列島から蝦夷地（北海道）―カラフト―アムール川流域をへて中国に至るものであった。一七七八年にクナシリ島に渡ったロシア人シャバーリンは、その地へ交易のために来るカラフトの民について の情報を得た。それによれば、カラフトに住む人は中国とも交易を行っており、千島アイヌからラッコと狐（の毛皮）を買うというのである。[6] また、宗谷やカラフト南部のアイヌはカラフト北部やアムール川下流域の民との交易で毛皮を売っていた。[7] そして、間宮林蔵は一八〇九年にアムール川流域にあるデレンにおいて周辺の諸民族が清朝の官人に毛皮を納め、同時に交易として毛皮を交換しているのを目撃している。[8] このようにオホーツク海の南半分を囲むように毛皮交易のルートが広がっていたのである。後述するが、このつながりはクナシリ島を起点とするものではなく、カムチャッカ半島からつらなるものであった。

毛皮以外では北東アジアを代表する交易品に人参（いわゆる朝鮮人参）がある。しかし高級な人参の産地は朝鮮半島北部から中国東北部にかけてに限られており、市場との距離もあまりなかった。それに対して貂皮の産地はアムール川流域以北であり、その交易は北東アジアの内陸部の広範にわたっていた。[9] また、ラッコ皮は毛皮の中でも最高級であり、その生息範囲は世界中でも千島列島からアラスカ・カリフォルニアにかけての北太平洋地域に限られている。貂皮が北東アジアの内陸部を代表する毛皮であったのに対し、ラッコ皮は北太平洋地域という海洋部を代表する毛皮と言えよう。このように北東アジアでは内陸部だけではなく、海洋部からも毛皮が中国市場へ送られていた。近代以前から北東アジアにおける広域的な商品として毛皮は流通していたのである。

欧米の参入

欧米諸国で最初に北東アジアの毛皮交易に参入したのはロシアである。ロシアは毛皮を求めてシベリアに勢力を拡大した。この拡大の目的はヨーロッパ市場向けの毛皮を獲得することであった。東へと進んだロシア人はベーリング海を渡りアラスカにまで到達した。北太平洋地域での拡大は最高級の毛皮を持ったラッコを追い求めてのことであった。ヨーロッパから遠く離れた極寒の地への進出は、毛皮猟を支える食料などの確保という問題を抱えていた。ロシアはその供給地を国内にではなく、猟場に近い中国や日本に求めた。そのための輸出品とされたのも毛皮であった。ここに、非アジア勢力の中国毛皮市場への参入が始まったのである。[10] しかし、ロシアと中国の貿易の窓口はバイカル湖近くのキャフタであり、ロシアが毛皮を中国へ輸出するためには、シベリアを横断してキャフタまで運ばなければならなかった。その困難さを解消するために、ロシアは日本に交易の開始を求めてきたのであった。

ロシアについで北東アジアの毛皮交易に参入したのはイギリスである。イギリスに北太平洋地域での毛皮獣猟ブームを起こしたのはクックの探検隊であった。一七七六〜八〇年に行われた三度目の航海で、水兵は北太平洋地域でラッコ皮を入手した。そして寄航した広東でそれを絹や木綿と交換して帰国したのである。[11] これを契機として、北太平洋にラッコが生息し、その毛皮が中国で高く売れることが知られ、多くのイギリス船が北太平洋地域へ向かった。イギリス使節マカートニーは一七九三年に熱河での乾隆帝への謁見の帰路、杭州の店に大量の毛皮がラシャなどとともにあるのを見ている。それについて彼は「その大部分はカントンに来たイギリス船によって輸入されたものと思う」と記している。[12]

アメリカも北東アジアの毛皮交易に参入した。一八世紀末には、大西洋岸の毛皮が中国へ輸出された。試験的なものであったが、独立間もない一七八四年にエンプレス・オブ・チャイナ号がインド洋経由で広東に毛皮を運んだ。[13] その後、一九世紀初頭には太平洋岸からも中国へ毛皮が輸出されるようになった。ロシア船の船長クルウゼンシュテルンによれば、一八〇五年には毛皮を積んだ船がアメリカの太平洋岸から毎月広東に入港していた。[14] そして毎年のように一万を越えるラッコや一〇万を越えるアザラシの毛皮がアメリカ船によって中国へ輸出されたのである。[15]

ロシアとは異なり、イギリスとアメリカは海路で毛皮を中国に輸出することができた。このうちイギリスは一八〇三年には北太平洋地域―中国のラッコ皮交易から撤退した。これは北太平洋地域からの船が中国製品を本国に持ち帰って売ることを東インド会社が禁止したからである。それに対して、アメリカは一八二〇年代までこのラッコ皮交易の中心であった。その航路は、大西洋岸から南アメリカを回って大西洋岸に至り、先住民との交易でラッコ皮を集め、ハワイ・マカオを経由して広東に行き、インド洋・喜望峰を通ってアメリカ太平洋岸へ戻るものであった。この交易は一八三〇年代からのラッコの減少とハドソン湾会社や露米会社の活動の影響で一八四二年には行われなくなった。[★16]

表　中国 - ロシア貿易の品目別割合（%）

	ロシア→中国		中国→ロシア	
年代	毛皮	毛織物・綿製品	綿製品	茶
18世紀後半	78.8	不明	63	15.8
1812～20年	46.6	10.3	22.8	74.3
1841～50年	24	62.3	0.5	94.9

（注）18世紀後半…ロシア→中国は1768～85年。
中国→ロシアは1775・76・77・80・81年。
（出典）吉田金一「ロシアと清の貿易について」49～60頁。

これら欧米諸国の参入で注目すべきは、一八世紀に中国からロシアへ金や銀が輸出されていたことである。この貿易は中国の輸入超過が長く続き、少なくとも一七七八年までは金や銀、あるいはその製品によって決済されていた。[★17] 一九世紀に入ると中国による茶の輸出が増大し、中国の輸入超過が縮小した。その結果、金や銀の流出も減少したと考えられる。また、貿易品目にも変化があった。**表**は一八世紀後半と一九世紀前半の貿易品目を比較したものである。ロシアからの輸出品に占める割合は、毛皮が次第に減少し、毛織物や綿製品が増加していった。中国からの輸出品でも南京木綿にかわり茶の割合が高くなっていった。

日本による毛皮交易の変化

ラッコ皮は古くから日本を経由して中国へ渡っていた。古い記録では『大乗院寺社雑事記』の文明一五年（一四八三年）正月二四日の条に、日明貿易での輸出品としてラッコ皮が挙げられている。[★18] これは中国において貂皮需要が拡大した時期であり、すでにその頃にはラッコ皮が中国への輸出品となっていたのである。一七一二年に記された『和漢三才図会』によれば、ラッコは生きている姿さえわからないにもかかわらず、その毛皮は長崎で中国人が争って求める商品であった。[★19]『和漢三才図会』が書かれる二年前に派遣された幕府巡見使の一行が通詞から聞いた話では、ラッコ皮は釧路や厚岸のアイヌがウルップ島に渡って獲ってくるということであった。[★20]同じ頃（一七一三年）に千島列島を調査したロシア人コズイレフスキーの報告によれば、先住民達は千島列島を往来して交易を行っていた。たとえば、シュムシュ島（カムチャッカ半島から数えて一番目の島。以下同）やパラムシル島（二番目）の住民は南の島、つまり日本に近い島の人びとから鍋・刀・木綿・絹などを入手しており、オンネコタン島（三番目）の住民はカムチャッカでラッコなどの毛皮を買い集めて南の島の人と交易を行っていた。[★21]このように、中国に送られる毛皮を日本に供給していたのは千島列島の先住民であった。近代以前における中国でのラッコ皮需要は、北太平洋地域の先住民による交易と結びついたものであった。

一八一一〜一三年のゴロウニン事件以後は、エトロフ島とウルップ島の間が実質的には国境となり、千島列島を貫く千島交易は難しくなった。そのため日本が入手できたラッコ皮は、ウルップ島に棲息するものをエトロフ島のアイヌが獲ったものか、エトロフ以南で捕獲されたものに限られたであろう。また日本から中国へのラッコ皮の輸出は一八二一年を最後に見られなくなっている。[★22]幕末には日本の毛皮交易への関与は少なくなったようである。

いわゆる「開国」「開港」以後、毛皮交易に変化が起きた。一八七五年の樺太・千島交換条約によってシュムシュ島までの千島列島すべてが日本領となった頃には、再びラッコ皮の交易が注目された。そこでは中国だけではなく欧米にも販路が求められた。一八七六年に開拓使はラッコ皮の販路拡張を図るためにイギリス・アメリカ・フランス・ロシアに駐在する公使に見本を送り、市場についての調査を依頼している。[★23]同じ年には、開拓使は東京築地のアーレンス商会（本社ロンドン）にもイギリスへの輸出にむけた調査を依頼して見本を一〇枚送り、次の年の一月にはさらに三五〇枚を送っている。[★24]この結果、毛皮輸出に品質・種類による分化が起きた。たとえば、一八八〇年下半期の毛皮輸出を見ると、中国へは二六〇〇円〇二銭（数量一万六四六五）であったのに対し、イギリスへは九〇〇九円四〇銭（数量五八五九）、アメリカへは一八四六円一六銭（数量一五八七）であった。[★25]数量と金額から、低級品が中国へ、高級品が欧米へ送られたことがわかる。最高級品であるラッコ皮の輸出先は近代以前には中国であったが、近代以降は欧米へと変化したのである。

まとめにかえて

一七世紀までは日本や南洋からの船によって、一八世紀には欧米の船によって中国へ銀が持ち込まれた。[★26]中国は多くの銀を輸入しつづけていたが、一八世紀には逆に中国から銀が輸出されるルートが開かれた。それがロシアとの貿易であり、中国が銀を払って輸入していたのが毛皮であった。毛皮は一九世紀初頭でも木綿・錫・アヘンと「同程度に確実な販路ある商品」[★27]だったのである。このことが北太平洋地域への欧米の進出を促したのである。毛皮がそのような役割を果たせたのは、中国に強い需要が存在していたからである。宮廷を中心としたその需要は、北方諸民族などによって広く展開していた毛皮交易によって支えられていた。近代以前から存在する毛皮交易に欧米諸国は参入したのである。しかし一九世紀後半には中国は高級毛皮の市場としては魅力を失っていた。日本の高級毛皮輸出が中国市場から欧米市場へとシフトしたのはそのためであろう。

毛皮は近代以前から東アジアにおける国際商品であり、日本もその交易の一員であった。欧米諸国はこの東アジア毛皮交易に参入することによって北太平洋地域へ勢力を伸ばしていった。ラッコ皮をはじめとした毛皮は、東アジア、とくに北太平洋地域においては前近代と近代を結ぶ商品であった。

注

★1　網野善彦『日本の歴史第00巻　「日本」とは何か』小学館、二〇〇〇年、三〇～三八頁。

★2　佐々木史郎『北方から来た交易民』日本放送出版協会、一九九六年、一九六頁。

★3　岸本美緒『東アジアの「近世」』山川出版社、一九九八年、四一～四四頁。

★4　このころの北東アジアの貂皮交易については、河内良弘「明代東北アジアの貂皮貿易」（『東洋史研究』第三〇巻第一号、一九七一年、所収）が詳しいので、以下、この時期についてはとくに注を付さない限りこれによる。

★5　佐々木史郎『北方から来た交易民』九～一〇頁。

★6　S・ズメナンスキー著、秋月俊幸訳『ロシア人の日本発見』北海道大学図書刊行会、一九七九年、二一〇頁。

★7　松田伝十郎「北夷談」（高倉新一郎『日本庶民生活史料集成　第四巻』三一書房、一九六九年、所収）一二三頁。

★8　間宮林蔵述、村上貞助編『東韃地方紀行他』平凡社、一九八八年、一三五～一四八頁。

★9　岸本美緒『東アジアの「近世」』四一～四四頁。

★10　アジア以外の国々の毛皮交易については、下山晃「毛皮交易史の研究（1）～（5）」（『社会科学』同志社大学人文科学研究所、五一・五二・五四・五七・五八号、所収）も参照のこと。

★11　キャプテン・クック著、荒正人訳『太平洋航海記』河出書房、一九五五年、三一八～三一九頁。

★12　マカートニー著、坂野正高訳注『中国訪問使節日記』平凡社、一九七五年、一七一頁。

★13　財団法人開国百年文化事業会編『日米文化交渉史　第一巻』洋々社、一九五六年、一六三頁。

★14　クルウゼンシュテルン著、羽仁五郎訳『クルウゼンシュテルン日本紀行　下巻』雄松堂、一九六六年、三六四頁。

★15　British Parliamentary Papers 1829, Vol. 23, 285 : 'India and China Trade, Papers Relating to the Trade with India and China, Including Information Respecting the Consumption, Prices, & c. of Tea in Foreign Countries,' p. 43.

★16　岸上伸啓「北米北方地域における先住民による諸資源の交易について」（『国立民族学博物館研究紀要』二五巻三号、二〇〇一年）三一五～三一八頁。スペインも北太平洋地域への遠征隊を送っていたが、先住民との交易にはほとんど関心を払わなかった（同三一六頁）。

★17　吉田金一「ロシアと清の貿易について」(『東洋学報』第四五巻第四号、所収) 四五〜四九頁。一七八〇年以降 (一七七八年四月〜一七八〇年四月までは貿易停止) は制度が変更されたので、金銀による決済が行われたかは明らかではない。
★18　辻善之助編『大乗院寺社雑事記　七』三教書院、一九三三年、四九一頁。
★19　寺島良安「和漢三才図会 (一)」(『日本庶民生活資料集成　第二十八巻』三一書房、一九八〇年、所収) 五四五頁。
★20　松宮観山「蝦夷談筆記」(『日本庶民生活資料集成　第四巻』三一書房、一九八〇年、所収) 三八九頁。
★21　A・S・ポロンスキー著、榎本武揚ほか訳『千島誌』(北方未公開古文書集成　七巻) 叢文社、一九七九年、五八頁。
★22　永積洋子編『唐船輸出入品数量一覧　一六三七〜一八三三年』創文社、一九八七年。
★23　三島康七『毛皮』育成社、一九三七年、一八一頁。
★24　「エトロフ島産らっこ皮を英国へ輸出のため市場調査依頼 (控)」「らっこ皮一〇枚送付につきロンドン到着次第価格等通知依頼 (控)」「らっこ皮一〇枚の売却結果に満足、さらに三五〇枚発送の件」(以上、北海道大学北方資料室蔵)。
★25　大蔵省関税局『大日本各港輸出入半年表　自明治一三年第七月一日至第一二月三一日』二一〜二三頁。
★26　岸本美緒『清代中国の物価と経済変動』研文出版、一九九七年、一九一〜一九二頁。
★27　クルウゼンシュテルン『クルウゼンシュテルン日本紀行　下巻』三六四〜三六五頁。

西太平洋への跳躍

松島泰勝

一　西太平洋のキーストーンズ

近代日本は南洋群島に自らの影響力を及ぼし、名実ともに太平洋国家となった。第一次世界大戦がはじまると、日本は日英同盟に基づいて、独領であった南洋群島を軍事統治した。一九一九年、南洋群島は日本の委任統治領となり、二二年には南洋庁がパラオに置かれた。

日本にとって南洋群島の重要性はまず、安全保障面において認識されていた。南洋群島は、太平洋交通路の踏み石、軍事作戦上の重要拠点であり、それが日本の掌中にあるかないかにより太平洋上における諸列強間の戦略上の均衡が揺らぐとされていた。太平洋覇権を推し進めつつあった米国を日本が牽制するうえにおいて、南洋群島は地政学的に重要な位置にあった。米国は、ハワイ、ミッドウェー、ウエーク、グアムからフィリピンに至る太平洋中央線、アラスカのダッチハーバーやアリューシャン列島キスカの太平洋北方線、ハワイ、パルミラ、フェニックス、サモア、ニューギニアの太平洋南方線のそれぞれに軍事根拠地を建設し、大東亜共栄圏を包囲していた。しかし、日本は、小笠原からパラオに至る南北線によって、米国の太平洋中央線を中断し、カロリン、マーシャルによって米国の太平洋南方線を牽制することが可能となった(平野 1942: 37-46)。

パラオは南洋群島の中でも特に重視されていた。当時、船に乗ってパラオから蘭領北セレベスや米領フィリピンのダバオまでわずか二、三日の航程であり、航空機では数時間で達することができた。ニューギニア、ボルネオとも同程度の近距離にある。パラオは内南洋(南洋群島)と外南洋(東南アジア、他の太平洋諸島)との結節点にあった。

南洋群島が有する島嶼性もまた、その地政学的価値を高からしめた。島嶼に航空基地を設置した場合、その近くで海戦が行われ、敵艦が通過する際に島は航空母艦としての役割を果たせる。島は航空母艦よりも爆撃機の搭載能力は大きく、また、沈むことがない。まさに島は浮沈空母であり、軍事作戦上の重要拠点になりえた(濱田 1941 : 2-3)。

さらに、島は、海底電線の中継点、艦船・航空機の基地、燃料・食糧の供給地としての機能も果たしうる。島に有用な資源や産業がなくても、島の位置そのものが大きな価値をもつ。太平洋戦争において、沖縄と同じく南洋群島は日本本土の防衛線となり、結果的に本土決戦を防ぐことが出来た。大東亜共栄圏の南方における守りとなるべく、一九四〇年二月一一日コロールに、天照大神を奉祀する官幣大社・南洋神社が設置された。

二　西太平洋に拡大する日本経済圏

南洋群島は、日本本土市場向けに砂糖、燐鉱石、鰹節、コプラ等を製造・採掘して、日本経済に貢献した。一九三二年には日本政府による補助金依存から脱却し、経済自立を達成した。特に南洋群島の経済的価値が強調されたのは、一九三三年における日本の国連離脱後である。国連脱退にともなう国際環境の悪化により日本は経済的締め付けという圧力に直面した。また、三九年には米国対日通商条約破棄により、日中戦争を遂行するうえで日本が最も必要とした石油、屑鉄、工作機の禁輸・輸入統制、金の凍結等が実施された。フィリピンでは米国輸出統制法の適用をうけ、マンガン、クローム、麻、銅の海外輸出が禁止された。日本では熱帯資源の入手が困難になり、南洋群島において熱帯産物の開発に重点がおかれた。

例えば、一九三五年、南洋庁は開発十カ年計画を策定し、次のような重点項目を掲げた。(1)商港漁港の修築・拡張、(2)道路の新設、(3)船舶の給水施設整備、(4)居住者用の上水道設置、(5)通信機関の整備、(6)水産試験、水産業への助成、(7)熱帯産業研究所の充実、(8)農業移民の振興、(9)航空路の整備、(10)航路標識の整備、(11)南方航路の助成、(12)森林の経営、(13)気象観測の整備等であった。実業組合令により農業組合の設置が推進され、また勅令に基づき、内・外南洋における農業、畜産、林業、鉱業に関する調査、研究、試験分析、鑑定等を実施するため、パラオに熱帯産業研究所が設置された。

一九三三年において南洋群島における農業関連企業は二社であり、南洋庁指定開拓地への入植者は二一戸であったが、三八年になると農業関連企業は一〇社、入植者は三一一戸に増加した。砂糖、コプラ以外にもジュート、綿花、カカオ、珈琲、パイン、キャッサバ等が生産されるようになった（大蔵省管理局 1985:34-35）。

一九三五年になると、拓務省は南洋群島の開発を促進するため南洋群島開発調査委員会を設置した。委員会の答申に基づいて政府は三六年に南洋拓殖株式会社を設立した。南洋拓殖は、その過半数の株式を南洋庁が保有する半官半民の会社であった。

南洋群島における熱帯資源の開発経験、研究調査を踏まえて、日本企業の開発拠点が外南洋に拡がった。外南洋への飛躍において顕著な活動を行ったのは松江春次である。松江は、サイパン島、テニアン島等で製糖業を大々的に経営し、南洋興発を南洋群島最大の企業に育てた人物である。松江は、次のような理由から外南洋の蘭領ニューギニア買収論を提示し、実行に移した。(1)日本民族の人口問題解決には満州、ブラジルのような寒冷地・遠隔地は適しておらず、南方の蘭領ニューギニアが適地である。(2)同地域は面積が広く、人口が希薄であり、気候風土も日本人に適しており、地味も肥沃である。(3)同地域は現在、極度の財政難にあり、ジャワ糖業も凋落しており、地元民も植民地政府に反抗的になっている。日本国は武力を用いず、オランダから蘭領ニューギニアを買収することができる。(4)買収して五年後には農業移民が二〇万戸、鉱業移民が一〇万戸、そのほか自由渡航商人、指導者層を含めると総計二〇〇万人以上の移住が実現し、日本国の人口問題が解決されるだろう(武村 1984:67-68)。

一九三一年、松江は蘭領ニューギニアに南洋興発合名会社(オランダ法人)を設立した。ドイツのフォニックス会社のニューギニアにおける権利を買収し、ナビレ地区でダマール樹脂の栽培、三三年にモミ地区で綿花の栽培、三七年にサルミ地区で綿花の栽培、四〇年に綿花栽培を黄麻栽培に転換等、積極的に開発を行った。しかし、四一年七月、蘭印植民地政府が日本資産を凍結したため経営は困難となり、太平洋戦争とともに同事業は中止となった(武村 1984:81)。

松江の南洋における事業展開をみると、西太平洋の島々を結びつける試みであったといえる。松江は、台湾の斗六製糖、新高製糖の各社の取締役を経験した後、東洋拓殖の資金支援を受けて設立された南洋興発の経営者に就任した。南洋興発の製糖工場で働いたのは主に日本人移民であった。南洋興発は、汽船、汽車の運賃、渡航に必要な費用一切、支度料、住宅建築費、農具・家畜購入費、耕作に必要な費用、移住後一年間の生活費等の資金を貸与した。他方、南洋庁も農地開発のために農業移住政策を実施した。南洋庁は、一九二三年に一戸当たり五町歩の土地を三〇年間貸与するほか、三〇年には三等客船運賃五割引き、引越荷物運賃三割引の助成措置をとったが、移住後の家屋建築、農具購入補助はしなかった。南洋庁は三二年に三カ年の予約期間を設け、その間無償で土地を貸与し、成功した者には土地を売却する方針に変え、その後、土地の無償付与を行った。南洋興発は、比較的貧困な者に資金をかけて招来し、移住後の補助も十分であったのに対し、南洋庁移住では比較的裕福な者を募集し、資金をかけず、移住後の補助も十分でなかった。南洋興発は移民に土地を与えなかったが、南洋庁は土地を与えた。そして、南洋興発は主に沖縄県人を受け入れたが、南洋庁は全国から日本人を入植させたという違いがある（上原 1940 : 52-161）。

以上のように、松江は台湾における製糖業の経験を踏まえて、南洋での製糖業を成功させた。また、松江は、製糖業に慣れ親しみ、所得水準の低い沖縄県民を従業員として来島させるための経済支援策を実施した。松江は、台湾、内南洋、沖縄、外南洋という西太平洋の島嶼をそれぞれ結びつける形で事業を展開した。

太平洋諸島への日本製品の輸出についての記録が、英国議会文書（ＢＰＰ）に残されている。まず、一八七四年に英国の植民地とされ、英領太平洋諸島で中心的な役割を果たしたフィジーに対する日本製品の輸出動向について検討してみたい。一九一三年から一七年においで日本から直接、フィジーに輸出された製品の金額は、約四千ポンドから約二万二千ポンドに増大した（BPP (a) 1919 : 3-4）。

日本製品の輸出が顕著となったのは第一次世界大戦後であり、ＢＰＰには次のように日本製品に関する記述がある。

フィジーに一、二の日本企業が設置されている。日本がフィジーへの輸出に関心をもつようになれば、日本製品の割合はさらに増大するであろう。戦前、ドイツから供給されていた低品質の商品は現在、日本からもたらされている。日本製品が需要されている理由は、その価格の安さである。米国製品との競争は日本製品との競争程には激しくない。フィジー人やインド人の女性による、日本製刺繍絹ショールに対する需要が大きい。戦前、イギリス製品が主であった絹製ハンカチ、綿製ハンカチ、帆布、帽子、傘、アンダーシャツ、タオルは現在、日本製品によって占められている。綿製ブランケットは、戦前、イギリスとオランダから輸入されていたが、戦後は日本製品、米国製品が主流となった。低価格のキルト製品、水着もドイツ製品から日本製品に代替された。その他、戦後、顕著に日本製品が大きなシェアーを示した商品は、煙突、漁網、安価な香水、ポマード、鏡、時計袋、アタッシュ・ケース、鉛筆、ノート、万年筆、その他文房具、安価な魔法瓶、安価な玩具、ブラシ類、平底大カップ等である。

(BPP (a) 1919 : 5–21)

フィジーだけでなく、第一次世界大戦後、西サモア、トンガでも日本製品の増加傾向がみられた。西サモアにおいて、刃物類、釘は日本製品、米国製品ともに輸入されている。英国製品、ドイツ製品のシェアーが大きかった製品の中で、戦後、日本製品に代替された物には、タオル、煙突、食器、香水、櫛、ブラシ類、玩具があった(BPP (a) 1919 : 9-15)。トンガでは、アンダーシャツ、タオル、ランプ、玩具、香水、ガラス製品、陶磁器において日本製品が主流となった(BPP(b)1919:53)。

日本と太平洋諸島との貿易は、水谷信六が一八八七年に相陽丸で南洋群島を航海したことを嚆矢とする。経済学者の田口卯吉は、東京府の士族授産金を活用して南島商会を設立し、九〇年に天佑丸で南洋群島を航海するとともに、ポナペに支店を開設した。九一年には、仙台の儒者・横尾東作が、榎本武揚の肝煎りで恒信社を設立し、ポナペに支店(後、パラオに移転)をおいた。その後、日本と太平洋諸島との貿易活動で中心的役割を果たしたのは、一九〇八年に設立された南洋貿易会社(南貿)である。南貿は、メナド支店、マカッサル支店、サイパン支店、ヤップ支店、パラオ支店、トラック支店、ポナペ支店、クサイ支店、マーシャル支店、ギルバート支店、ポートヴィラ支店、ヌメア支店、上海支店を設け、南洋群島だけでなく、ギルバート、ラバウル、ニューギニア、ニューヘブリデス、ニューカレドニア、フイジー、トンガ、ソロモンにも航路を開設して日本製品を売り込んだ(郷 1942 : 3-131)。

蘭領ニューギニアでは日本人が農業、林業を行うために土地用役権を獲得し、ニューカレドニアではニッケルと鉄の採掘権を獲得した。また、日本人の船舶は魚、貝類採取のために豪州や蘭領海域に進出した。日本人の商船は南洋の港を訪問し、商品の展覧会を開催し、活動写真を見せ、印刷物を配布して貿易を促進した。他方、英領、仏領、蘭領の海域において日本船が密漁し、多数の日本船が抑留されたが、この様な行動は軍事的意味を持つのではないかという噂が流れ、豪州政府は日本船による密漁に対し日本政府に抗議を行った。また、三九年には、トンガ、ギルバート、エリスに拠点をおく日本企業が、イギリス人の貿易関係者が対抗できないような価格で島の生産品を購入したり、日本製品を販売したため、白人業者の反感をかったこともあった（太平洋問題調査部 1943：60-61）。

三　結びに代えて――南洋庁政策の評価

パラオでは南部と北部の二人の大首長が、現在でも大きな権限を握っている。一九九一年に南部のユタカ・ギボンズ大首長は、ワシントンDCの地方裁判所に対し、米国の信託統治政策の問題性を問う提訴を行い、次のように述べた。米国政府は四七年の国連信託統治協定で定められた内容に反し、パラオにおいて漁業、農業、工業等の発展、運輸・通信・上下水道の整備を計らず、パラオ人の権利が損なわれた。他方、日本時代には、九五マイルの舗装道路敷設、上下水道設備、主要村における十分な電力供給、通信システムの設置、および貿易の輸出超過があり、パラオ人はボーキサイト鉱山、農園、牧場、缶詰工場で働くことができた。それらの施設は太平洋戦争中、米国により破壊され、現在、舗装道路は九マイルしかなく、給水や電話サービスが実施されているのは全一六州のうち二州のみであり、さらに電力供給も未整備である、と（Pacific Daily News 1991.5.1）。

南洋庁政策に対する評価の理由として、積極的な産業政策の実施だけでなく、地元民に対する社会開発にも十分な配慮が払われていたことを指摘できる。日本軍が島々を占領した直後である、一九一五年に南洋群島小学校規則が定められ、トラック、サイパン、ヤップ、パラオ、ポナペ、ヤルートの小学校（その後、公学校に名称変更）が設置された。公学校の児童からは授業料を徴収せず、教科書、筆紙墨、文具、その他学用品や実習教材を提供した。地域によっては被服、食糧を提供し、「トラホーム」等の疾病治療費も支給した。さらに、二六年にコロールに土木徒弟養成所が設置された。そこでは授業料の免除、文具、材料費の貸与・給与、年額一五円の範囲で被服の供与、寄宿舎生徒には食費の支給等の特別措置が実施された。

一般の地元民に対しては、農業、鍛冶、手芸に関する講習会が開催された。講習会の期間は、三ケ月から一年間であり、食糧手当が提供され、文具・材料費等が貸与された。一九二九年にコロールに設置された南洋庁物産陳列所では、南洋群島内の物産、地理歴史博物資料が陳列され、物産の販路開拓、商品の取引・仲介・斡旋が行われた。

さらに、一九一七年、地元民の善行者に対し、紅綬銀章、緑綬銀章、緑綬銅章、黄綬銅章を授与する制度が設けられた。南洋庁はまた、島民集会所建築への補助、共同浴場・洗濯場の改善、時鐘設置等を実施した。

日本の委任統治時代と対照的であるのが、米国の戦略的信託統治領時代である（松島 1999：85-94）。米国は島々の軍事的利用を最優先し、部外者の出入りを規制した「動物園政策」を実施した。戦前、砂糖黍栽培が行われたサイパン島が、再び日本人によって経済開発されないように、米軍はタンガタンガと呼ばれる雑木の種を空から散布したという。一九六一年、ミクロネシア諸島を調査した国連ミッションは、不十分な経済発展、貧弱な教育プログラム、住民の健康に対する無配慮、交通システムの貧弱、軍事的利用のために取得した住民の土地に対する不十分な補償等、米国の施策を批判した。国連の勧告を受けて、援助金の増額、平和部隊の派遣等が実施されたが、パラオのギボンズ大首長が指摘したように、日本時代と比べれば全く不十分な統治内容であった。

ミクロネシア連邦とマーシャル諸島は一九八六年、パラオは九四年にそれぞれ独立し、北マリアナ諸島は八六年に米国のコモンウェルスとなった。米国は、ミクロネシア三国が西太平洋の安全保障において不可欠な島々であると認識し、三国との間に自由連合盟約を締結し、軍事的権限を有している。マーシャル諸島には、ミサイル迎撃基地が置かれ、北マリアナ諸島でも米軍が爆撃訓練を行っている。また、日本にとりミクロネシア海域は豊富なマグロ、カツオ等の漁場を提供し、海底資源開発の潜在的可能性もある。今日でもこれらの諸島は、西太平洋のキーストーンズであり、資源の宝庫でもあるといえる。

日本の委任統治領時代において南洋群島の財政自立が達成されたのであり、南洋庁時代の産業政策は今後の島嶼における経済発展の方向を探る上で具体的な参考例となろう。旧南洋群島には、今日においても多くの日系人が活躍し、日本企業との関係が深く、親日的な人々が多く生活し、日本政府の外交政策に対する理解度も深い。「西太平洋津々浦々連合」（川勝2001）を形成する場合、かつての南洋群島は大きな役割を果たし得るだろう。

文献

上原轍三郎（1940）『植民地として観たる南洋群島の研究』南洋文化協会
大蔵省管理局（1985）『日本人の海外活動に関する歴史的調査　通巻二十一冊　南洋群島　第二冊』大蔵省管理局
川勝平太（2001）『海洋連邦論』ＰＨＰ研究所
郷隆（1942）『南洋貿易五拾年史』南洋貿易株式会社
武村次郎編著（1984）『南興史』南興会
太平洋問題調査部（1943）『大南洋諸島の全貌』同盟通信社
濱田吉次郎（1941）「南方基地としての南洋群島論」（『太平洋』第四巻、第五号）
平野義太郎（1942）「太平洋制覇戦におけるハワイ・グアム・比島攻撃の意義」（『太平洋』第五巻第一号）
松島泰勝（1999）「ミクロネシアとアジア」（『外務省調査月報』一九九九年№１）
British Parl. Papers (a), 1919, Vol. 36 [Cd. 201] 'Report on the Trade of the Fiji Islands for 1918'
British Parl. Papers (b), 1919, Vol. 36 [Cd. 200] 'Reports on the Trade of Western Samoa and the Tongan Islands for 1918'

総括に代えて

「アジア的価値」と日本の工業化

角山 榮

フランクをどう乗り越えるか

フランク『リオリエント』は、一四〇〇―一八〇〇年はアジアが世界経済の中心であったという。この時代はフェルナン・ブローデルの晩年の大著『物質文明・経済・資本主義 十五―十八世紀』全三巻（一九七九年）が対象としてきた時代である。ブローデルはまさにグローバルな規模で近代世界の生活史を書き上げたのだが、明らかにアジアではなく西洋の経済生活と資本主義が進んでいたとのべている。ブローデルだけではなく、古くは十九世紀から二十世紀にかけての西洋の歴史家は、マルクスもM・ウェーバーも西洋中心史観で歴史を書いてきて、アジアは相対的にも絶対的にも低い位置に置かれてきた。

その歴史観がどのようにして崩壊していったか。まず戦後日本経済の高度成長によって、一人当たり国民所得の国際比較で、日本が主要な西洋先進国を追い抜いたことだ。日本が英・仏・独を追い抜くなんて誰が想像したか。そこでは何が起ったかというと、日本の発展は「奇跡《ミラクル》」だという議論である。それもその裏では日本経済はいまに崩壊する、挫折するという日本観が消えてはいない。

ところが一九八五年以降日本の工業化の奇跡が拡大して、アジアNIEsからASEANさらに中国、インドへとアジア地域全体へ急速に拡がった。そうすると議論の赴くところ日本の「奇跡」からアジアの「奇跡」へ、となるであろう。ところが「奇跡」がこんなに重なると、もはや奇跡ではなく、一般的な工業化の過程がアジア全体へ進行拡大しただけということになる。

そこで提起された問題は、それならばヨーロッパ工業化の理論とアジアの「奇跡」を引き起したアジア工業化の理論とは同じなのか、それとも違うのか、という問題である。この問題のポイントは、従来工業化の道はヨーロッパ・モデルが唯一の道だと考えられていたのが、そうではなく別の道があると考えられないのかという点である。私たちが従来の西洋中心史観を批判しそれを乗り越えようとする立場に立つ以上、当然同じであるはずがないと考えるべきであろう。

具体的な課題として、まずアジアで最初に工業化を達成し、ついでアジア地域の工業化をリードした日本工業化の歴史と理論は、欧米のそれと同じであるのか、違うのか、そこから検討してゆく必要がある。日本経済発展の歴史は戦前から日本経済史研究の中心課題であった。その研究方法は、日本の経済発展を西欧の発展との比較において、その特徴として類似性と後進性を見出すというものであった。

西洋モデルは、戦前はある場合はドイツ歴史学派の発展段階説であり、またマルクスの『資本論』であった。とくに戦前から引き続き一九六〇年頃まで、日本の歴史学界の主流を形成したのはマルクス主義史学で、日本の工業化・近代化をめぐって「講座派」と「労農派」との間で激しい日本資本主義論争が展開されたことは周知のことである。

とくに戦後は大塚久雄教授によるイギリス資本主義成立過程の実証的研究を軸に、欧米先進諸国の経済発展の研究が進んだ。その中で西洋モデルといっても、単一ではないことが分かってきた。その一方、日本と西欧先進諸国の比較といえば、その中心テーマとなったのは『資本論』の原蓄過程のなかでも工業化の前段階であるマニュファクチャであった。

マニュファクチャ論争のゆくえ

戦前から戦後にかけて激論があったマニュ論争、とくに戦後の論争は大塚史学のイギリス毛織物工業の経営形態を巡って展開された。マニュファクチャといえば研究は織物業に集中していたのが、日本の学界の実状であった。ところがマニュファクチャの原典の『資本論』では、マニュの代表的産業として織物業と並んで時計工業、馬車製造業があがっていたのに、これらの産業についてはまったく顧みられなかったのである。どうして時計や馬車のマニュに注意を促すものがいなかったのか不思議というほかない。それらが江戸時代の日本になかったからというのであれば、逆にそれに代わるなにがあったのか、なかったらないで対応の仕方に日本的特徴が見られたのではないか。

私は大塚史学批判の焦点を農村毛織物工業のマニュにしぼっていたのだが、それだけでは産業革命が人類史上最初の機械制工場生産を生み出した技術的背景が説明できない。というのは繊維機械の発明、製造家の多くは車大工や時計工の出身だからだ。そこで私が一九六三年イギリス留学に際し、研究課題の一つとして携えていったのが、時計と馬車製造業に関する調査研究であった。

ロンドンではシティ・ホールの時計工組合の機械時計のコレクションを何度も訪ね、大英博物館にも通った。ＬＳＥの私の指導教官はＦ・Ｊ・フィッシャ教授とドクターＤ・Ｃ・コールマンだったが、私の時計工業に関する質問に答えてくれたのはＴ・Ｃ・バーカー氏であった。しかし「あなたはどうして時計に興味をもつのか。日本では西洋式機械時計がなかったのか。それならどうして時刻を知ったのか」といった調子で、イギリスの経済史家はあまり時計工業の歴史に積極的な関心がないように思われた。時計は好事家のコレクションや趣味の対象ではあっても、アカデミックな研究の対象にはなっていないことが分かった。ようやくというか、一九八〇年代以降になって優れた研究書が相ついで出版されるようになった。それだけに当時は少ない時計工業の資料収集もさることながら、私はイギリスや大陸を旅して各都市の時計台や古いクロックやウォッチを見るために博物館を歩き廻った。そのときの資料収集やフィールドワークの成果がのちに中公新書『時計の社会史』（一九八四年）として出版される。

私の時計研究の出発点はマニュにあったけれど、やがて日本の開発した独自の時計・時間文化に関心が移ってゆく。十六世紀中頃に日本に伝来した西洋機械時計、これに対して日本人は独特の知恵と匠の技を駆使し、日本の不定時法時刻制度に適合的な和時計という世界でも他に例をみないユニークな機械時計を発明し、日常生活に使用していたことが分かった。その和時計の刻むローカルタイムが各地域の時の鐘の時報装置と連動して、一日二十四時間、全国津々浦々まで江戸時代の庶民のくらしに時刻を報じていたのである。こうして近世日本には西洋的市民生活に匹敵する時間秩序と時間文化が創出されていたのであって、日本には西洋が歩んだマニュファクチャとは別の、日本独自の近代化の道があったのだ。いや、日本の和時計には技術的にはからくり技術が駆使されただけではなく、それによって育まれたからくり技術は近代日本の時計工業から現代日本が世界に誇るロボット産業に脈々と継承されているのである。

こうした西洋機械文明への日本の対応に対し、中国ではどうであったか。清朝の全盛時代を築いた康熙・乾隆帝は西洋機械時計に大いに興味を示し、宮廷内に時計の一大コレクションを保管していた。しかし皇帝は正時刻になると、いっせいにチンチンと鐘が鳴り、からくり人形が動き出す時計を子供のようにたのしんでいたに過ぎなかったのである。このようなアジアにおける日本と中国との西洋機械時計への対応の違いは、その後の両国の経済発展の大きな格差となって展開してゆくことに私は注目したい。

動力エネルギー問題への日欧対応比較

一方、馬車のマニュへの私の関心はその後どういう経過を辿ったか。実は馬車製造業は時計工業以上に資料が少なかった。時計コレクターのような好事家も少ないためか、まとまった研究も見出せなかったのである。そこで私の関心はおのずから運搬手段の車輌よりか動力としての馬へ移っていった。というのは、当時速水融氏や安沢秀一氏による宗門改帳、人畜改帳の研究をつうじ、江戸時代の日本社会が長期的には農耕作業における畜力利用の減少が見られ、その減少分を人力が代替するというかたちで勤勉労働社会が形成されてゆくことが明らかにされつつあったからである。かの薪を背負って歩きながら本を読み勉学に励む二宮尊徳の銅像、これこそ日本勤勉社会のシンボルである。

それに対し日本とはまったく逆に、十七世紀末から十八世紀のイギリスでは経済発展の増大するエネルギー需要に対し、人力ではなく、主として効率的な馬（力）の増加によって賄う方法が採用される。馬力・馬車運搬の効率的利用、道路の改良、運河輸送の発展といった一連の交通革命は、周知のように産業革命の基盤整備として大きな役割を果した。しかし動力エネルギーの増大する需要への対応として、馬（力）の増加に依存した十八世紀イギリス社会は深刻なエネルギー危機に直面することになる。このことは従来の産業革命論では注目されてこなかった。というのは、産業革命論に環境問題・資源・エネルギー論がなかったからである。

私は一九六〇年代初めに梅棹忠夫氏の『文明の生態史観』とW・E・リグリーの初期の論文の影響を受け、産業革命をエネルギー革命と有機的資源から無機的資源への資源転換として捉える見方を「産業革命論」として提起していた（今西錦司先生還暦記念論文集『人間』所収、一九六六年）。また角山榮編『産業革命と民衆』（生活の世界歴史第10巻、河出書房新社、一九七五年）では、エネルギー革命が具体的にどのように展開していったかを述べている。いずれにしてもイギリス産業革命は薪炭から石炭への燃料革命をへて、十八世紀には馬（力）への依存が人間の生存を危うくするという危機的事態に直面して、馬の節約のために一連の技術革命を遂行したのがイギリス産業革命である。

こうして日本の労働集約的勤勉型の industrious revolution に対し、イギリスの資本集約型産業革命が生まれたのである。しかしこうした産業革命をエネルギー革命と見る史観は、W・E・リグリー（『エネルギーと産業革命――連続性、偶然、変化』近藤正臣訳、同文館、原著一九八八年、訳書一九九一年）のほか意外に少ない。ただ二十一世紀アジアの経済発展を展望するとき、この日本を典型とする低賃金勤勉型労働の果すアジア的価値は重要な要因となるのである。

日本の工業化成功の鍵はなにか

フランクが一八〇〇年以前はアジアの時代であったことを強調するのに異論はない。しかしその後アジアが西洋に追い抜かれ、近代文明の中心が西洋に移ったことは事実である。では、なぜ西洋が強大化し、アジアが弱体化したのか。フランクはこの問題を第六章「なぜ西洋は（一時的に）勝ったのか」で論じている。フランクの結論を簡単にまとめることは難しい。敢てまとめると、誤解を与える恐れもある。しかし誤解を恐れずにいえば、フランクのヨーロッパ勃興史観はアメリカの銀の発見と、その大量の銀を豊かなアジア内貿易に投入することによって富を獲得したというものである。しかしアジアはヨーロッパの勃興の前から没落の道を歩んでいたとも彼はいう。確かにアジア没落の要因も大切であるが、フランクがアジア再興＝「リオリエント」を唱えるならば、非ヨーロッパ世界で日本がどうして工業化に成功し、なおかつアジア復興の牽引力になったのか。その場合、何か「アジア的価値」があったとすれば、それは何であるかを、理論的実証的に提示すべきではなかったか。

そこで問題は、日本がヨーロッパ・モデルと違う方法で工業化に成功したとすれば、それはどのような非ヨーロッパ的カードを切ったためなのか。その最大の切り札は「文化」であったという説がある。確かに生活文化の相違が関税障壁として作用し、西洋機械文明の商品群の怒濤の如き流入を防いだといった効果はあったであろう。そうした消極的効果とは別に最大の切り札は技術開発力を持った勤勉で安価な労働力ではなかったか。

工業化に最初に成功した欧米諸国には、技術開発力と勤勉労働が共通してみられる。日本の特徴はその上に労働賃金が安かったことだ。低賃金労働だけをとれば中国、インドみなそうである。しかし中国、インドは技術開発力が伴っていなかったから、近代物質文明の製品に対応できなかった。しかし日本は違っていた。マッチ、石鹸、石油ランプ、時計など、いわゆる洋式雑貨が日常生活に入ってきたとき、日本人はそれらを見ただけでたちまち模造品をつくるのに成功したばかりか、それを低賃金家内労働による大量生産に成功し、国内市場から外国製品を駆逐したのである。さらに進んで大陸市場で欧米先進諸国と市場競争を展開しつつ工業化を推進していったところで、日本商品は国際的摩擦に曝されたのである。

「安かろう、悪かろう」と日本商品は粗製乱造の代名詞となり、「チープレーバーによるアンフェアな競争」が国際社会で非難の的になった。確かに一九三〇年代初めから中頃にかけ、世界的不況の中でひとり日本貿易だけが大躍進を遂げたことがあった。当時日本は各国からソーシャル・ダンピングだといって集中的非難を受けたのであるが、その原因は低賃金の他に円為替相場の急速な下落も大いに関係していたのである。いずれにしても戦前日本経済躍進の主要な要因がチープレーバーにあると見なされ、そのアンフェアな行動が国際競争のルール違反として攻撃されたのだ。

しかし戦後日本経済の高度成長の中で低賃金労働は少なくとも形の上は解消し、高賃金へ移行した。日本に続いて成長著しいアジアＮＩＥｓ、ＡＳＥＡＮ、中国では優秀な技術力をもった安い労働に対し、いまや日本や欧米からの外資導入によって、労働集約型産業という形でアジアの活性化が起こっている。

ところで従来アジア経済の先導役を果してきた日本が、アメリカと歩調を合わせて進めてきた工業化政策と市場原理主義は、アメリカン・スタンダードのグローバリゼーションがもたらす各国、各地域間の所得格差の増大、果てしない民族紛争の多発、環境破壊、資源・エネルギーの多消費など、とくに衝撃的な二〇〇一年九月のアメリカ中軸部を襲った同時多発テロとともに、誰の眼にも限界に直面していることは明らかである。まさに人類は地球的規模で存亡の危機に瀕しているのである。どうして私たちはこんな愚かな道を来てしまったのか。それはヨーロッパ的価値観の下で展開してきた個人主義、自由主義、物神崇拝、すべてのものを商品化して已まない市場万能主義、成長至上主義の結果ではないのか。私たちはヨーロッパ中心主義とともにヨーロッパ的価値観そのものを乗り越えねばならないときにきているのである。

アジア的価値——生きる幸せを何に見出すか

二十一世紀は「アジア・ルネサンス」の時代である。ここで私たちは戦後高度成長下にあって容赦なく捨ててしまったアジア的価値（文化）をもう一度反省し、その価値を見直す必要があるのではないだろうか。アジア・日本の高度経済発展を支えてきた「アジア的価値」、それをいまやアメリカ主導のグローバル資本主義の中で、美しい海岸や森を無造作に破壊したのと同じく、いままさに不要品として廃棄処分しようとしている。終身雇用、年功序列型賃金、企業内組合、によって構成される「日本的経営」が、旧価値観を代表するものとして批判され、否定的解体に曝される運命にある。日本的経営の根本は人間関係を大切にする哲学と倫理にある。この点が個人を中心とするヨーロッパ的価値と根本的に違うところだ。

ヨーロッパのキリスト教の下では、人間は個々の個人として孤独な独立の人格である。個人の悩み、人間として生きる喜びや悲しみ、さまざまな問題に対して救いの手をさしのべてくれるのは神、それも唯一絶対のイエス・キリストである。神との直接の対話は、信仰告白をつうじて神に祈りを捧げること、そこから神に義とされる信仰に裏づけられた個人主義が生まれる。アダム・スミスが、経済人の個人主義的自由主義的行動は見えざる神の手に導かれて調和ある社会が実現されると説いたのも、そうした個人を前提にした上でのことである。

ところが日本では個人主義の生誕を促すようなキリストと同類の神は存在しない。日本の神は、合格祈願や安産のご利益を求めてお参りする神が大多数を占める。人間の欲望、苦悩、病気、悩み事は多数にわたるから、それだけ多種多様なニーズに応ずるべく、神も機能別に多様に分化しているのが特徴である。他方、こうした神や祖先の神仏を祭ることも大切であるが、日常生活のなかでもっとも大切なことは、良い人間関係をつくることである。それが幸せになる道である。とくに日本では個人が神と直接信仰をつうじて対話するといった宗教文化はないから、血縁・地縁関係、また職場や趣味などをつうじて形成される仲間の人間関係がうまくいかないと、生きてゆけないのである。だから良好な人間関係をつくり、維持する社会的規範を重要視してきた。その社会的規範=倫理が崩れると社会が崩壊する。またそのルールに違反したものは社会から疎外されるのである。アジアでは絶対神をもたないために人間関係を重要視する哲学と倫理が社会的価値の基本理念を形成したのである。私はその社会的価値を、礼、義、仁、信の四つの徳に表現できると考えている。それを儒教といってしまえば誤解される恐れがある。すなわち旧い儒教の教えは人間の上下関係が中心であったのに対し、対等の人間のヨコの関係を私はとくに重要視する立場に立っているからである。礼、義、仁、信、いずれも外国語に訳しにくい言葉である。しかしアジアの多くのものにとっては比較的理解しやすいのではないかと思う。つぎに四つの徳を簡単に説明しておくと、

（1）礼──『広辞苑』によると、社会の秩序を保つための生活規範の総称。礼儀作法、制度、文物などを含み、儒教では最も重要な道徳的観念、とある。試みに手許の『和英辞典』を引くと、「エチケット」とある。恐らくこの訳語に賛成する日本人は誰もいないだろう。polite も「礼儀正しい」という用例に記してあるが、この方が比較的理解し易い。それにしても礼という抽象名詞になるとやはりぴったりくる訳語はない。

（2）義──『大字源』によると、「礼にかなった美しい立ち居振る舞い」「筋道や道徳にかなった」というのが原義だそうだ。「正義、義理、義人といえば正義を守る人、自分の利害を考えず、公共のためにつくす人の意味である」と記されている。同じく『和英辞典』には duty という訳語が与えられている。duty というのは、元来「良心・道徳・法律などに従って行わねばならないこと」を意味するので、その限りでは比較的隔たりは少ないと考えてよいだろう。ただ西洋の近代社会では duty がその意味が狭く特定の約束・契約に随って行われる obligation へ移ってゆくのに対し、日本では忠義の義は消滅したが、義理・人情の義は心の中に残っていると考えてよい。「義を見てせざるは勇なきなり」である。

（3）仁──愛情を他に及ぼすこと、いつくしみ、おもいやり、博愛、慈愛のこと。孔子は「巧言令色、鮮《すくな》し仁」といっている。

（4）信──いうまでもなく信用、信頼である。人間関係は最終的には信に到るものである。キリスト教の

世界では愛が強調される。新約の神は、愛ゆえに人間を創造した愛の神であるが同時に神自身の本質も愛だとされる。しかしヨーロッパ文化における愛は、もう一方ではプラトンの説く「エロスの愛」、つまり自分の欠けたものへの欲求としての愛があって、人間関係はこの信と愛をめぐって東と西では価値観が大きく異なるのである。

ところで人間関係は時代によって強調される関係局面が変化する。

戦前の人間関係の主軸といえば君主と臣下、親と子の上下関係であり、そこには忠と孝が社会の基本的道徳として絶対的な地位を占めていた。戦後は戦時中の忠孝の観念は捨てられたが、それとともに礼義仁信も捨ててしまったのである。それに代って日本人は西洋風の個人主義へ走った。しかし西洋的価値観の伝統のない日本人が走った道は、個人主義ではなく、利己主義であった。利己主義といっても醜い拝金主義的行動は、外国人から「エコノミック・アニマル」と悪評を買うことになった。

さて、私がここでいいたいのは、決して江戸時代や戦前の日本に日本人を戻そうというのではない。新しい時代の新しい人間関係の形成の提唱である。

アジアには個人主義ではなく、人間関係を社会構造の基礎と考える伝統文化があり、現代もそれが、例えばお茶の「ふれあい」と「もてなし」の文化として生きている。私たちが何気なくお客に差し出すお茶、そのお茶とはいったい何か。

茶は元来アジアから発して世界に広まった文化であり、いまもコーヒーと並んで世界共通のドリンクとして親しまれている。しかし茶はコーヒーと違って、たんなるドリンクではなく「アジア的価値」＝人間関係の倫理と論理が凝縮されている飲み物である。一期一会、和敬清寂のもてなしの文化である。それが生まれた時代的背景は、現代の国際情況にも似た下剋上、社会的無秩序、人間不信、毒殺・刺殺の日常化が百年も続いた戦国時代である。その中でこうした武士の権力に対して中立的な自由都市・堺の町人が創造したのが、四畳半や二畳といった独立の狭い茶室、しかもここを一切刀剣や鎧、かぶとの持込みを許さない、安全保障の「聖なる空間」とし、武士も町人も対等の人間関係形成の場にしたことである。その哲学が、礼義仁信を基礎とした一期一会、和敬清寂である。

ここではこれ以上のべることは難しいが、簡単には拙著『堺――海の都市文明』（ＰＨＰ新書）を参照してほしい。私は現代勃発した果てしない「戦争」、報復が報復を生む人間不信とテロの応酬を顧みるとき、いまこそ東洋哲学は二十一世紀の多民族・諸文明の時代に新しい世界秩序のあり方を示唆するものではないかと考える。

編集後記

本書のもとになったのは二〇〇一年三月二四日に国際日本文化研究センター（通称、日文研）で開かれた「海洋アジアと日本から近代世界を捉え返す」と題したシンポジウムである。その内容の一部は『環』六号（二〇〇一年夏号、藤原書店）に紹介されたが、本書にはそれへの加筆稿と、当日の参加者の見解が収録されている。

日文研は共同研究がさかんで、常時、一〇以上の共同研究が進行しているが、本書執筆陣の九割はその一つ「大英帝国・英連邦の比較文明論的研究」という共同研究で地域研究企画交流センター（国立民族学博物館内）所蔵の『英国議会資料』(British Parliamentary Papers) の分析に取り組んでいる。『英国議会資料』とは一巻が七百〜八百ページもある大型資料で、全一万数千巻。そこに西洋の情報はもとよりアジア・日本の情報が大量に含まれている。この資料と格闘しているとき、フランク『リオリエント』邦訳が刊行された。フランクの挑発的な問題提起に対して各自の研究関心がどう切り結ぶかを問い直してみようということになり、訳者と関係分野の研究者を招いて討論をした。本書の特徴は、研究成果よりもむしろ、各自の問題意識を白日の下にさらしたことにある。同共同研究の顧問角山榮先生の発言は自己の問題意識の錬磨によって新しい研究分野を開いてきた碩学の簡潔で見事な自画像になっており、おのずと全体の総括にもなった。

シンポジウムには藤原書店主の藤原良雄氏も同席されて熱心に耳を傾けられた。編集に当たられた刈屋琢氏に対してとともに、記して深甚の謝意を表したい。

二〇〇二（平成一四）年　立春

編　者

執筆者紹介

杉原薫（すぎはら・かおる）　1948年生。大阪大学大学院経済学研究科教授。アジア経済史。著書『アジア間貿易の形成と構造』（ミネルヴァ書房，1996）『大正／大阪／スラム：もうひとつの日本近代史』（共編，新評論，増補版1996）他。

濱下武志（はました・たけし）　1943年生。東京大学東洋文化研究所を経て，京都大学東南アジア研究センター教授。中国近現代史。著書『中国近代経済史研究』（汲古書院，1989）『朝貢システムと近代アジア』（岩波書店，1997）他。

本野英一（もとの・えいいち）　1955年生。早稲田大学政治経済学部助教授。アジア経済史・中国近代史。著書 Conflict and Cooperation in Sino-British Business, 1860-1911 (Macmillan/St. Antony's series 2000) 他。

籠谷直人（かごたに・なおと）　1959年生。京都大学人文科学研究所助教授。日本経済史。著書『アジア国際通商秩序と近代日本』（名古屋大学出版会，2000）他。

山下範久（やました・のりひさ）　1971年生。北海道大学文学部助教授。世界システム論。訳書『リオリエント』（フランク著，1999）『新しい学』（ウォーラーステイン著，2001，以上藤原書店）他。

中山智香子（なかやま・ちかこ）　1964年生。東京外国語大学大学院地域文化研究科助教授。経済思想史・社会思想史。論文「ファシズム思想における『合理性』」（熊本大学文学会『文学部論叢』第61号，1998）他。

四方田雅史（よもだ・まさふみ）　1972年生。早稲田大学大学院経済学研究科博士後期課程在籍。日本経済史。論文「1930年代における神戸・横浜の外商と世界市場」（『アジア研究』第46巻第3・4合併号）他。

武藤秀太郎（むとう・しゅうたろう）　1974年生。総合研究大学院大学文化科学研究科国際日本研究専攻博士課程在籍。日本経済思想史。

銭国紅（せん・こくこう）　1960年生。大妻女子大学比較文化学部助教授。比較思想史・文化史。著書『アジアにおける近代思想の先駆：佐久間象山と魏源』（信毎書籍出版センター，1993）他。

ボアチ・ウリケル（Bahadir Bogac Ulker）　1973年生。総合研究大学院大学文化科学研究科国際日本研究専攻博士課程在籍。日本外交史・オスマン帝国外交史の比較。論文 "The Tokugawa Japan and the British School: Within or Outside International System?" 他。

北川勝彦（きたがわ・かつひこ）　1947年生。関西大学経済学部教授。アフリカ経済史。著書『日本－南アフリカ通商関係史研究』（国際日本文化研究センター，1997）他。

三田剛史（みた・たけし）　1971年生。早稲田大学大学院経済学研究科博士課程在籍。経済思想史。論文「河上肇の中国への影響」（『東京河上会報』第70号）他。

北政巳（きた・まさみ）　1945年生。創価大学経済学部教授，同比較文化研究所所長。経済史・経営史。著書『近代スコットランド社会経済史研究』（同文館，1985）他。

中村宗悦（なかむら・むねよし）　1961年生。大東文化大学経済学部助教授。日本経済史・日本経済思想史。共著『戦前期日本の貿易と組織間関係』（新評論，1996）他。

久米高史（くめ・たかし）　1967年生。東京大学大学院経済学研究科博士課程修了。近現代日本経済史・アジア経済史。論文「幕末維新期の『外圧』と和泉木綿」（『日本研究』第25集，国際日本文化研究センター，2002）他。

辻智佐子（つじ・ちさこ）　1970年生。早稲田大学大学院経済学研究科博士課程在籍。日本経済史。論文「明治初期における米綿移植の挫折」（『社会経済史学』第66巻4号）他。

金子晋右（かねこ・しんすけ）　1970年生。国際日本文化研究センター共同研究員。近代日本・アジア経済史。論文「開港後の青梅における輸入綿布の防遏」（『地方史研究』第279号，1999）他。

石川亮太（いしかわ・りょうた）　1974年生。大阪大学大学院文学研究科博士課程在籍。朝鮮経済史。論文「19世紀末東アジアにおける国際流通構造と朝鮮」（『史学雑誌』109編2号，2000）他。

宮田敏之（みやた・としゆき）　1963年生。天理大学国際文化学部専任講師。タイ社会経済史。論文「戦前期タイ米経済の発展」（『岩波講座東南アジア史 6』2001）他。

高橋周（たかはし・ちかし）　1971年生。早稲田大学大学院経済学研究科博士後期課程在籍。早稲田大学現代政治経済研究所助手。日本経済史。論文「20世紀初頭の魚肥需要」（『早稲田経済学研究』52号）他。

松島泰勝（まつしま・やすかつ）　1963年生。広島女子大学大学院・横浜市立大学講師。論文「島嶼交易と海洋国家」（『海洋島嶼国家の原像と変貌』アジア経済研究所，1997）他。

角山榮（つのやま・さかえ）　1921年生。堺市博物館長・和歌山大学名誉教授。経済史。著書『日本領事報告の研究』（編著，同文館，1986年）『「生活史」の発見』（中央公論新社，2001年）他。

編者紹介

川勝平太（かわかつ・へいた）

1948年生。国際日本文化研究センター教授，元早稲田大学教授。比較経済史。著書に『海洋連邦論』（ＰＨＰ研究所）『文明の海洋史観』（中央公論新社）『海から見た歴史』（編著、藤原書店）ほか多数。

グローバル・ヒストリーに向けて

2002年２月28日　初版第１刷発行©

編　者　川勝平太

発行者　藤原良雄

発行所　株式会社 藤原書店

〒162-0041　東京都新宿区早稲田鶴巻町523
電　話　03（5272）0301
ＦＡＸ　03（5272）0450
振　替　00160-4-17013

印刷・平河工業社　製本・河上製本

落丁本・乱丁本はお取替えいたします
定価はカバーに表示してあります

Printed in Japan
ISBN4-89434-272-3

世界システム論を超える

新しい学

（二十一世紀の脱=社会科学）

I・ウォーラーステイン
山下範久訳

一九九〇年代の一連の著作で、近代世界システムの終焉を宣告し、それを踏まえた知の構造の徹底批判を行なってきた著者が、人文学／社会科学の分裂を超え新たな「学」の追究を訴える渾身の書。

A5上製　四六四頁　四八〇〇円
（二〇〇一年三月刊）
◇4-89434-223-5

THE END OF THE WORLD AS WE KNOW IT　Immanuel WALLERSTEIN

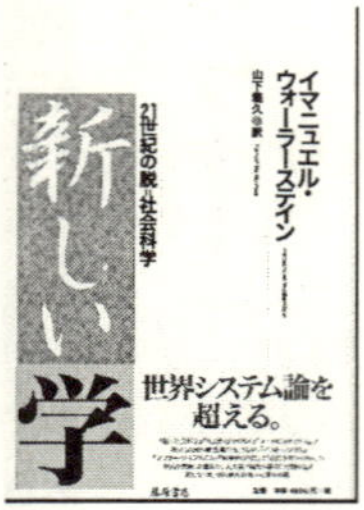

「西洋中心主義」徹底批判！

リオリエント

（アジア時代のグローバル・エコノミー）

A・G・フランク　山下範久訳

ウォーラーステイン「近代世界システム」の西洋中心主義を徹底批判し、アジア中心の単一の世界システムの存在を提唱。世界史が同時代的に共有した「近世」像と、そこに展開された世界経済のダイナミズムを明らかにし、全世界で大反響を呼んだ画期作の完訳。

A5上製　六四八頁　五八〇〇円
（二〇〇〇年五月刊）
◇4-89434-179-4

ReORIENT　Andre Gunder FRANK

陸のアジアから海のアジアへ

海のアジア史

（諸文明の「世界=経済《エコノミー・モンド》」）

小林多加士

ブローデルの提唱した「世界=経済《エコノミー・モンド》」概念によって、「陸のアジアから海のアジアへ」視点を移し、アジアの歴史の原動力を海上交易に見出すことで、古代オリエントからNIESまで、地中海から日本海まで、躍動するアジア全体を一挙につかむ初の試み。

四六上製　二九六頁　三六〇〇円
（一九九七年一月刊）
◇4-89434-057-7

ラテンアメリカ史の決定版

新装版

収奪された大地

（ラテンアメリカ五百年）

E・ガレアーノ　大久保光夫訳

欧米先進国による収奪という視点で描く、ラテンアメリカ史の決定版。世界数十か国で翻訳された全世界のロングセラーの本書は、「過去をはっきりと理解させてくれるという点で、何ものにもかえがたい決定的な重要性をもっている」（『ル・モンド』紙）。

四六上製　四九六頁　四八〇〇円
（一九九一年一一月／一九九七年三月刊）
◇4-89434-064-X

LAS VENAS ABIERTAS DE AMERICA LATINA　Eduardo GALEANO